国家哲学社会科学基金一般项目（14BZW117）
河北师范大学文学院学术著作出版经费资助

《东方杂志》与中国文化的现代转型

王勇◎著

中国社会科学出版社

图书在版编目(CIP)数据

《东方杂志》与中国文化的现代转型/王勇著.—北京：中国社会科学出版社，2023.9
ISBN 978-7-5227-2151-4

Ⅰ.①东… Ⅱ.①王… Ⅲ.①期刊—研究—中国—民国 Ⅳ.①G239.296

中国国家版本馆CIP数据核字(2023)第120389号

出 版 人	赵剑英
责任编辑	郭晓鸿
特约编辑	杜若佳
责任校对	师敏革
责任印制	戴 宽

出　　版	中国社会科学出版社
社　　址	北京鼓楼西大街甲158号
邮　　编	100720
网　　址	http://www.csspw.cn
发 行 部	010-84083685
门 市 部	010-84029450
经　　销	新华书店及其他书店
印　　刷	北京明恒达印务有限公司
装　　订	廊坊市广阳区广增装订厂
版　　次	2023年9月第1版
印　　次	2023年9月第1次印刷
开　　本	710×1000 1/16
印　　张	17.25
插　　页	2
字　　数	235千字
定　　价	89.00元

凡购买中国社会科学出版社图书，如有质量问题请与本社营销中心联系调换
电话：010-84083683
版权所有　侵权必究

目　录

绪　论 …………………………………………………………（1）

第一章　与时俱进的《东方杂志》 ………………………（12）
　　一　办刊宗旨的变迁 ……………………………………（12）
　　二　由选报向现代杂志的转型 …………………………（33）

第二章　由政治型向文化型转化 …………………………（42）
　　一　民主法制思想的传扬 ………………………………（42）
　　二　科学知识的传播 ……………………………………（54）
　　三　现代思想的引入 ……………………………………（65）
　　四　传统文化的现代阐发 ………………………………（77）

第三章　由物质救国向精神救国的转型 …………………（90）
　　一　精神救国论的提出 …………………………………（90）
　　二　个人主义思想的宣扬 ………………………………（100）
　　三　伦理道德的关注 ……………………………………（111）

第四章　中西文化论争与中国文化转型 …………………（123）
　　一　《东方杂志》与《新青年》的文化论争 …………（123）

  二 论争对文化转型的意义 …………………………………（136）
  三 《东方杂志》的再转型 ……………………………………（143）

第五章 中国现代文化的扎实推动者 ……………………………（156）
  一 探讨五四后中国新文化的发展路径 ……………………（156）
  二 出版"东方文库",总结新文化的发展历程 ……………（168）
  三 打造文化传播的公共平台 ………………………………（180）

第六章 《东方杂志》与 20 世纪初中国文学的转型 ……………（193）
  一 文学语言从文言向白话转化 ……………………………（193）
  二 从钟情小说到文体的多样化 ……………………………（205）
  三 从侦探言情到人的文学的转化 …………………………（219）
  四 推动中国文学批评学的建立 ……………………………（232）

结 语 …………………………………………………………………（249）
参考文献 …………………………………………………………………（260）
后 记 …………………………………………………………………（270）

绪　　论

一

　　《东方杂志》是商务印书馆于1904年创办的一种大型综合性杂志，1948年底终刊，历时45载，是该馆所办杂志中寿命最长，分量最重的一种标志性刊物，有中国杂志界的"老大哥"之称，有"中国近现代史的资料库"[①]"杂志的杂志""知识巨擘""传世名作"[②]"百科全书式的杂志""杂志界的重镇"[③]等多种美誉。著名新闻史专家方汉奇先生对《东方杂志》的评价最有代表性：

　　　　她是中国历史上出版时间最长，发行量一度排在首位的一份综合性学术期刊。她是旧中国学术品位较高，学术质量较高，读者的文化层次也较高的一份综合性学术期刊。她是旧中国纸张质量最好，印刷质量最好，较早刊出铜版照片，图文并茂的一份综合性学术期刊。她汇集和保存了20世纪前半叶的大量的文化信息和文化思想材料。是"杂志的杂志"，是反映她所在的那一时代政治、经济、文化等各方面情况的"百科全书"。她是东方文化的弘扬者。是她所在的那一时代的人文和自然科学研

[①] 陈江：《〈东方杂志〉——近现代史的资料库》，《读者导报》1997年9月5日。
[②] 周一凝：《封面上的往事》，中央广播电视大学出版社2015年版，第13页。
[③] 方汉奇：《〈东方杂志〉的特色及其历史地位》，《东方》2000年第11期。

究工作者发表研究成果的重要园地。她为她所在的那一时代的学术文化事业的繁荣,作出过巨大的贡献。她是中国历史上期刊杂志中的"著名品牌"。是她所在的那一时代的"杂志界的重镇"。①

《东方杂志》自创刊之日起,就以启导国民、传播文明为己任,在40余年的历程中不仅见证了中国文化和文学的变迁,而且直接参与了中国文化和文学的现代转型与变革实践。

19世纪末20世纪初是中国社会和中国文化的重要转型期,从政治上来说,经历了戊戌变法、辛亥革命,中国推翻了帝制,迎来了共和,政治制度上发生了翻天覆地的变革;从经济上看,自洋务运动以来,中国的手工作坊式的小农经济逐渐被资本主义工厂所代替,中国已经缓慢走上工业革命的路程;从伦理道德来看,儒家思想的正统地位正在受到挑战,传统的大家族制度正在解体,以尊重个人权利和个性解放的现代伦理正在形成并发挥效力,越来越多的女性以及年轻人获得解放;从教育的角度看,传统的私塾教育正在消亡,科举制度得以废除,受西方文化影响的新式学校成为国家教育的主要形式,教学内容也从四书五经转为现代学科化的知识体系;从语言和文学上看,文言的正宗地位受到怀疑,白话取代文言成为公共的书写方式,白话文学兴起并成为文学的正宗,文学的内容也与传统大相径庭,由传统的帝王将相、才子佳人、英雄豪杰、神仙鬼怪、土匪强盗转向对普通民众特别是社会底层劳动人民和弱势群体的关注。这一切实为中国几千年来未有之大变革,实在是中国社会及文化最重要的转型。

转型就是从一种形态向另一种形态转化,这种转化是根本性的,是哲学中的质变而非量变。基于上述认识,笔者认为中国社会和中国文化在19世纪末20世纪初的转型是一种肯定性存在。正是在这

---

① 方汉奇:《〈东方杂志〉的特色及其历史地位》,《东方》2000年第11期。

样的认识基础之上，才拟从文化转型的角度来探讨《东方杂志》与20世纪初中国文化发展的关系问题。转型的问题太大，文化的问题也太大，面对宏大的社会转型，面对无所不包的文化，笔者有一种力不从心的知识恐惧，所以只能选择更为确切、具体可行的办法，不去过多地从概念上梳理转型理论，也不去过多地从知识系统上精细考辨文化的内涵与外延，而是选择《东方杂志》作为一个切入口，以它本身的转化及其内容上的变化作为透视中国文化转型的依据。毫无疑问，《东方杂志》作为一份期刊，本身就是一种文化产品，而且是一个有着长寿命的、见证20世纪上半叶中国社会变革的文化产品，同时它上面所刊载的文章也都是文化产品。正是基于《东方杂志》是一个毫无疑问的文化产品这样的共识，以及《东方杂志》本身在20世纪初的转型事实，笔者决定把它作为考察中国文化在20世纪初现代转型的载体，而且笔者也认为它是最合适不过的载体。

二

2000年以来，对于《东方杂志》的研究呈现出越来越广泛、越来越深入、越来越充分的趋势，它的重要性越来越多地受到各个学科研究者的重视，概括而言，国内外对《东方杂志》的研究主要集中在以下几个方面。

首先是出版、传播方面的研究。

这其中既有对《东方杂志》编辑人员的研究，也有对《东方杂志》办刊特色与风格的研究，还有从出版传播角度对《东方杂志》所登载内容的研究。在对编辑人员的研究中，主要集中在张元济、孟森、杜亚泉、胡愈之等人身上，其中又以杜亚泉、胡愈之为最多，这些文章主要探讨他们在《东方杂志》出版过程中所发挥的重要作用。主要文献有：刘兰《〈东方杂志〉——培养编辑的沃土》（《出版广角》2002年第6期）、谢慧《张元济与〈东方杂志〉》（《中国近代史史料学国际学术研讨会论文集》2004年8月)、罗娟《孟森与〈东方杂志〉》(《聊城师范学院学报》1999年第1期)、李静《杜亚泉与〈东方杂志〉》(《青海社会科学》2007年第4期)、周武《为国家谋文化上之建设——杜亚泉与商务印书馆》(《档案与史学》1998年第4期)和《杜亚泉与〈东方杂志〉》(《科学》2016年第2期)、张之华《国际新闻的拓荒者——担任〈东方杂志〉编撰人的胡愈之》(《国际新闻界》1996年第5期)、董锦瑞《胡愈之与百年〈东方〉》(《编辑学刊》2004年第6期)、范岱年《胡愈之和〈东方杂志〉》(《出版史料》2007年第1期)等。对《东方杂志》办刊特色与风格的研究中,方汉奇、刘兰、张凤英、李明山、丁文等人发表了很好的意见。方汉奇在《〈东方杂志〉的特色及其历史地位》一文中认为,《东方杂志》的特色是"始终注意保持刊物的高品位高质量""始终坚持爱国主义的立场""始终关注学术的繁荣和学术研究的社会效益""始终关注东方文化的弘扬",并对该杂志在中国出版史上的地位、作用和影响给予了极高的评价①(上文已引述,这里不再重复)。张凤英也肯定了《东方杂志》"在近代以来中国的期刊出版界以及思想文化史上,占据着极其重要的地位",在出版期刊方面,它具有"工具书的性质","在政治倾向上有联络东亚,反对西方的演变轨迹;在思想文化领域,不仅留下了当时国内外重大事件的报道与评论,而且在'新学'与'旧学'之争及随后东西文化大论战中,亦有身与其中和思想引导两方面的影响"。②丁文认为选报时期的《东方杂志》具有搜罗宏富、选择精审的特点③。石雅洁的硕士论文《〈东方杂志〉办刊特色研究》对《东方杂志》的办刊宗旨、编辑特色、办刊风格进行了研究,将《东方杂志》的办刊风格概括为"敏锐宽容""理智客观""负责坚毅""创新思变"四

---

① 方汉奇:《〈东方杂志〉的特色及其历史地位》,《东方》2000年第11期。
② 张凤英:《论〈东方杂志〉的文献价值》,《湘潭大学学报》2001年第3期。
③ 丁文:《"搜罗宏富"背后的"选择精审"——1904—1908年〈东方杂志〉"选报"体例初探》,《首都师范大学学报》2007年第2期。

个方面①。从出版传播角度对《东方杂志》进行研究的，还有刘也良的硕士学位论文《从传播学视角看〈新青年〉与〈东方杂志〉之论战》（硕士学位论文，吉林大学，2009年）、谢鼎新的《〈东方杂志〉与专业理性的新闻学研究传统》（《山东社会科学》2011年第4期）、黄亦君的《〈东方杂志〉知识分子对近代新闻传媒的释读》（《南通大学学报》2009年第6期）、初云玲的《〈东方杂志〉的广告文本探究》（《今传媒》2011年第1期）和《〈东方杂志〉与中国现代文学传媒》（《今传媒》2013年第6期）等。

其次是文化思想方面的研究，这主要集中在以下几个方面。

其一是关于东西文化论战的研究。在《东方杂志》与《新青年》的论战中，以往的研究多关注《新青年》，而对《东方杂志》多持负面的观点。但进入20世纪90年代以来，对《东方杂志》的评价开始回暖和多样化。刘润忠在《〈东方杂志〉与"五四"前后东西文化论争》（《社会科学战线》1994年第3期）一文中认为《东方杂志》在五四新文化运动前后的"东西文化大论战中扮演了十分重要的角色"，作者认为该杂志所提出的"东方文化优越论"、"文化统整论"和"文化调和论"等主张虽然在一定程度上有背离社会文化发展的时代潮流的倾向，但同时也含有合理和值得思考的内容，并对此后中国现代文化思潮的发展与演变产生了直接或间接的影响，成为现代新儒学的先声。陆小宁在《迷途中的文化探索——论〈新青年〉与〈东方杂志〉的东西文化论争》（《中州学刊》2000年第3期）中认为《东方杂志》在论争中对中华固有文化与西方文化进行了审慎理性的比较与权衡，其结论有一定的合理性，但其理性的学术立场始终无法摆脱革命历史情境的挤压，因此在引领风潮方面无法与《新青年》相比。张凤英看重的是《东方杂志》在东西文化论战中，表征出与《新青年》鼓吹改造中国的激进路向不同的"有效"而"安全"的改造方案，并因此而反映出《东方杂志》在中国近代学术思想史上

---

① 石雅洁：《〈东方杂志〉办刊特色研究》，硕士学位论文，上海社会科学院，2007年。

的地位和影响，即在东西文化论战中的主角地位和宣传作用。同时作者更看到了由于这场论争而使中国文化向深层发展及向意识形态领域转移的质的变化。作者在这里事实上已经触及了《东方杂志》在中国文化转型中不可忽视的作用，只是说得较为含糊而已[①]。许纪霖在《转型中的思想与分化》中认为杜亚泉及《东方杂志》主张的是一种科学启蒙与温和改革，东西文化论战的实质是论争双方对启蒙的理解差异所致[②]。相关文章还有李承亮的《浅析五四前期东西文化的论战——以〈东方杂志〉为中心的考察》（《天府新论》2007年第S1期）、王代莉的博士学位论文《五四前后文化调和论研究——以杜亚泉和〈东方杂志〉为中心的考察》（博士学位论文，中国社会科学院研究生院，2009年）、汪晖的《文化与政治的变奏：战争、革命与1910年代的"思想战"》（《中国社会科学》2009年第4期）等。

其二是政治思想、民族思想方面的研究。这方面的主要文章有赵志坚、李芬的《五卅运动中的〈东方杂志〉》（《编辑学刊》1997年第4期）；洪九来的《集权与分权——略论〈东方杂志〉在清末民初政争中的折衷观点》（《山西师大学报》2000年第2期），《大战中的热烈与冷静——民初十年〈东方杂志〉民族主义观评析》（《江西师范大学学报》2006年第3期），《在场与追忆——〈东方杂志〉建构"辛亥革命"话语的历程》（《安徽大学学报》2012年第4期）；张季的《民初"二次革命"前知识分子群体关于联邦制的论争——以〈民立报〉、〈庸言〉、〈东方杂志〉为中心》（《安徽史学》2005年第5期）；李安山的《中国民族主义的催生与困惑——从〈东方杂志〉看日俄战争的影响》（《国际政治研究》2006年第1期）；钟显添、林植的《试论清末〈东方杂志〉中的民权思想》（《大庆师范学院学报》2007年第3期）；李中平、刘亦明的《九·一八事变前后〈东方杂志〉对中日关系问题的研判》（《云梦学刊》2008年第3期）。硕博论文中有唐

---

① 张凤英：《论〈东方杂志〉的文献价值》，《湘潭大学学报》2001年第3期。
② 许纪霖：《转型中的思想与分化》，《史学月刊》2004年第7期。

富满的《〈东方杂志〉与清末立宪宣传》（硕士学位论文，湖南师范大学，2003年），郭辉的《第一次世界大战与中国知识分子的思考》（硕士学位论文，湖南师范大学，2009年），赵曼的《清末〈东方杂志〉民族主义思想研究》（硕士学位论文，安徽师范大学，2010年），吴寿欢的《〈东方杂志〉（1918—1926年）与马克思主义的传播》（硕士学位论文，哈尔滨工业大学，2011年），赵淑菊的《从政治传播的视角看〈东方杂志〉的清末立宪宣传（1905.9—1911.5）》（硕士学位论文，安徽大学，2012年），岳远尊的《〈东方杂志〉作者群社会主义观念研究》（博士学位论文，山东大学，2013年）等。

其三是与之相关的其他研究，如《东方杂志》与妇女问题、教育问题、农村问题、科学传播、近代灾荒、西藏等，这里不再一一列举。

再次是语言和文学方面的研究。

对《东方杂志》文学方面的关注，也有三个趋向：或着眼于其在现代性发展中新旧文学的嬗递作用，或从史料学的角度来看重其价值，或对其中的某一文体或文学现象进行探讨。关于《东方杂志》最早的文学研究应该是洪九来在《宽容与理性》中的相关论述。此书第七章专论"新旧文学嬗递中的现实主义"。作者把《东方杂志》上的文学纳入"现代性"的理论框架中进行论述，指出："其实就该刊文学活动之积极、文学作品之丰厚、文学主张之醒目而言，它与同属商务的《小说月报》一样，是传播中国现代文学思想的一个重要载体。在《东方》知识分子群体身上，既有对中国现代文学进程整体性要求的共同把握，同时又呈现出不同阶段文学各不尽相同的时代鲜活性，这与他们在清末至20世纪30年代初的总体思想是颇为一致的。"他又将1904—1919年《东方杂志》的文学概括为"改良文学，启蒙民智"，这时期的作品虽然有限，但还是"能感触到小说由传统到现代转型的浓厚气息"；而将1920—1932年的文学概括为"人生文学，关注现实"[①]。在

---

① 洪九来：《宽容与理性：〈东方杂志〉的公共舆论研究（1904—1932）》，上海人民出版社2006年版，第292—319页。

硕士学位论文中有孙振《对〈东方杂志〉中的美学文本的整理与研究》（硕士学位论文，东北师范大学，2007年）、章琼的《1904—1927：〈东方杂志〉翻译文学研究》（硕士学位论文，四川师范大学，2008年）、孟晓艳《〈东方杂志〉中的杂文创作研究》（硕士学位论文，辽宁师范大学，2009年）。这些硕士学位论文从不同角度对《东方杂志》的文学世界和文学价值进行了探讨，给《东方杂志》的研究带来了新的研究角度，丰富了《东方杂志》的文学研究。刘增杰先生的《文化期刊中的文学世界——从现代文学史料学的视点解读〈东方杂志〉》（《汉语言文学研究》2010年第1期）一文，着重从现代文学史料学的角度肯定和概括了《东方杂志》的文学价值："第一，《东方杂志》为约三百位近现代作家提供了宽广的创作平台；第二，《东方杂志》稳健开放、兼容并包的办刊理念，使该刊成为20世纪上半叶寿命最长的中国文化期刊，并由此成为一座名副其实的现代文学史料库；第三，在史料的具体操作层面，《东方杂志》展示了由传统文学向现代文学蜕变的蛛丝马迹，积累了建立现代文学目录学、辑佚学等方面的珍贵史料。"此文为进一步挖掘《东方杂志》的文学世界和史料价值指明了方向。而杨宗蓉的《〈东方杂志〉与现代唯美主义文艺思潮》（《齐鲁学刊》2013年第1期）一文认为，《东方杂志》自20世纪20年代就与唯美主义文学思潮结下了不解之缘，在唯美主义作家作品的译介方面成就显著，而且"《东方杂志》对唯美主义文艺思潮的关注和译介，带动了国内对唯美主义'生活艺术化'等理论的探讨，对五四以后具有唯美主义倾向的文学创作起了积极的传播作用"。侯杰的《〈东方杂志〉的翻译与中西文化共同体建构》（《中国翻译》2018年第5期）、《〈东方杂志〉（1904—1911）科学翻译话语在文化和政治重构中的作用》（《中国翻译》2017年第1期）对《东方杂志》的翻译做了较充分的研究。其他文章还有赵黎明的《〈东方杂志〉与中国现代文学批评》（《文艺评论》2015年第1期）、《五四前后〈东方杂志〉对"文化杜威"的译介》（《社会科学》2016年第12期)、《〈东方杂志〉与中国现代"戏剧改良"》(《文艺理论研究》2017年第4期)、《五四前后〈东方杂志〉对"文化罗素"的译介》(《江汉论坛》2018年第5期),马俊锋的《〈东方杂志〉对白桦派的介绍与翻译》(《中国现代文学研究丛刊》2016年第7期)等,这些论文对五四时期的文化译介也有很好的阐释角度和深入广泛的研究。而对《东方杂志》中的文学世界进行较深入研究的,是王勇的系列论文及其在博士论文基础上完成的《〈东方杂志〉与现代中国文学》(中国社会科学出版社2014年版)一书,该书运用文学社会学的理论方法考察了编辑与《东方杂志》的文学面貌的关系、《东方杂志》与新文化运动的关系、《东方杂志》中的文学翻译以及文学创作与批评。该书"以作家作品为基本点,在文化、编辑、翻译、批评、社会历史事件等与文学有关的各种要素中,从大文学的宏观角度来研究《东方杂志》与中国近现代文学的关系"[1],运用统计分析的方法对《东方杂志》的文学世界进行了全面的梳理,并把《东方杂志》放置到中国文学现代化的历史进程中来考察,"将其构建的文学空间放置到中外文学交流和时代进程的坐标体系中,在期刊与社会、编辑与作者、批评与翻译、创作的互动关系中探究其文学发生、发展、演变的轨迹",揭示其丰富的文学世界"对于中国近现代文学的作家群体、文体建构、文学生态的营造等方面所做的贡献"[2]。

从语言角度来研究《东方杂志》的,如杨霞的博士学位论文《初期现代汉语新词语研究——以〈东方杂志〉(1911—1921)为语料》则是突出了《东方杂志》在现代汉语语料学上的价值。总体而言,对《东方杂志》的文学研究中翻译所占比例最高,创作方面相对较少。

综上所述,《东方杂志》的研究多着眼于思想、编辑、传播、政

---

[1] 王勇:《〈东方杂志〉与现代中国文学》,中国社会科学出版社2014年版,第8页。
[2] 王勇:《〈东方杂志〉与现代中国文学》,中国社会科学出版社2014年版,第7页。

治、文学等角度，真正从文化转型的角度来研究《东方杂志》的成果还不多见。正因如此，本课题希望从文化转型的角度来研究《东方杂志》在中国文化和文学的现代转型中所发挥的重要作用。本选题通过《东方杂志》这一个期刊个案所呈现的中国文化和文学从20世纪初至五四前后演变的历程和原生态风貌，深入探究中国文化和文学是如何由传统向现代转变，如何在政治变革和新旧文化思想冲突中酝酿、生成以及演变的轨迹，揭示《东方杂志》与现代中国文化和文学的现代转型的关系，并从中获得对于新时代中国文化建设的有益经验和重要启示。

三

本选题的基本思路是由阅读《东方杂志》的原始文献开始，以1904—1927年间的《东方杂志》为阅读重点，仔细体察《东方杂志》的政治立场、办刊理念、文化追求、文学观念，在政治、文化、文学的互动中探究《东方杂志》在中国文化和文学转型中发挥的重要作用。

在研究方法上，本选题注重在广泛阅读文献的基础上进行归纳和定性分析，适当采用文化研究、报刊研究和传播学的方法，重点考察《东方杂志》在中国文化和文学由传统向现代转型过程中到底发挥了多少作用，以及如何发挥了作用，这种作用的独特性是什么。

本课题的创新之处是：以1904—1927年的《东方杂志》为依托，在政治、文化、文学的互动中，以中西文化交流为参照系，探讨中国文化和文学由传统向现代的转型，具有研究角度新颖，研究对象既具体又具有综合性，其结论将在一定程度上改变人们对《东方杂志》在中国文化和文学发展史上的认识。

当然，《东方杂志》有44卷800多期，每期的字数都在十万字以上，有的甚至达到二十多万字，而且从创刊至终刊都是繁体竖排，单是阅读完这些文字，就是一个非常耗时的工程。即使仅仅阅读1927年之前的《东方杂志》也是不小的工程。庞大的阅读量，繁杂的原始文献，如何在这种庞杂之中建立起有效的论述架构以保证此课题的内在统一性和科学性将是一个很大的挑战。我们愿意接受这样的挑战！

第一章 与时俱进的《东方杂志》

《东方杂志》创刊之后,在长达40多年的时间里,随着时代环境的变化及主编的更迭,其办刊宗旨和编排体例也经过多次变更,不断改版。本章旨在对其办刊宗旨及编排体例进行细致考察,以明晓其历史发展概况。

一 办刊宗旨的变迁

作为中华人民共和国成立之前,中国报刊出版史上存续时间最长的综合性刊物,《东方杂志》跨越了清末动荡、民国新立、五四新文化运动、北伐战争、抗日战争、国共内战等重大历史时期,被称为"杂志中的杂志"。可以毫不夸张地说,它是20世纪上半叶中国社会变迁与文化转型的重要参与者、见证者、推动者。《东方杂志》之所以能在激荡的45年间屡仆屡继,离不开其对中国文化的坚守,也离不开其顺时而变的办刊策略。《东方杂志》总是紧扣时代的脉搏,其办刊宗旨与方针不断随时代的发展而改良革新。

(一)从"启导国民,联络东亚"到"鼓吹东亚大陆文明"

1904年3月11日,即清光绪三十年正月二十五日,《东方杂志》在上海创刊。在创刊号刊出了《新出〈东方杂志〉简要章程》,其中第一条是"本杂志以启导国民、联络东亚为宗旨",此话非常清晰地标明了其办刊思想和办刊方针。

第一章 与时俱进的《东方杂志》

戊戌前后,从严复提出"开民智"的主张到梁启超提出"新民说",维新派一以贯之地举起了晚清中国的启蒙大旗,并以办学和办报作为开启民智的主要手段和途径。维新派以后,不同政治派别的精英知识分子也都非常重视报刊"开民智"的新民社会功能。《东方杂志》"启导国民"的宗旨正是这一观念的延续和传承。在中华民族面临生存危机和急切的救亡图存的历史使命面前,近代报人以实际行动充分发挥了报刊在启发民众方面的启蒙教育职能。报刊被赋予挽救民族危亡、探求救国道路的重要责任,成为近代先进知识分子救亡图存、启发民智、传播新知、鼓吹革命的重要工具。梁启超把报馆报刊与"古代太师"相提并论:"报馆于古有征乎?古者太师陈诗以观民风,饥者歌其食,劳者歌其事,使乘軒轩以采访之,乡移于邑,邑移于国,国移于天子,犹民报也。公卿大夫,揄扬上德,论列政治,皇华命使,江汉纪勋,斯干考室,駉马畜牧,君以之告臣,上以之告下,犹官报也。"[①] 报刊成为梁启超眼中的"耳目""喉舌",并强调说:"阅报愈多者,其人愈智,报馆愈多者,其国愈强"[②],因此,报刊是"益于国事"的重要手段,是启蒙民众的重要工具。

《东方杂志》最初的栏目设置,基本上是按照清政府的工作衙门来分类的,有社说、谕旨、内务、军事、外交、教育、财政、实业、交通、商务、宗教、杂俎、小说等栏目。由此可以看出《东方杂志》最初的预设读者人群是以各级各类官员为主的士大夫阶层。换句话说,《东方杂志》最初的启蒙对象并不是普通百姓,而是将以各级各类官员为主的士大夫阶层及知识分子作为自己的首要启蒙对象。因此在栏目的设置以及内容的安排上充分照顾了这一群体的阅读需求。在内容的安排上,《东方杂志》在最初的几年中,主要有两方面的内容最成系统,也最值得关注:一是有关日俄战争的报道,二是关于

---

① 梁启超:《论报馆有益于国事》,《时务报》1896年8月9日第一册。
② 梁启超:《论报馆有益于国事》,《时务报》1896年8月9日第一册。

立宪与法治方面的内容。

《东方杂志》创刊之年正值日俄战争发生。这场战争不但由于日俄双方争夺中国的领土而引发，而且还发生在中国领土上。沙俄利用义和团运动以及八国联军侵入北京的混乱局势，以维持秩序和保护中东铁路为借口，出兵占领了中国东北。清政府无力驱逐沙俄，只好诉诸列强，将东北问题国际化。日本趁机介入，沙俄独霸东北的企图落空，于是日俄战争爆发。日俄战争是因中国领土而起，但又是一场"无关中国"的两个帝国主义国家之间的霸权之争，在当时也被一些人视为黄白两个人种之争。在这场战争中，清政府只能无奈地宣布"中立"。从国家层面而言，中国的主权尽失，政府的颜面扫地；从民间层面及文化心理上看，中国又暗暗地站在了日本一边。正如《东方杂志》第 1 卷第 1 期上关于《日俄战纪》的广告中所说："日俄之战为欧亚竞争之权舆，亦即黄种存亡之枢纽，而于我中国关系尤重。盖日本而胜，我国或有鼎新之机，不幸而败，我国必无更生之望矣。"从这则广告词中，我们非常清楚地看到了，商务印书馆的编者们把中国的命运、黄种人的命运全部投注在日俄战争上，迫切希望日本能在这场战争中取得胜利，日本胜则中国或有"鼎新之机"，日本战败，中国"必无更生之望"。广告词把中日两国的命运紧紧地捆绑在一起，把中国变革发展的希望寄托在日本的取胜之上。《东方杂志》创刊时初拟刊名为《东亚杂志》，其中就有抵抗当时西方世界普遍流行的"黄祸论"之用意。这就是《东方杂志》"联络东亚"宗旨的出发点之一。另外，这一宗旨的设定，也与日本人在商务印书馆的投资有关。1903 年商务印书馆与日本东京金港堂合资经营，这使得当时仅有 5 万元资本的商务印书馆不仅从日方获得了 10 万元的投资，而且还从日方购买到了先进的印刷设备，学到了最新的印刷技术。与日方的合资标志着商务印书馆从一个名不见经传的小作坊，逐渐成长为中国首屈一指的印刷出版企业。日方资本和技术的投入使得商务印书馆获得了飞速发展，很自然地在经济支持和情感认同等因素影响下，《东方杂志》创刊初期的亲日态度非常鲜明。

20世纪初，戊戌变法虽然失败了，但立宪思想仍是一种强劲的社会思潮，清政府迫于压力进行宪政改革。商务印书馆总经理夏瑞芳、编译所所长张元济都曾担任清末"预备立宪公会"会员，张元济还在1911年当选为副会长，商务印书馆董事郑孝胥不仅是"预备立宪公会"的发起人，而且连任几届会长。《东方杂志》在政治上是倾向于改良、立宪的，它对清政府的宪改新政给予了极大关注和支持，发表了大量有关宪政改革的文章报道和评述，1907年还出了一期《宪政初纲》增刊，到了1908年《东方杂志》甚至为了清政府的宪政改革还专门进行了刊物改良，从该年第7期始，将栏目分为记载类、法令类、调查类、言论类、杂俎类、文苑类、小说类、各表类八种，明显增加了"记载类""法令类"的分量，特别是突出了"法令"的重要性，以配合清政府的宪政改革。

在孟森主持《东方杂志》期间，更是大量增加了有关立宪的栏目以及有关宪改的内容，同时还亲自主持撰写《东方杂志》的"宪政篇"，对清政府的立宪活动进行全面报道，发表了不少很有见地且中肯的意见。孟森在《东方杂志》共发表文章38篇，写于1908年8月—1910年6月间的有32篇，这些文章全都与宪政改革有关，其中有18篇刊登在《宪政篇》中。《宪政篇》是孟森主编《东方杂志》期间最富编辑特色的栏目，也是当时分量最重、影响力最大的栏目，但该栏目随着孟森的卸任而不复出现。《宪政篇》每期约40页，最多时达73页，约占当时《东方杂志》版面1/3以上，可见其宪政内容之重。正因此，《东方杂志》一度被认为是立宪派的喉舌，甚至被认为是清政府的官办刊物。立宪运动以师法日本为主，这种政治上的学习借鉴，也使得中日关系出现了难得的"蜜月期"。

1909年起孟森当选为江苏省谘议局议员，后辞去《东方杂志》编辑，由陈仲逸（杜亚泉）接任杂志主编，于是《东方杂志》进行了一次新的改良，开始扭转孟森主持时期过于注重宪政内容的偏好，但改变的幅度并不大，也没有涉及办刊宗旨的问题。这从1910年第7年第1期刊登的《〈东方杂志〉改良序例》中可以看出：

> 本杂志为月报体裁，发起于甲辰正月，至今年庚戌，已六阅寒暑。同人从事编辑，不敢妄自矜诩。然而代表舆论，主持清议，对政府而尽其忠告，悯斯民而代为呼吁，皆同人所不敢不勉勉者也。今者宪政方新，世变益亟，内忧外患，期宏济于艰难，记事载言，益有取于矜慎。爰取体裁，重加订定，具如左方，谨告当世。
>
> 一　首列谕旨，以重皇言。
>
> 二　列论说。以社说、时著、外论为次，皆所以尽指导之责任，供政府与国民之采择。
>
> 三　列记载。以中国大事记、世界大事记、中国时事汇录、世界时事汇录为次，万方多难，供殷鉴于寸心，不出户庭，足周知乎四国。
>
> 四　列文件。以奏折、公牍、章程为次，经世文字，无取浮华，随事立程，足资模楷。
>
> 五　列调查。以中国调查、世界调查为次，此门不限一格。包罗宏富，而尤重于提倡实业，以期挽救时局。
>
> 六　列附录。以新知识、杂纂、杂俎、行纪、文苑、小说为次，大之为经国之远犹，小之亦馈贫之资粮，见仁见智，视乎阅者。

总之，《东方杂志》最初"启导国民，联络东亚"的宗旨，既是时代潮流推动的产物，也是商务印书馆及中国士绅阶层在经济、政治、文化上的自觉选择。如果说"启导国民"是对梁启超"新民说"和时代启蒙精神的呼应，因之而获得舆论上的话语合法性、正当性,那么"联络东亚"则是以《东方杂志》为代表的中国精英知识阶层出于实际考量,从经济、政治、文化以及中国的发展方向上对日本的主动靠拢。如果说"启导国民"还是一个显得较为响亮而时髦的口号,那么"联络东亚"则是《东方杂志》最为真切的实际立场。

当然,我们也必须看到,《东方杂志》在其响亮的口号与明确的立场之外,还有着巨大的商业利益。从《东方杂志》上刊登的广告来看,它几乎占了整个杂志每期约七分之一的页码,大都是商务印书馆自家的书刊广告。从这个意义上看,《东方杂志》首先是商业刊物,其次才是文化刊物、政治刊物、综合刊物。

从1909年6月12日出版的第6年第5期起,陈仲逸(杜亚泉)开始负责编辑《东方杂志》。但直到1911年第8卷第1号,《东方杂志》才走出了早期的选报和宪政时期的半官报性质,正式迎来杜亚泉时代。杜亚泉确立了新的办刊理念,并渗透到编辑实践中,着力将《东方杂志》打造为传播现代科学、进行文化思想启蒙的重要阵地,从此,《东方杂志》走上了现代杂志的发展之路。该刊第7年第12期中发表改良声明:

> 国家实行宪政之期日益迫,社会上一切事务皆有亟亟改进之观。我《东方杂志》刊行以来,已阅寒暑,议论之正确,记载之翔实,既蒙当世阅者所许可。顾国民读书之欲望,随世运而俱进,敝社同人不得不益竭绵力以谋改良。兹于今春扩充篇幅,增加图版,广征名家之撰述,博采东西之论著,萃世界政学文艺之精华,为国民研究讨论之资料,藉以鼓吹东亚大陆之文明。①

这次改良在《东方杂志》的出版史上算得上是第一次大规模的

---

① 《辛亥年〈东方杂志〉大改良》,《东方杂志》第7年第12期。

改版，杂志的性质发生了重大变化，完全摆脱了对政府官制的依附，开始了独立办刊、栏目自主设立、文稿自撰或征集的现代办刊模式。在这次改良中，没有特别明确提及办刊宗旨的问题，但上述引文的最后一句"为国民研究讨论之资料，藉以鼓吹东亚大陆之文明"颇引人关注。这里的表述与创刊时的宗旨发生了很大变化。其一，创刊时的"启导国民"，有一种由上而下式的姿态，《东方杂志》扮演了先知先觉者的角色。但此次强调"国民研究讨论之资料"，显示出一种平等的姿态，与前者相比，不再是自上而下的"启导"，多了一些商量、讨论的味道，显得更为平等、亲切、随和。特别强调的是，《东方杂志》虽然不再提"启导国民"，但并不意味着不再承担启蒙的任务，只是启蒙的方式发生了变化。其二"鼓吹东亚大陆之文明"似乎与创刊时的"联络东亚"还有些联系，但这次特意强调了"东亚大陆之文明"，即中国文化。如果说创刊时的"联络东亚"是站在日本一边，向日本靠拢、学习，以日本为自己的榜样，表现出中国新兴知识分子对日本的倾慕、亲近以及谦虚的姿态，那么此时的"鼓吹东亚大陆之文明"则开始刻意强调中国的文化本色，注重从本国的文化主体性上寻找发展的依据。其三，"鼓吹"二字，也颇让人玩味，为什么之前不去"鼓吹"中国文化而此刻却要"鼓吹"呢？是有感于中国文化的衰落还是提前预见了中国文化即将迎来新机呢？我们不得而知，但"鼓吹"二字颇能激发人们的想象力。有一点可以肯定，那就是《东方杂志》的关注重点将转向文化思想领域，致力把《东方杂志》打造成综合性的文化刊物。在这一点上，《东方杂志》的转型可谓很有预见性，也很有代表性。说它很有预见性，是指它在中华民国成立之前就转向了对文化思想问题的关注，对后来中国思想文化界的转向以及新文化运动的发生具有一定的启示意义；说它很有代表性，是指中国社会在经历了洋务运动时期的器物革新、清末的政治制度变革之后，开启了文化转型的新阶段。《东方杂志》曾投身于清末的宪政改革，是政治制度变革的亲历者，民国初建则又转型为中国文明的鼓吹者，所以说，它的转型标志着中国社会的发展进入到文化转型的新阶段。同时，《东方杂志》主张中西调和，以中国文化统整西方文化，以稳健的、自主性的方式推进中国的文化建设，这在当时也是一种非常有代表性的文化发展之路。后来《新青年》与《东方杂志》之间关于中西文化的论战也非常有力地证明了《东方杂志》所代表的文化建设路向是有着非常重要的价值的，是中国文化发展中不可或缺的重要力量，否则，《新青年》也不会把《东方杂志》当作最主要的论争对手了。

改良之后的《东方杂志》与之前相比，在保持对中外时事、社会发展及民生议题的关注基础上，更加注重刊载文章的时论性与学术性。尤其是大力刊发反映世界最新科学技术方面的文章，专门设立"科学杂俎"栏目，以第8卷为例，第1号至第3号连载《空中飞行器之略说》、第8卷第1号刊发《最近之一大发明（单轨铁路）》、第8卷第4号至第9号连载《摄影术发明之略史及现今之方法述》、第8卷第11号的《新气发明谈》、第8卷第12号的《尿粪制造燃灯瓦斯》，之后每号中都有关于科学技术的介绍。杜亚泉时期的《东方杂志》注重科学知识的普及与传播，以此启导国民的科学意识，提高国人的科学素养。除此之外，《东方杂志》也翻译介绍了有关直觉主义、精神分析、无政府主义、社会主义等方面的很多西方最新思想文化成果，体现出科学与思想并重的向西方学习的新理念。

杜亚泉时期《东方杂志》的另一个主要特点，是对中国传统文化的重视。在这一时期的《东方杂志》中，刊登了王国维的《宋元戏曲史》、蒋瑞藻的《小说考证》、陈衍的《石遗室诗话续编》等长篇学术文章，以及大量的古体诗文。

中华民国成立及第一次世界大战的爆发，也引发了杜亚泉很多深刻的反思，这里既有对中国几十年崇尚物质救国思想的反思，也有对西方发达的科学文明的警惕，前者如杜亚泉的《精神救国论》等，后者如《大战争与中国》《大战争之所感》等，这些文章开始反思单纯的物质救国的弊病，破除往日对西方科技文明的盲目崇拜，警告国人应当重新估量中西文化的价值，重新审视对待中国传统文化的态度。

毋庸置疑，第一次世界大战为世界"文化对话"提供了一个新视角，引发了中国知识分子对西方现代文明的怀疑。1916年杜亚泉发表《静的文明与动的文明》一文，表达了要对西方现代文明进行重新审视的观点："自欧战发生以来，西洋诸国，日以其科学所发明之利器，戕杀其同类，悲惨剧烈之状态，不但为吾国历史之所无，亦且为世界从来所未有。吾人对于向所羡慕之西洋文明，已不胜其怀疑之意见，而吾国人之效法西洋文明者，亦不能于道德上或功业上，表示其信用于吾人。则吾人今后，不可不变其盲从之态度，而一审文明真价之所在。"[1] 1917年又发表了《战后东西文明之调和》一文，进一步阐明自己的思想："此次大战，使西洋文明，露显著之破绽"，而"东西洋之现代文明，皆不能许为模范的文明"，"故战后之新文明，自必就现代文明，取其所长，弃其所短，而以适于人类生活者为归"[2]。杜亚泉既看到了西方文化无论是物质上、科学上还是精神上都有可借鉴之处，又因第一次世界大战而对西方文明有了更全面深入的认识，对中国未来新文明的发展提出了新的见解。

这种由对西方文化的反思而出现的中西调和的思想，主张重新审视中西文化的关系，以东方文明去救治西方文明的破绽。其过分推崇中国传统文化的做法，与继起的新文化运动诸人的思想相冲突，最终导致力主"鼓吹东亚大陆之文明"的《东方杂志》与陈独秀、罗家伦等人的《新青年》《新潮》的论战，因之背负保守恶名而声望大跌，杂志的销量也锐减。商务印书馆为了生存，只好换人，由陶惺存接替杜亚泉。但是，陶惺存不久后去世，《东方杂志》改由钱智修主持。《东方杂志》从此开始由杜亚泉的"鼓吹东亚大陆之文

---

[1] 伧父：《静的文与动的文明》，《东方杂志》第13卷第10号。
[2] 伧父：《战后东西文明之调和》，《东方杂志》第14卷第4号。

明"的时代转入钱智修领导的新阶段。

（二）从"舆论的顾问者"到"阐明学术"

20世纪20年代初，新文化运动虽已落潮，但唤醒民众、启发民众的启蒙任务并没有完成。因此，对于大多数有责任有担当的报纸杂志来说，仍把"启导国民"作为自己的主要任务之一。《东方杂志》不仅在新文化运动的裹挟下，被迫参与到中西文化的论争中，而且不得不顺应时代潮流，更换主编，对杂志进行改良。但改良之中仍有坚守，那就是钱智修所说的"宗旨无甚改变"。

《东方杂志》在1919年第16卷第12号上发表了《〈东方杂志〉变更体例预告》：

> 本志创刊十六年，向以介绍新知识汇记国内外大事为重要职志，其间亦尝应时势之需要，叠经变更体例。今者世界知识日益进步，本杂志自亦不得不益自策励，以求完善。因自九年十七卷第一号起，将门类酌加增减，虽宗旨无甚改变，而供献读者，自谓颇多便利，并世贤达，尚祈进而教之，今将更易各门类列后：
>
> 一评论　凡杂志必冠以社论者，原为标示宗旨起见，惟长篇论说，征引繁博，在作者虽煞费匠心，而阅者或因职务冗忙，苦难卒读。今以短篇评论居首，论题必择其切要，文字力求浅近，务使读者开卷了然，不费脑力，且间用夹叙夹议之法，以期世界重要各问题，读者得因此以知其真相。
>
> 二专论　此栏首撰论，次译论。凡与政治时局有关之议论皆隶属之，其选择材料，亦以切要浅近为主。
>
> 三世界新潮　辑译西报记事之文，分标子目，自为起讫。以为输入世界知识之助。
>
> 四学识　凡关于学术思想之文字，皆入此栏。以伦理社会及文学上之新思潮为主，亦酌采物质科学。

五科学杂俎　科学上之新发明，有零篇断简，足以资博识供实用者，依次汇录，惟长篇文字，则让之专门杂志。

　　六读者论坛　此栏专收读本志者所发表之意见，近来新思潮勃兴，苟有特识，虽持论互殊，正不妨兼收并蓄，以为切磋之助。

　　七文苑　汇录当代名流著作，以备嗜文学者之流览。

　　八小说　选登白话短篇，最长者亦以三期登毕为度，间用文言，亦力求浅显爽豁。

　　九时论介绍　凡在他处发表之文字，择优选录，并缀小序，以当题外解。其对于同一问题，有互相发明之作，则汇列一处，以资比较。

　　十中国大事记　十一外国大事记　十二法令　三项仍依囊例编辑，惟选择力求精审，无关重要者均从删芟。

　　十三附录　凡无类可归者入此栏。

　　以上各类，每期不必求备。同人学识弇陋，深惧未能副读者之望。尚祈当世作者，赐以鸿篇，匡其不逮。本杂志得为发表言论商量学术之公共机关，则不胜荣幸矣。

　　　　　　　　　　　　　　　　　　　东方杂志社谨启

　　在这次体例变更预告中，《东方杂志》把"向以介绍新知识汇记国内外大事为重要职志"作为创刊十六年来的办刊宗旨。毫无疑问，这确实是《东方杂志》十几年来一直坚持的重要工作，在这表述中作者将"启导国民""鼓吹东亚大陆之文明"等过于显眼的字句都清除掉了，而用了较为平实的"介绍新知识""汇记国内外大事"的表述。应该承认"介绍新知识"就是启蒙，正如钱智修在《本志之希望》中所说"故今后之言论，亦将以促进社会之自觉者居大部分"[①]，"促进社会之自觉"也是启蒙。从这一点上看，《东方杂志》还是在暗暗延续早期的"启导国民"的宗旨，只是由于受到

---

① 坚瓠：《本志之希望》，《东方杂志》1920年第17卷第1号。

"新青年派"的批评,把"鼓吹东亚大陆之文明"这样具有鲜明的民粹主义口号隐藏了起来,转而致力于把杂志打造成"发表言论商量学术之公共机关"。《东方杂志》放弃了稍显保守的立场,彻底倒向了新文化阵营,成为五四后新文化建设的重要阵地。

  转型后的《东方杂志》在文学方面最为引人注目的变化是减少文言,进而弃绝文言的旧诗文,全面转向白话新文学。1920年,《东方杂志》虽然大部分改用了白话,但"文苑"栏还保留着文言的古体诗文,直到1921年被取消。钱智修在1921年1月25日出版的《东方杂志》第18卷第2号的《编辑室杂话》中提到:"中国的旧文学,其势不能够不改革了;所以本志从今年起,决计把《文苑》废掉,另设《新思想与新文艺》一栏,当做介绍西洋文学的引子,所有诗古文辞一类的投稿,从此就一概不收,但是这并不是本志鄙夷中国学问的意思,倘然于中国学问真有研究的著作——像从前登过的《宋元戏曲史》《名学他辨》和《敦煌发现唐朝之通俗诗及通俗小说》等等,仍旧是极端欢迎的。"①

  《东方杂志》从1921年第18卷第1号起又增设"新思想与新文艺"栏目,专门翻译和介绍世界各国的文学作家、作品以及文艺动态等,这对国人了解苏、英、法等欧美国家的文艺信息,对苏联文学以及欧美文学在中国的传播起了重要的作用。可惜的是此栏目从第19卷起不复存在。同时这时期的《东方杂志》还发表了新文学各个流派的文学作品,对中国现代文学流派的发展也起到了不小的作用。第21卷第1号钱智修在《本志的二十周年纪念》中说:"本志在文艺方面,也曾有相当的贡献。如前几年的林译小说和《石遗室诗话》,都是在旧文学界早有评定的。而王静安先生的《宋元戏曲史》,尤为我国文学史上不朽的杰作。至第十七卷后,本志更努力于新文艺的输入;国内创作家,亦常常以新作品见饷。计自十七卷至二十卷的四年间,本志所曾经刊载的短篇小说和独幕剧,已经可编

---

① 坚瓠:《编辑室杂话》,《东方杂志》1921第18卷第2号。

成十二册的单行本,可谓'以附庸而蔚为大国'了。"①

经过4年的努力,《东方杂志》在新文化建设和新文学发表方面取得了令人瞩目的成就,借着创刊20周年之际,《东方杂志》搞了大型的纪念活动,主编钱智修也发表了《本志的第二十年》一文,对《东方杂志》二十年来的发展变化做了更鲜明更理论化的概括。他指出:"杂志的本义是'仓库',本来可以容纳复杂的材料的;而本志则尤其自始以来,是一种普通社会的读物","杂志最大职务,是记录现代的思想;是为欲追求世界知识而无暇阅读专书的人,做一种简明的报告。所以杂志所供给的知识,不但应该是最新的,而且应该是最精粹、最简要的",因此,"我们是希望为舆论的顾问者,而不敢自居为舆论的指导者的"②。

把杂志形象化地比喻成"仓库",这是《东方杂志》的编辑们对于杂志本质的深刻而形象的理解;做"舆论的顾问者",而非"指导者",给读者提供"不但应该是最新的,而且应该是最精粹、最简要的"知识,是《东方杂志》二十年来办刊的基本遵循和文化追求,也是二十年来《东方杂志》办刊经验的总结,凝聚了《东方杂志》几代编者共同的文化追求和价值共识,也标志着《东方杂志》在办刊理念上进入到更加成熟的阶段。

虽然有了这个概括和共识,但在不同的阶段,《东方杂志》在内容上的侧重点还是有所不同。比如在1929年1月出版的《东方杂志》第26卷第1号上,编者在《卷头语》中强调了当下将把对国际问题的关注作为集中点,指出杂志与日报不同,杂志"除于当面的问题作系统的探讨以外,更须有其致力的集中点","我们致力的集中点是什么?简单的说来,便是:普及国际知识,研究国际时事,以增读者对于外交事情及国际形势的兴趣,并图树立国民外交的基础"。可见,编者根据当时的社会形势,将编辑的重点聚焦在了国际

---

① 坚瓠:《本志的二十周年纪念》,《东方杂志》1924年第21卷第1号。
② 坚瓠:《本志的二十周年纪念》,《东方杂志》1923年第20卷第1号。

时事、国际政治外交问题上。到了1932年"一·二八事变"之后，主编胡愈之在《本刊的新生》一文中指出："以文字作分析现实指导现实的工具，以文字作民族斗争社会斗争的利器，我们将以此求本刊的新生，更以此求中国知识者的新生。"胡愈之"以文字为斗争利器"的主张，具有鲜明的左翼特色，这种带有激进政治色彩的编辑思想有点偏离《东方杂志》一贯的公正平和风格，后来在当局的压力下，商务印书馆被迫解除了与胡愈之的聘用关系。

胡愈之辞职后，李圣五、郑允恭先后接编《东方杂志》。李圣五在第30卷第7号的《读者作者与编者》一文中，在回答读者有关编辑方针的问题时，这样写道：

> 编者每次听到这两句问话，就立刻感觉到发问的人把《东方杂志》的个性看得太轻，把编者的个性看得太重！他们也或者忘记了《东方杂志》是全国大部分文人卅余年的心血培养出来的一个刊物，他的读者遍世界，销数达五六万份，他自降生以至今日，内容之专重学术介绍，态度之中正不阿，早已铸成了一种不可摇撼的"个性"，凡系爱护《东方》的人们，无论是读者，作者，还是编者都有一件不应当忽略的事，尊重他的"个性"。就是有什么良好的兴革计划，也应当逐步推进，开始编辑之际有何具体"方针"之可言！
>
> 就《东方》的个性言，他是纯学术而极普遍的一项刊物。这就是说：他所负载的各种文字，并不是武断的臆说，空洞的理论，乃是经过一番研究的各种学问上的发挥，学术家可以用作参考，职业家以及从事政治的人们可以当作建议或情报，一般的读者更可用为广大知识增进思想的工具。由此看来，《东方》作者合编者所负的责任已经够重的了。[①]

[①] 《读者作者与编者》，《东方杂志》第30卷第7号。

在这段话中，李圣五把《东方杂志》的个性概括为"内容之专重学术介绍，态度之中正不阿"，说它是一个"纯学术而极普遍的一项刊物"，这就有意识地将《东方杂志》从文化刊物转化为专门性的学术刊物，把《东方杂志》从关注社会热点、引领文化潮流的舆论中心地带引向"两耳不闻窗外事"的纯学术空间。此次转型没有发布重要的公告，一般不被人重视，其实这次办刊宗旨的转变意味着《东方杂志》已经走过了它充满活力的青壮年时期，开始进入孤寂清冷的暮年。1943年因太平洋战争爆发而停刊的《东方杂志》再次复刊，苏继顾任主编。商务印书馆董事长王云五写了《复刊辞》：

> 本志以阐明学术为主旨，所刊各文，见解力求客观，议论务期平允。注重新知之介绍，然力避武断，期无悖研究之精神，内容则人文自然，中外新旧，兼收并录，然由于沿革关系，取材以涉及国际问题者为多。按其性质，以类相从，冠以国际问题，从向例也，殿以文艺，依通例也，其他则略仿图书分类，序其先后，期便读者。①

"阐明学术"成为《东方杂志》后期最为明确的办刊宗旨，复刊后的《东方杂志》实际上延续了李圣五1933年对该刊的定位。王云五还强调说："刊物之品质，乃随一国之学术与其国民知识之进展而进展者"②，"在此思想的指导下，《东方杂志》开始以发表学术性研究性文章为主，成为一个综合性的纯粹学术刊物。学术性的文章在以前的《东方杂志》上也并不少见，只是那时的《东方杂志》除了学术性的文章之外，还有社说、评论、各类信息等，而此时的《东方杂志》上只剩下了严肃的学术文章。所以，后期的《东方杂志》已经失去了先前的朝气和活力，开始变得老气横秋。仅从这气

---

① 王云五：《复刊辞》，《东方杂志》第39卷第1号。
② 王云五：《复刊辞》，《东方杂志》第39卷第1号。

象上看，《东方杂志》已经走入了末路，停刊只是早晚的事情了。"①笔者在《〈东方杂志〉与现代中国文学》一书中曾这样总结说：

> 统观《东方杂志》四十多年的办刊历程，我们可以梳理出其办刊宗旨演变的大致轨迹，即从早期的"启导国民、联络东亚"，经过中期的"鼓吹东亚大陆文明"、打造"发表言论商量学术之公共机关"，逐渐向后来的"阐明学术"转换，但始终遵从"人文自然，中外新旧，兼收并录"，遵从客观、公允、宽容的态度，坚持做"舆论的顾问"。经过一代代编辑者的努力，《东方杂志》成为了中国近现代历史上最具影响的杂志之一，是中国近现代知识分子的公共舆论空间。但也不可否认的是，《东方杂志》也正如任何一个生命体一样，它也经历过幼年、青壮年、中年及老年，它的生命体与中国20世纪上半叶的历史共振，同呼吸共命运，它生活在中国社会的动乱之中，也伴随着乱世的结束而结束，《东方杂志》成为20世纪上半叶中国历史的象征，是中国历史发展变革的最真切的见证者。②

（三）救亡与启蒙视域下《东方杂志》

李泽厚先生曾说，中国社会近代以来的两大主题是启蒙与救亡的双重变奏。一时间李泽厚先生的"双重变奏说"被人奉为圭臬，后来又不断被人质疑。争议虽然存在，但启蒙与救亡无疑是自近代以来中国社会的主要任务，而且这两个任务是如此密切地纠缠在一起，确实也存在着在某一时段，启蒙压倒救亡或救亡压倒启蒙的情况。将这一现象移到《东方杂志》上来看，也大致不错。

《东方杂志》创刊于日俄战争期间，甫一创刊，《东方杂志》就把"启导国民"作为自己的办刊宗旨，高举启蒙的大旗，之后相当

---

① 王勇：《〈东方杂志〉与现代中国文学》，中国社会科学出版社2014年版，第31页。
② 王勇：《〈东方杂志〉与现代中国文学》，中国社会科学出版社2014年版，第32页。

长的时间里，这杆大旗依然不倒，无论是介绍日俄战争的战况，还是转载各家报纸杂志的文章，它都把启蒙作为自己的主要任务。到了清末的宪政改革时期，《东方杂志》发表了大量有关宪政的文章，甚至出版宪政专号等，这既是对民众的法治启蒙，也是维护清政权的救亡之举。民国建立之后，《东方杂志》刊载西方的科技成就和精神文化方面的最新成果，这是《东方杂志》在鼓吹"东亚大陆之文明"的宗旨下，对国人的一场新启蒙，既有科学知识和科学精神的启蒙，也有对西方思想文化的启蒙，让国人在中西文化的对照中探寻中国的发展之路。换个角度看，《东方杂志》和《新青年》之间有关中西文化的论争，不也是对国人的一场思想启蒙吗？这也难怪胡愈之在纪念杜亚泉的文章中说：

> 先生是中国科学界的先驱。不但在其早年生活中，对于自然科学的介绍，尽了当时最大的任务，此外在政治学，社会学，语言学，哲学方面，先生亦致力于科学思想的灌输。在中国科学发达史中，先生应该有一个重要的地位。到了先生主编《东方》的时候，虽提倡精神文明，发扬东方思想，因此与五四时期的《新青年杂志》，曾有过一次论战，但是先生始终没有放弃科学的立场。其对于人生观和社会观，始终以理知支配欲望，为最高的理想，以使西方科学与东方传统文化结合，为最后的目标。所以从思想方面说，先生实不失为中国启业时期的一个典型学者。①

为"中国启业时期的一个典型学者"，这是胡愈之对杜亚泉功绩的评价，也是对《东方杂志》启蒙事业的高度肯定。

从1904年《东方杂志》创刊到1924年这二十年间，中国社会的救亡压力相对比较小，因此在这一时段中，知识分子把启蒙的任

---

① 愈之：《追悼杜亚泉先生》，《东方杂志》第31卷第1号。

务看得相对重一些。无论是戊戌变法后的新民文化思潮还是五四时期的新文化运动,都是在这一时段发生且在中国历史上产生重大影响的思想启蒙运动,《东方杂志》身处这两大启蒙思潮之中,自然不能例外,也为启蒙尽了自己的应有之力。

但1925年以后,中国社会的救亡压力开始逐渐增大,社会动荡、民不聊生,民族矛盾和阶级矛盾错综交织,中国知识分子忧国忧民、救亡图存的意识开始增强。作为一份有着强烈爱国主义情怀的刊物,《东方杂志》责无旁贷地服务并参与到这一时代主题之中。

1925年的"五卅惨案"发生后,胡愈之迅速组织出版了《五卅事件临时增刊》,并发表了纪实文章《五卅事件纪实》,结合自己的亲身经历,详细报道了整个运动发生发展的全过程,不仅深刻揭露和强烈控诉了帝国主义列强的侵略本性,而且也宣示了五卅运动之于民族独立的意义,文章指出"五卅事件而引起的全国民众运动,是中华民族要求独立与生存的大抗争的开始"①。当许多国内媒体慑于帝国主义压力缄口不言的时候,这期增刊的出版,代表了中国新闻界的良心,显示出中国新闻界挺起了民族抗争的脊梁,极大鼓舞了中国人民的志气,具有强大的宣传力量。

九一八事变之后,《东方杂志》的救亡姿态更加明显,政治、外交、经济、军事、法律等方面的内容成为杂志的主要部分,"这类文章按篇数计,九一八事变前一年仅占总数的13%,此后至抗战胜利,则平均为61.86%。其中,1938年至太平洋战争爆发期间,所占篇数平均高达87.25%。这种现象在当时同类报刊中是比较普遍的"②。

1932年的一·二八事变,日军炸毁了商务印书馆的印刷厂和图书馆,《东方杂志》已经编好的稿件被毁,救亡图存成为商务印书馆和《东方杂志》不可逃避的责任。经过商务印书馆全体员工的艰苦奋斗,《东方杂志》在中断八个月后于10月出版了第29卷第4号。

---

① 愈之:《五卅事件纪实》,《东方杂志·五卅事件临时增刊》1925年6月。
② 李斯颐:《30年代〈东方杂志〉政治倾向的成因》,《新闻研究资料》1990年第3期。

该刊发表了《商务印书馆总馆复业启事》：

> 谨启者，敝馆总厂编译所、东方图书馆等于本年一月廿九日及二月一日，先后惨遭国难，被炸一空，不得已宣布将总馆各机关暂时停业，从事善后。在停业期中，国内人士，无不同声惋惜，函电纷驰，无虑千百，于殷勤慰问之外，备加积极奋勉之词，盛意隆情，弥深感激。敝馆自维，三十六年来对于吾国文化之促进，教育之发展，不无相当之贡献，若因此顿挫，则不特无以副全国人士属望之殷，亦且贻我华民族一蹶不振之诮。敝馆既感国人策励之诚，又觉自身负责之重，业已于本年八月一日先恢复上海发行所之业务，并在上海爱文义路及辽阳路分别设立小规模之制版及印刷工厂，藉以继续其三十六年来贡献我国文化教育之使命，尚望全国学术教育界中人鼎力提携，热忱爱护，俾敝馆于巨劫之后，早复旧观，得与吾国文化教育同其猛进，则受赐者岂特敝馆而已，我国民前途实利赖之。谨布区区，伏维　公鉴！①

并且还提出了"为文化而奋斗，为国难而牺牲"的口号。商务印书馆在危难之际，率先恢复了《东方杂志》的出版，因此《东方杂志》的重生不仅是商务印书馆的复业标志，也是中国文化转型更生的标志，真正吹响了中华民族救亡的号角。胡愈之在复刊号的卷首发表了《本刊的新生》，文中写道："以文字作分析现实指导现实的工具，以文字作民族斗争社会斗争的利器，我们将以此求本刊的新生，更以此求中国智识者的新生。"② 同时，在胡愈之主持下，该刊增加了反法西斯内容，增设了《东方论坛》等专栏，发表了许多有关宣传抗日、揭露德意法西斯势力扩张等的文章，以及介绍苏联社

---

① 《商务印书馆总馆复业启事》，《东方杂志》第29卷第4号。
② 愈之：《本刊的新生》，《东方杂志》第29卷第4号。

会主义成就和评述国际形势的文字。复刊后的《东方杂志》在其之前的宽容与理性的基础上,又多了些血气、热气和火气,成为当时宣传救亡思想的重要进步刊物之一。

1933年初,胡愈之在《东方杂志》第30卷新年号上发起了一个《新年的梦想》的征文活动,编辑部共发出了400余封征稿信,最终收到来稿142篇。征稿作品中的内容涉及面极广,其中有的文章涉及社会剥削和不平等现象,有的咒骂帝国主义的侵略暴行,有的讽刺蒋介石政府的贪污腐败,也有的文章真诚地表达了作者对于理想生活的向往。此次征文影响很大,但很快受到当局的打压,胡愈之被迫辞职。对此鲁迅先生曾著《听说梦》一文,肯定了编者通过征文表达政治理想的良苦用心:

> 大年初一,就得到一本《东方杂志》新年特大号,临末有"新年的梦想",问的是"梦想中的未来中国"和"个人生活",答的有一百四十多人。记者的苦心,我是明白的,想必以为言论不自由,不如来说梦,而且与其说所谓真话之假,不如来谈谈梦话之真,我高兴的翻了一下,知道记者先生却大大的失败了。①

主编胡愈之晚年回忆过这一期《东方杂志》出版的前后经过:"1932年8月,商务印书馆又复业了。……王云五要我仍回商务主编《东方杂志》。我表示同意。但我和他约定,采取承包的办法,由商务拨给一定的编辑费用,我自己来找房子,请编辑,定内容,这一切商务都不得干涉。王云五同意了。……1933年1月,《东方杂志》新年号出版,我在这一期组织了一个'新年的梦想'专栏,这些文章没有骂国民党的,只是对国民党有些讽刺。清样已经打好,王云五却来找我说,'有的文章最好不要用,或是改一改。'我说,'你不

---

① 鲁迅:《听说梦》,初刊于《文学杂志》第1号,1933年4月15日,收入《鲁迅全集》第4卷,人民文学出版社1981年版,第463页。

是包给我办的吗？'他马上就说：'那就不包吧！'就是这样他逼我离开了《东方杂志》。他把《东方杂志》交给了汪精卫的亲信李圣五和陈恭协，由他们当正副主编。"①

在全民族救亡的场域中，《东方杂志》表现出了反对法西斯侵略、反对对日妥协退让的鲜明的抗日爱国立场。但是《东方杂志》作为一份由民族资本企业控制的民间刊物，它无力完全摆脱国民党新闻管制的约束，特别是在某些上层右翼人物的控制干预下，一些编辑人员的进步立场以及某些文章的正当观点，很难在刊物中明确反映出来。

不过《东方杂志》仍然以顽强的意志在抗战中艰难地生存着。在八年抗战中，《东方杂志》四处辗转，处境艰难，出刊困难，虽然爱国主义的精神一以贯之，但它的社会影响力却减弱了不少。抗战后期，《东方杂志》将办刊重点转向"发扬文化传播学术"，致力于中华文化之绵延和学术能力之再造。1943年，王云五在《复刊辞》中明确定位《东方杂志》的办刊宗旨是"阐明学术"，因此这之后的《东方杂志》，发表了很多具有较强理论性和学术性的文章，这种态势直到1948年《东方杂志》终刊。所以后期的《东方杂志》实际已经成为较为纯粹的学术期刊，是战乱年代一个重要的学术阵地，以另一种方式参与到启蒙与救亡之中。

历史地看，随着西方列强的侵略以及中国社会的半封建半殖民化进程加剧，救亡与启蒙逐渐成为近代中国社会必须面对的两大主题。救亡与启蒙之间有着非常复杂的关系，有时启蒙会暂时超越救亡，有时救亡还会再次压倒启蒙，正如李泽厚先生所指出的那样，在一定意义上讲，启蒙和救亡的双重变奏构成了近代中国的探索之路。在救亡与启蒙的双重变奏中，《东方杂志》办刊宗旨的变迁也深受时代场域的影响，从启蒙为主到救亡压倒启蒙，再到对文化的坚守，《东方杂志》在长达四十余年的办刊生涯中，启蒙的声音从未中

---

① 胡愈之：《我的回忆》，江苏人民出版社1990年版，第23页。

断，救亡的使命时刻担当，这是报纸杂志的使命，也是中国知识分子的使命。

二 由选报向现代杂志的转型

（一）报刊大潮中的《东方杂志》

《东方杂志》创刊于1904年，其时正是中国报纸杂志的一个高速发展期，正如当时有人总结所说："我国报章之发达，约可分为数期。光绪初年至甲午以前为萌芽期；甲午后至庚子前为发生期，庚子后至甲辰前为增长期，甲辰后至今，则应由增长期而入成立期。"[1] 1904年正是甲辰年，处于上文所说的增长期与成立期分界上，是中国报纸杂志高速发展的时期。另根据史和等人编的《中国近代报刊名录》的统计，1900年共创刊39份，1901年创刊44份，1902年创刊51份，1903年创刊71份，1904年创刊90份，1905年创刊105份[2]。仅从1900至1905年这6年的报纸杂志创办情况看，报纸杂志呈明显的高速增长态势，总共创刊了400份。《东方杂志》正是在这样的创刊大潮中诞生的，并与这众多的报纸杂志形成了一个共时性的舆论场域。

一般认为，《东方杂志》早期是一份具有"选报"性质的杂志。《东方杂志》创刊号登载的《东方杂志简明章程》中说道："本杂志略仿日本《太阳报》、英美两国《而利费》Review of Rreview 体裁，除本社撰译论说、广辑新闻外，并选录各种官民月报、旬报、七日报、双日报、每日报名论要件，以便检阅。"[3] 丁文在《选报时期〈东方杂志〉研究（1904—1908）》一书中对《东方杂志》与日本《太阳报》和英美《而利费》进行了非常详细的比较，见解深刻[4]，

---

[1]《说报》，录乙巳七月二十四日《南方报》，《东方杂志》第2年第9期。
[2] 史和等：《中国近代报刊名录》，福建人民出版社1991年版，第396—403页。
[3]《东方杂志简明章程》，《东方杂志》1904年第1年第1号。
[4] 丁文：《选报时期〈东方杂志〉研究（1904—1908）》，商务印书馆2010年版，第80—90页。

这里不再引述。笔者想强调的是，《东方杂志》的出版除了明显受到国外报刊的影响之外，同时也受当时中国选报风气的影响。

中国近代第一份选报性刊物，也叫文摘性刊物，是1897年5月6日创刊的《集成报》，也有学者认为是1884年4月18日在广州创刊的《述报·中西近事汇编》。但多数学者认为《集成报》和1897年8月22日创刊于上海的《萃报》开创了"我国文摘报之先河"①。1901年4月创刊的新《集成报》和同年11月11日创刊的《选报》在"中国近代文摘报史中占据着承上启下的重要地位，二者既承接了1897年的《集成报》和《萃报》，又启动了随后创办文摘刊物的小高潮，诸如《时事采新汇选》《经世文潮》《东方杂志》《萃新报》等报刊的创办，无不受到这两份报刊的影响"②。

《选报》创刊于1901年11月，由上海选报馆编辑出版，线装24开本。创办人为蒋智由、赵祖德，以选录中外报刊论说、谕旨、章程、奏议、条陈、中外时事、国内各埠近闻、杂俎为主，涉及内政、外交、经济、教育文化等领域。初为旬刊，第42期后改为月出4本，1903年9月出版第56期后未见续出。蔡元培为创刊号作序，主要撰稿人有蔡元培、蒋智由、蒋方震、杜亚泉、王抚士等。从《选报》的主要撰稿人可以看出其与《东方杂志》的承续关系。

蔡元培和商务印书馆的关系非常密切，他与张元济私交甚密，两人是浙江同乡，同年乡试同年会试，同入翰林院庶吉士，同样主张维新，后同在南洋公学任教，共同创办《外交报》等。之后蔡元培和张元济先后出任商务印书馆编译所所长，共同编辑小学教科书③，蔡又推荐杜亚泉入馆，杜亚泉后来编辑《东方杂志》长达十余年，而蔡元培和杜亚泉是《选报》的主要撰稿人，所以这种人员上的延续关系，使得《东方杂志》在多方面借鉴和延续了《选报》

---

① 秦绍德：《上海近代报刊史论》，复旦大学出版社1993年版，第54页。
② 周光明：《近代新闻史论稿》，社会科学文献出版社2014年版，第57页。
③ 汪家熔：《蔡元培与商务印书馆》，《1897—1987商务印书馆九十年》，商务印书馆1987年版，第478—479页。

的体例和风格。

周光明在其《近代新闻史论稿》中很详细地介绍了早期《东方杂志》对《选报》和《集成报》在体例上的继承关系：

> 在刊物栏目分布上，《东方杂志》借鉴了前期文摘报刊的体例，尤其是《选报》的分栏方法，将"本社撰稿"、"选论"、"来稿"齐聚在一个栏中，这在一定程度上有效避免了各种稿件零乱分散在四处的不足。《东方杂志》在延续《集成报》《选报》等文摘报刊办刊理念的同时，又提升了文摘报刊言论的地位，不只是专注于新闻性内容的选录，而是重视"论说"分量，以选载众报论说为主。《东方杂志》一般是选录各报或者是学者来稿，然后杂以符合各个栏目内容的奏折、消息、各类规章条例等。在当时上下不通又昧于外情的情况下，《东方杂志》以大容量的集纳成为当时官绅阶级首选的时政参考。有些栏目文章介绍的新知还颇为专业，选择的角度也很独到，所摘录的内容和阐释的问题比较全面、深入，有一定权威性和学术性。[①]

《东方杂志》后来居上，从《选报》中学习借鉴并进一步超越，无论是办刊时间还是影响力方面都超越了《选报》和《集成报》，成为中国选报（文摘报）中的佼佼者。所以一提到《东方杂志》，无论是新闻史、出版史的专家，还是商务印书馆的当事人首先提到的都是它早期的"选报"特色。学者丁文的博士学位论文就是专门研究《东方杂志》从1904年创刊到1908年改版这个"选报"时期的。

但笔者个人认为，把这时期的《东方杂志》简单定性为"选报"可能并不十分恰当。不可否认，《东方杂志》确实有一些内容选自其他报刊，即使在一定程度上代表刊物主旨的"社说"，也有相当部分是从他报中选录而来，但能否以《东方杂志》的部分内容来确

---

① 周光明：《近代新闻史论稿》，社会科学文献出版社2014年版，第59页。

定它整个的性质呢？笔者认为似有不妥。章锡琛晚年在谈到《东方杂志》时说："原是一种选报性质的刊物，剪集每月报章杂志上的记事、论文，分类刊登，供留心时事者查考，《宫门抄》和《奏折》占首要地位，其次才是时论，只偶然发表几篇撰译的文字。"[①] 章的说法有以偏概全之嫌，既然他说"《宫门抄》和《奏折》占首要地位，其次才是时论"，那么，一个刊物的性质到底是按主要内容来定，还是按次要内容来定？所以按次要内容（选录他报的时论）来定其为"选报"实在是于理不通。但这种于理不通的结论却几乎成了人们对《东方杂志》的定性式论断，如方汉奇先生的《中国近代报刊史》以及许多大型工具书沿用此说法。

笔者对1904—1908年间，即丁文所说的选报时期的《东方杂志》上的选录文章进行了统计，如表1-1所示。

表1-1　　1904—1908年《东方杂志》选录文章统计

卷	期	社说	内务	军事	外交	教育	财政	交通	实业	商务	宗教	总计
	1期	3				2						5
	2期	4										4
	3期	4	0	2	1	1	0	2	1	1	1	12
	4期	4	1	2	2	2	1					12
	5期	2	1	1	1	2	2	1	2	1		13
	6期	8	2	2	2	3	2	3	2			24
1卷	7期	6	2	2	1	1	2				3	17
	8期	10	3	3	3	2	2	1	2			26
	9期	6	3	1	3	2		3	2			26
	10期	8	2	1	3	2	2	1	2		2	23
	11期	7	2	1	2	2					3	20
	12期	6	1	1	1	1	1	1	1	1	1	15
	汇总	68	17	18	19	21	17	9	13	5	10	197

---

① 章锡琛：《漫谈商务印书馆》，《中国出版史料·近代部分》第三卷，湖北教育出版社2004年版，第85页。

续表

卷	期	社说	内务	军事	外交	教育	财政	交通	实业	商务	宗教	总计
2卷	1期	3	1	2	3	2	2				1	14
	2期	5	1	2	1	1	1		1	1		13
	3期	4	3	2	0	1	1	1	1			13
	4期	3	2	1	2	2	1					11
	5期	4		2	4			1			3	14
	6期	7	1	4	1	2						15
	7期	5				2	1	2	3	2		15
	8期	5	2	2	4	1	2					16
	9期	5	2	2	0	2	1		1	2		15
	10期	4	2	2			1				1	10
	11期	4			3	4		2	2			15
	12期	3	2	1	2	2					1	11
	汇总	52	16	20	20	17	11	5	7	6	8	162
3卷	1期	3	1	1	2	1						9
	2期	3	1	2			1		1			8
	3期	2			2	2						6
	4期	4	2	1			1	1			1	10
	5期	2	2		1	2	1					9
	6期	2		1	2				3	1		9
	7期	2	1	0		2		1		1	1	8
	8期	1			2		1		1	2		7
	9期	1	1		2	1	1	1				7
	10期	2	0	1	1	1	1		1		1	8
	11期	2	1			1				1		6
	12期	4	1	1		3			1			10
	13期	4	1	0	2	1	1			1		10
	汇总	32	11	7	14	14	8	5	7	6	3	107
4卷	1期	3	1	2			2			2		10
	2期	1	1		1			1		1		5
	3期	2	1			1	2	1				7

续表

卷	期	社说	内务	军事	外交	教育	财政	交通	实业	商务	宗教	总计
4卷	4期	2	1		1	2				2		8
	5期	2	1	1				1	1			6
	6期	1					2					5
	7期	4	2	1		1		1			1	10
	8期	5										5
	9期	2								1	1	4
	10期	5	2									9
	11期	1			3	1				1		6
	12期	2	2			1		1	1			7
	汇总	30	12	5	6	5	7	4	4	6	3	82
5卷	1期		1	1				1				3
	2期	2	2							1	1	6
	3期	1	1			1						3
	4期	3	1	1					1			6
	5期	2	1		2				1	1		7
	6期	2	1					1				4
	汇总	10	7	2	2	1		2	2	2	1	29

　　从表1—1中可以看出，《东方杂志》第1—3卷确实选录文章较多，但从第4卷开始数量明显减少，而且选录的文章也以"社说"一栏最多，为192篇，占选录文章总数577篇中的33.27%。即使按选录文章最多的第1卷第8期来看，选录文章的版面总页数为78页，而该期杂志的总页数（除广告外的有效页数）为237页，选录文章占总版面的32.9%。那么，能不能因三分之一左右的篇幅就简单地把《东方杂志》定性为选报呢？笔者还是认为不太妥当。另外，《东方杂志》多次改版，即使到了所谓的"成熟期"，《东方杂志》仍然有一部分内容是选录的，可为什么人们不把那时的《东方杂志》称为"选报"时期呢？由此看来，把前期的杂志定性为"选报"显然是不够科学，也不恰当的，有以偏概全之嫌。按照马克思主义观

点，事物的性质是由主要矛盾决定的，那么《东方杂志》早期选录内容的版面仅占总版面的 1/3 左右，显然依据这 1/3 的内容来定性《东方杂志》是不够合理的。

《东方杂志》的内容涉及面极广，早期的栏目与政府的部门设置又几乎相同，因此笔者还是倾向于把这份杂志定性为"综合性""资料性"（张静庐语）刊物。然而这综合性更多地体现为庞杂，五四时期罗家伦指责《东方杂志》为"上下古今派"主要是源于他对此时期《东方杂志》的认识。1904—1908 年的《东方杂志》是具有一定的选报属性的，是它的早期，正如人的成长一样，随着时间的推移，它自然会变得成熟起来。

（二）从早期的选报到现代期刊的转型

1908 年孟森主笔后，开始对栏目进行调整，从 1908 年第 5 年第 7 期开始增加了"记载""大记事""各表"和"文苑"等栏目，除了栏目上的调整之外，更重要的是在孟森的主持下，《东方杂志》开始成为晚清政府立宪的重要阵地，大力宣传国外的宪政思想，探讨中国立宪改革的路径及措施，正如他在改版的"征文启"中所说："本社编辑之旨首以朝章国故，一切新政随时汇录供我国民省览。"①这时期刊物的栏目不再像早期那么数量众多而且庞杂，不再与政府部门保持对应的关系，而是经过精简之后更加集中，特别是突出了"法令"和"言论"两栏，都聚焦于宪政问题。从刊物表现出来的样态来看，它已经与前期有了很大的不同，开始有意识地摆脱前期毫无系统的弊端，朝着专业化的方向努力，刊物开始有了自己的明确方向，有了自己的主心骨，但它还处于由最初杂乱的选报性质向现代期刊的过渡阶段。应该说孟森主持的这段时间是《东方杂志》开始迈向现代期刊的一种有益尝试，为杜亚泉主编时期《东方杂志》转型为现代期刊打下了坚实的基础。

《东方杂志》的真正转型是在杜亚泉主编后的第 8 卷第 1 号开始

---

① 《东方杂志社征文启》，《东方杂志》第 5 年第 7 期。

的。虽然杜亚泉在此之前已经接手了《东方杂志》的编辑工作，但由于惯性，该刊在几期之中还是延续了孟森时期的风格。从第8卷第1号开始，刊物无论从封面、栏目设置、内容等方面都面貌一新，《东方杂志》一个新的时代到来了。这主要表现在以下几点。

第一，杂志的标注方式发生了变化，原来是标"第几年第几期"，从第8卷第1号开始，则以"第几卷第几号"进行编排，此方法延续至杂志终刊。标注方法的变化意味着要与过去划出一个明显的界限，意味着一个新时代的到来。

第二，杂志有了新的努力方向和编辑重心，即如《辛亥年〈东方杂志〉大改良》中所说"扩充篇幅，增加图版，广征名家之撰述，博采东西之论著，萃世界政学文艺之精华，为国民研究讨论之资料，藉以鼓吹东亚大陆之文明"，各类文章要以"启人知识助人兴趣为主"。从这里可以看出，杂志不再过多地从其他报刊选录，而是主要以自撰、征稿和约稿为主，以此与过去的选报特色相区别。内容上也以"政学和文学"为主，当然这里的政学和文学是较为宽泛的概念，意指与政治相关、与人文社会科学相关的文章及资料。杂志也有了明确的文化定位，即以"鼓吹东亚大陆之文明"为标榜，也就是以阐发中国文化和中华文明为特色。这种特色一方面说明当时中国的社会语境中有很强的西化思潮，《东方杂志》选择了以鼓吹中华文明为标榜，显示出强烈的文化自信，后来杜亚泉等人提出以中华文化统整世界文明的想法，就是在全球化的视野中重新发现中国文化的价值，重建中国人的文化自信和文明自信。另一方面，"鼓吹东亚大陆之文明"并不是自我封闭，不是文化闭关主义，不是故步自封的僵化顽固，它只是表明自己的文化立场。与激进的西化思潮相比，无论是对待中国文化还是西方文化，《东方杂志》自然都显得保守了许多。特别是在相当长的时间内，中国文化以激进为主要演进路径时，以《东方杂志》为代表的一股稳健思潮自然就属于落后保守的代名词了。

第三，在栏目设置上，《东方杂志》也一改过去与政府部门关联极为密切的栏目风格，或与政府的宪政革新关系过密的嫌疑，极力摆脱与政府政治的关系。除保留了如"科学杂俎""中国大事记""外国大事记"等个别栏目，其他旧有栏目直接取消。所发文章也以撰述为主，而非选录为主。

总之，经过这次改版，《东方杂志》正式告别其早期的以资料性为基础的"选报"特色，实现了从政治制度层面进入到文化思想层面的深度转型，进入到全新的现代杂志时代，同时也迎来了它辉煌发展的时代。

第二章 由政治型向文化型转化

早期的《东方杂志》在栏目的设置上与政府机构几乎是一样的，所以也有人视早期的《东方杂志》为"官报"，可见早期的《东方杂志》具有较强的政治因素，以至于章锡琛在谈到早期的《东方杂志》时竟说"《宫门抄》和《奏折》占首要地位"[①]。但在孟森、杜亚泉、钱智修等编辑的努力下，《东方杂志》逐渐开始了由政治型向文化型的转化。

一 民主法制思想的传扬

《东方杂志》创刊于日俄战争之时，该刊对日俄战争作了全面的跟踪报道，并把这场战争放在全球视野中来考察，对战争的影响作了非常深入的分析。该刊认为日俄之战不仅是欧亚之战，还是黄白人种之战、立宪与专制之战，最终从实行君主立宪制的日本战胜实行君主专制的沙俄帝国的这一事实中，得出了"立宪战胜专制"这一结论。此后该刊物发表了大量有关立宪方面的文章，并深度参与到清末的立宪运动之中，成为清末立宪运动的一个重要舆论阵地，记录下了清末立宪改革发生发展的全过程，也为后世留下很多的原始资料，如各式的立宪言论、稿件、奏折等。有研究者统计，"《东

[①] 章锡琛：《漫谈商务印书馆》，《中国出版史料·近代部分》第三卷，湖北教育出版社2004年版，第85页。

方杂志》1—7卷327篇评论中,就有36篇直接鼓吹立宪和自治"①。此外,《东方杂志》还专门编印了一册临时增刊《宪政初纲》,广泛宣传西方宪政思想,支持清政府的宪政改革。由此可见,《东方杂志》作为传播媒介有效地促进了清末立宪运动的开展,广泛传播了现代民主法制思想。

其实,早在戊戌变法前后,西方的君主立宪制度以及民主法制观念,已经通过改良派知识分子的宣传进入了中国,并开始影响中国的社会进程和发展路径。梁启超在《时务报》上先后发表了《变法通议》《论君政民政相嬗之理》等文章,提出通过自主变法,以求社会变革图强,主张向西方学习,通过维新变法,实行君主立宪制,"设议院"以"伸民权"。维新变法失败之后,梁启超流亡日本,先后创办了《清议报》（1898年）、《新民丛报》（1902年）等刊物,更加广泛地宣传西方资产阶级的人权思想和法制思想,卢梭的"民约论"、天赋人权学说,孟德斯鸠的"三权分立"学说等得到广泛传播。梁启超正是希望通过创办刊物,以西方资产阶级民主法制观念来开通"民智",通过启蒙民众来实现其自下而上改良政治的目标。

1900年,以孙中山为首的资产阶级革命派创办了《中国日报》,1903年12月,孙中山在《檀山新报》上发表了《敬告同乡书》,指出:"革命、保皇二事决分两途,如黑白之不能混淆,如东西之不能易位。革命者志在扑满而兴汉,保皇者志在扶满而臣清,事理相反,背道而驰,互相冲突,互相水火,非一日矣"②,由此挑起了保皇和革命两派的争论,将批判的矛头直指康梁为首的保皇改良派知识分子。

保皇和革命两派的争论构成了《东方杂志》创刊的政治思想背景之一,但《东方杂志》作为一份主张温和改良的杂志,没有直接介入到革命保皇两派的论争之中,而是按照自己对中国社会的理解,以实实在在的态度,把"启导国民"作为自己的指导思想,把民主

---

① 唐富满:《〈东方杂志〉与清末立宪宣传》,硕士学位论文,湖南师范大学,2003年。
② 孙中山:《敬告同乡书》,《孙中山全集》第一卷,中华书局1981年版,第232页。

与法制思想的宣传作为启蒙与救亡的重要手段，以具体的实践行动深度参与到20世纪初中国思想文化的转型之中。《东方杂志》在清末立宪运动中发挥了重要的作用，成为清末宣传民主法制思想的重要阵地。其实《东方杂志》不仅借重政治的力量宣传民主法制，而且善于在政治和文学双重场域的互动中，推进民主与法制思想的传扬。

（一）政治场中民主法制思想的传扬

1898年的戊戌变法虽然失败了，但其指示的改革方向却是正确的，现代民主法制是一股不可抗拒的历史潮流，清政府为了维护其统治，也不得不顺应这一潮流。1901年清政府宣布实行"新政"。1905年派五大臣出洋考察，1906年清政府宣布预备立宪，1908年8月27日，清政府颁布了中国历史上第一部宪法性质的文件《钦定宪法大纲》。在晚清的最后十年里，立宪改革无疑是中国思想的主流话语和最主要的政治实践。民主法制思想的传扬与清末立宪运动并肩而行，相互促进。民主法制思想的宣传促进了立宪运动的开展，而立宪运动的开展也促进了民主法制思想的传播，使民主法制思想从最初的政治层面逐渐扩展到社会的各个方面，如实业问题、教育问题、风俗改良问题、女权问题、劳工问题等都彰显了民主与法制精神。

1. 对地方自治的宣传

地方自治制度是资产阶级民主政治的主要表现形式之一。地方自治旨在通过民主、多数、自决的形式，由地方政府按照一定的民主原则，将多数人的意志和各地的实际情况结合起来，自主地选择处理本地事务的方式和措施，目的是通过自治自决的方式促进地方各项事业的发展。地方自治思想是立宪派与清政府斗争中被激发出来的思想火花，是实行渐进的社会改良主张中最优化的一种选择，它直接切合于兴民权、抑君权这个最高的宪政理念，因而成为晚清立宪活动中一股强劲的思潮。

《东方杂志》充分认识到地方自治的重要性，先后刊载了大量文章，宣传地方自治思想、介绍西方资本主义的政治学说和基层民主制度。《东方杂志》对地方自治的宣传文章主要有《改良地方董事议》（第1年第6期）、《地方自治政论》（第1年第9期）、《论个人生计与地方自治之关系》（第1年第12期）、《论立宪当以地方自治为基础》（第2年第12期）、《顾亭林日知录之地方自治说》（第3年第5期）、《论地方自治制宜先行之于都市》（第3年第9期）、《论地方自治有专制立宪之别》（第3年第11期）、《论地方自治为预备立宪之根本》（第4年第1期）、《地方自治》（第4年第1期）、《论今日宜征地方税以为实行地方自治》（第4年第2期）、《中国地方自治制考》（第4年第10期）、《各国地方自治制考》（第4年第10期）、《解释地方自治之意义及分类》（第4年第12期）、《地方自治汇志》（第5年第2期）、《论地方自治之亟》（第5年第3期）等。其中《论立宪当以地方自治为基础》一文，选录自当时的《南方报》，文章先对两种立宪的态度进行评论：

> 昔者维新二字，为中国士夫之口头禅，今者立宪二字，又为中国士夫之口头禅。试问今日中国之宪，何以立乎？其高视吾国民者，曰"可取法于邻邦"。其低视吾国民者，曰："尚有欠于程度"。之二说也，窃以为皆是也，皆非也。

在评价了两种说法之后，作者提出"中国今日之立宪，当以地方自治为基础"的主张。作者在分析原因时指出"中国民事，举归于官办"，以至于"民除其家之私事而外，一切有公益于一乡一邑者，皆相率退而诿之于官"，也就是老百姓不关心地方之公事，而官家又不能"一人兼理庶事"。于是造成地方豪强称霸乡里、垄断地方的混乱局面。因此只有实行地方自治，朝廷"责成各直省大小府厅州县官，行投票法，公举该地方绅士一二人，赏以职衔，凡有公益于该地方之事，集民公议，由该地方官予以办事之权，责成兴办，办事之款，则由民间公出，获利则公享"。如此从地方自治做起，"他日宪法宣布，由迩及远，由卑达高，其势亦易行，而其效亦易著矣"。作者把地方自治当作立宪的基础，是基于对国民幼稚、政治人才缺乏的深刻认识，只有先从地方自治做起，厚植宪政之基础，才能实现宪政的最终目的，才能推动中国的民主法制运动朝着稳健的方向发展。

2. 对立宪思想的宣传

地方自治仅是立宪的基础，要真正实现立宪，还需要对立宪思想进行广泛的宣传，以扩大立宪的群众基础。《东方杂志》在立宪思想宣传方面也不遗余力，主要文章有：《奏请立宪之风说》（第1年第5期）、《立宪法议》（第1年第12期）、《论立宪与教育之关系》（第2年第12期）、《论今日宜亟设宪法研究会》（第3年第2期）、《论立宪当有预备》（第3年第3期）、《论国民对于宪法之义务》（第3年第4期）、《论中国于实行立宪之前宜速行预算法》（第3年第13期）、《述宪法界说第一》（临时增刊）、《述宪法种类第二》（临时增刊）、《述君权第五》（临时增刊）、《述臣民之权利义务第七》（临时增刊）等。

《东方杂志》的这些文章涉及立宪和宪法的多个方面。首先，要厘清西方的三权分立与君主权的界限。如在《立宪纲要·述君权第五》一文中，作者关注君主的权利问题。文章认为西方的三权分立有很多缺点，尤其是"三权分立而无总揽之者，斯不可矣"，于是在三权之外提出"统治权"①，且"统治权"独立于三权之上，这"统治权"就是"君主大权"。这"君主大权"包括执行法律权、任免文武官权、统帅海陆军权、宣战媾和权、宣告戒严权、授予荣典权、大赦特赦权等。其次，关注人民的权利和义务。在《立宪纲要·述臣民之权利义务第七》一文中，作者详细考察了人民权利和义务的辩证关系。再次，讨论宪法制定及普及的程序步骤。如1908年清政府的《钦定宪政大纲》中提到，"夫宪法者，国家之根本法也，为君

---

① 《立宪纲要·述君权第五》，《东方杂志》第3年第13期。

民所共守，自天子以至于庶人，皆当率循，而不容逾越"，这说明宪法思想已经得到政府和精英人士的认可，把宪法视为君民共守并保障人民权利的根本大法。该刊不仅广泛介绍了西方的宪法知识，而且结合我国的法制环境及现状，对我国的宪法制定、以及宪法知识普及进行规划和设计。

《东方杂志》还非常重视立宪与教育的关系。在《论立宪与教育之关系》一文中，作者认为实行宪政，必须是"由人民之要求而后得"，而且是在"民智大启，民力大进以后"，"浅近之民"是无法接近宪政的。而要使民摆脱"民智之幼稚，民力之绵薄"状态，只有通过"大兴教育，广开民智"来解决。作者建议设立宪法研究会；在小学课程中增加国民教育及政法二科内容；增设补习学校，要求"凡年长及农工商贾中之识字明理者"都必须参加学习；通过演说与改良戏剧使那些"肩挑贸易之徒与夫作苦力之辈且不识字者"受到教育，可以多派士人到各地演说，也可以把各国立宪史的生动事例改编成符合普通群众欣赏水平的戏曲，通过这些通俗的教育方式，宣传立宪图存的必要性和重要性，使广大不识字的民众知晓宪法知识及演变的过程。应该说，这些建议具有一定的可行性，它既考虑到了中国的实际情况，又注重了教育方式的通俗性、有效性。

3. 社会问题中的民主与法制思想

除了政治层面，民主法制的思想也广泛地拓展体现于社会的各个方面，如实业、教育和社会风俗等。在实业方面，提倡以建立经济法律法规来保护和激励工商业的发展，如《论商部与商业之关系》中提出，第一，"征引各国现行商律，参酌考订成一专书，必详必尽，宁详勿漏"。第二，律书编成后，要通过与各国协商，并"要其签约，互认此项商律，为凡在中国，无论各国商人，须共恪守，不得逾越"，同时"颁行各省商民，一体遵行"。第三，中央及地方各级司法专官要明确职责，确保商部法律得到真正执行，"事无大小，悉依已定法律，由该大臣一力主持。内地权臣，外而疆吏，不得有

· 47 ·

所干预","凡遇一省有关系商业之事，若开办，若推广，若与外人交涉，若两造词讼，皆令就本省商部行法官，呈请办法，或拟章程，或缮禀折，行法官得就已定法律，与为斟酌损益。其或商律所未载明者，准随时禀达驻京商部司法专官，审时度势，增定规则，以成完全无缺之商律"。按照作者的设想，一旦国家制定了商法，并认真实施，那么国家财政与民生问题都可以得到满意的解决："订立文明完备之商律，纳一国商业界于范围规则之中。……然后挈一国之物质的总财产，以周转一国全部之血脉，滋养一国公司之生命，如身使臂，臂使指，盈虚消息，与时变通，而后吾国民生计困难问题，与吾国家财政困难问题，皆可得满意之解释矣。"①

教育与法制国家的关系也引起社会的广泛关注，《东方杂志》也发表了很多这方面的文章，提出要把教育与立宪结合，通过教育全面提高人民的法律素质。另外，还提出建立政法学堂，以及开设法政课程的主张，以期通过推进法政教育，增强国民的法制观念，为立宪运动培植更加有利的社会基础和法制氛围。这方面的文章，如《日本设速成政法科》（第1年第5期）、《日本法政速成科规则》（第1年第5期）、《论中国亟宜教育律师》（第1年第6期）、《出使日本大臣杨奏特设法政速成科学教授游学官绅以急先务而求实效折片》（第2年第4期）、《修订法律大臣伍沈会奏请专设法律学堂折》（第2年第8期）、《学务大臣奏遵旨议复专设法律学堂事宜并各省课吏馆添设仕学速成科折》（第2年第11期）、《直隶总督袁奏拟定法政学堂章程规则折》（第3年第9期）、《修律大臣订定法律学堂章程教育》（第3年第10期）、《学部奏筹设京师法政学堂的拟章程折》（第4年第11期）、《学部奏续拟法政学堂别科及讲习科毕业奖励章程折》（第5年第9期）、《学部奏改定法政学堂别科课程片》（第5年第9期）等。可见，从1904年到1908年，清政府社会各界都在大力宣传和推动宪政改革，尤其是把设置法律学堂、培养法政人才看作实行宪

---

① 《论商部与商业之关系》，《东方杂志》第2年第2期。

政的重要举措和基础条件。以上文章和措施都充分肯定了教育在法制思想宣传方面所起到的重要作用。

另外,对女性教育和女性权利问题的关注,也是清末民初民主法制思想及社会进步的重要内容。《东方杂志》对此类问题也极为关注。如《兴女学议》中提到要"使女子有国家理想,公共观念,以为异日陶铸幼童之地者,固当今第一要务也"①,关注女性教育问题。再如《妇女运动之现状》(第17卷第4号)对妇女权利问题做了比较全面的探讨。除此之外,杂志中的许多文章还涉及女性职业、道德、地位等问题。如关于女性的职业问题,《东方杂志》第12卷第5号中的《论女警察》就介绍了各国女性警察的数量、特点及作用,强调了女警察的职业专长及其在工作中的不可替代性。第15卷第10号中的《英国之女警察》也表达了"自女权发达以后,文明国妇女多要求于政治上与男子占同等之地位,而自此次战争发生,因时势之需要,女子得从事警察事务,是不啻已夺得政治事业之一部分;而与妇女以政治上之实地试验,彼妇女之能力如何乎,经营政治之才干若何乎,可就试验之结果观之矣"。②作者显然把女性当警察看作女子获得在政治上与男子平权的重要表现之一,是现代文明社会的标志之一。第14卷第3号发表的《女权发达与平和之关系》更是从总结欧战教训的高度,指出:"此次欧战中最大之副产物,未有如女权者也",并且把世界和平的希望寄托在女性身上,认为如若"女子得与男子握有同等之行政立法权,官吏议员以女子居其半数,则政府及国会中,有半数慈祥柔顺之分子,野心家之势力将大灭削,反之,有益和平之事业,必妇女为之先驱;天既赋妇女以沉挚之爱情,自必能充其类以爱人道爱万物;平和平和,一线之望,其在是乎"③。《东方杂志》对于女性权利的关注是广泛而深入的,而这正

---

① 勇立:《兴女学议》,《东方杂志》第3年第13期。
② 罗罗:《英国之女警察》,《东方杂志》第15卷第10号。
③ 愈之:《女权发达与平和之关系》,《东方杂志》第14卷第3号。

是民主法制精神在女性解放方面的体现。

以上考察了民主法制思想在立宪宣传、社会改良、女性权利等与政治有关的场域中传播发展的情况，在这一过程中，《东方杂志》作为传播媒介，有效地促进了民主与法制思想的传扬，彰显了《东方杂志》在特定的历史时空背景下，积极促进人们思想的转变，促进社会的向前发展所发挥的独特效应。

（二）文学场域中民主法制思想的传扬

民主法制的思想不仅可以通过一般的新闻报道以及法律文章来传扬，还可以通过文学的方式，借助文学作品的教育功能来实现。换句话说，法制思想除了在政治场域中的推广之外，还可以在文学场域中得以发扬。这里我们可以借用法国思想家布迪厄提出的"文学场"概念。布迪厄认为，文学场"就是一个遵循自身的运行和变化规律的空间，内部结构就是个体或集团占据的位置之间的客观关系结构"[1]，"进入者在场中占据的位置以不同的方式对他们发生作用的场，同时也是一个充满竞争的战斗的场"[2]。布迪厄认为，文学研究应把场域生成过程中的内部力量与外在社会力量结合起来，研究各种内外力量之间的相互作用，以及文本和语境之间的共生性关系。

在这种理论中，研究者非常看重报纸杂志在场域生成及发展所发挥的作用，以报纸杂志为中心，形成了作者、编者、读者以及其他力量相融合的景观，也形成了政治、经济、文化等各种力量的交会。《东方杂志》作为综合性杂志，其关注的重心虽然并不是文学，但它的版面中文学几乎从来没有缺位。如果我们将《东方杂志》作整体观照的话，或许会发现在有些时候该刊上的文学内容与政治、法律等其他版面构成一种互动关系，借用场域理论的名词来说，就

---

[1] ［法］布迪厄：《艺术的法则：文学场的生成和结构》，刘晖译，中央编译出版社2001年版，第262页。

[2] ［法］布迪厄：《艺术的法则：文学场的生成和结构》，刘晖译，中央编译出版社2001年版，第279页。

是文学场与政治场的互动,也就是在刊物大力宣传民主法制思想的同时,文学也在内容上出现了相似的呼应。

1. 翻译文学中民主与法制思想的彰显

《东方杂志》从创刊号就开辟了小说栏,最初刊登的主要是侦探小说。美国乐林斯朗治的小说《毒美人》,在卷首标注为"侦探小说",连载于第1年第1至7期。接着刊登了侦探小说《邮贼》(第1年第8至12期)和《双指印》(第2年第1至5期)。晚清译介的西方作品里,政治小说、科学小说和侦探小说是最主要的三大类型。《东方杂志》热衷于侦探小说的翻译,与当时的政治环境相关。人们期望在侦探小说中获得科学民主、公平正义的法制精神,并对洞若神明的侦探英雄充满期待。请看下面一段话:

> 看官须知欧美二洲的人,生来有种怪脾气。不论遇着什么事,要他多拐几个弯儿,望那稳当的地方走去,那是打死他也不愿意的。这是什么缘故呢。因为他们那里教育就是如此,所以养成了这个性质。只管冒着险,望前猛进,任你有刃山剑树,猛虎毒蛇,也阻不住的。①

译者从东西方的教育出发来说明西方人具有冒险的性格,这正是中国人所缺乏的,而这也正是侦探小说在当时的中国颇受欢迎的原因之一。侦探小说因其雅俗共赏、贴近生活,同时又蕴含着的民主与法制思想而深受人们的欢迎。侦探小说通过译者的翻译、读者的阅读以及报刊的流通等文学场域中其他要素的参与,使得其中的民主法制思想得以广泛地传播开来,从而使人们在潜移默化中接受这种思想的影响。因此,《东方杂志》对侦探小说的推崇、译介、刊载在一定程度上彰显了民主科学精神以及现代法制思想。著名翻译家周桂笙在《歇落克复生侦探案·牟言》中说:"盖吾国刑律讼狱,

---

① 《邮贼》,《东方杂志》第1年第12期。

大异泰西各国……互市以来，外人伸张治外法权于租界，设立警察，亦有包探名目，然学无专门，徒为狐鼠城社。会审之案，又复瞻询顾忌，加以时间有限，研究无心。至于内地谳案，动以刑求，暗无天日者，更不必论。如是，复安用侦探之劳其心血哉！至若泰西各国，最尊人权，涉讼者例得请人为辩护，故苟非证据确凿，不能妄入人罪。此侦探学之作用所由广也。而其人又皆深思好学之士，非徒以盗窃充捕役，无赖当公差者，所可同日语。用能迭破奇案，诡秘神妙，不可思议，偶有记载，传诵一时，侦探小说即缘之而起。"①周桂笙认为西方的侦探小说中蕴含着尊重人权的现代精神和法律辩护及侦探制度，此说亦为后来学者所赞同："译者对侦探学的浓厚兴趣最直接的原因是大量侦探小说的译介，而在此背后的深层因素是对西方科学精神及尊重人权的法律制度的推崇，同时也是对中国腐败黑暗的法律政治制度的不满和抨击。"②

另外在《东方杂志》所刊载译介的外国文学作品中，大都有着民主主义思想和人道主义精神，如在《东方杂志》第17卷第2号刊登愈之的《托尔斯泰的莎士比亚论》中指出托尔斯泰是"抱着民主主义的艺术思想"来进行创作的。《东方杂志》第17卷第11号，编辑"罗罗"（胡愈之）为陀思妥耶夫斯基的《冷眼》所加按语中也指出，陀氏"他的文学，人道主义色彩最鲜明"。对日本的白桦派作品的译介中，《东方杂志》第19卷第8号《白桦派底倾向特质与使命》也指出白桦派的作品显示出了人道主义精神倾向。

《东方杂志》所译介刊载的外国文学作品很多，尽管这些作品呈现的内容与思想倾向不尽相同，但其中大都蕴含着西方社会主流的民主与法制精神。《东方杂志》通过刊载译介翻译文学作品，促进了民主与法制思想在中国的传播和宣传。

---

① 周桂笙：《歇洛克复生侦探案·牟言》，陈平原、夏晓虹编《二十世纪中国小说理论资料》第一卷，北京大学出版社1989年版，第119—120页。

② 胡翠娥：《文学翻译与文化参与：晚清小说翻译的文化研究》，上海外语教育出版社2007年版，第156页。

2. 原创文学中民主与法制思想的传扬

《东方杂志》的小说原创作品主要出现在1920年以后，之前的原创性作品极少，只有何诹的言情小说《碎琴楼》、孤桐的言情小说《绿波传》、端生的短篇科学小说《元素大会》等。1920年以后原创小说逐渐增多。

《碎琴楼》发表在《东方杂志》1911年第8卷第1—9、11、12期上，连载11期。"这部作品在思想上传达出了对自由爱情的渴望，表现出对封建包办婚姻的不满，显示出作者在西方民主精神和进化论的影响下，大胆呼唤爱情，表现爱情，这就为中国现代文学埋下了现代爱情思想的胚芽，因而也就与五四新文学在精神上有了相通之处。"①

1920年之后，大量原创作品出现，且许多是现代文学史上"有重要影响的作品，如鲁迅的《祝福》《白光》，郭沫若的《落叶》《行路难》《喀尔美罗姑娘》，王统照的《湖畔儿语》，蹇先艾的《在贵州道上》，许杰的《赌徒吉顺》，洪深的《赵阎王》，巴金的《新生》《雾》，沈从文的《月下小景》，施蛰存的《夜叉》，王鲁彦的《阿卓呆子》，朱自清的《桨声灯影里的秦淮河》《给亡妇》，欧阳予倩的《回家之后》，熊佛西的《一片爱国心》《过渡》等"。② 这一时期之所以开始出现了大量的原创作品，和翻译小说的引入直接相关。正如郭延礼先生所说："大量的外国文学翻译作品改变了中国人大国文学情结，使中国人认识到在西方也有像《红楼梦》这样的巨著；同时，改变了中国人小说不入流的思想。外国文学作品的翻译使中国原创作品注入新的内容，比如：追求民主、自由、科学、个性、独立、尚武的内容。"③ 在《东方杂志》1920年之后出现的原创性作品当中，有启发民智的，有倡导自由的，有追求独立的，有追求民主

---

① 王勇：《〈东方杂志〉与现代中国文学》，中国社会科学出版社2014年版，第218页。
② 王勇：《〈东方杂志〉与现代中国文学》，中国社会科学出版社2014年版，第234页。
③ 郭延礼：《中国近代翻译文学概论》，湖北教育出版社1998年版，第508页。

的。这些原创作品，一方面宣扬了西方的民主法制思想，另一方面，又以这些思想为参照，进行着改造国民思想的重要工作。

《东方杂志》作为综合类报刊，虽然关注的重心不是文学，但它通过刊载文学作品，进入文学场域，参与文学活动，其目的是通过文学的方式来反映一定的社会和政治问题。所以，《东方杂志》上翻译文学和原创文学的刊载，在一定程度上配合了该杂志对民主与法制问题的关切。民主与法制思想这个原本属于政治的内容在以《东方杂志》为载体的文学场域中得到了互动与传扬。

（三）政治场与文学场的相互借力

报刊作为现代传播媒介，不仅为现代知识分子提供了一个可以自由言说的文化平台，而且还借助这一平台构建起现代社会的公共空间。《东方杂志》的编辑群体借助这个公共领域，一方面，发表政治思想言论，彰显自己的政治身份；另一方面，也通过文学作品的发表，参与到文学场域的构建中。政治和文学场域的双重建构、双向互动成为该杂志在文化传播和思想宣传方面的重要特色和整体观。

同样，《东方杂志》对于民主与法制思想的传扬，除了政治层面，也乐于借助文学的形式来加以宣传。《东方杂志》具有出入于政治场与文学场的双重身份，这种双重身份的建构，有利于自己的政治话语与文学思想的宣传和互动。《东方杂志》在对民主与法制思想的传扬中，政治场域为文学场中文学作品的传播提供了话语环境，文学场又借文学作品的传播助力于政治场，并与社会革命的进程保持着高度的一致。《东方杂志》中的文学话语和政治话语的同时展开，相互对话、交融，共同构成了文学场与政治场之间的相互借力关系。文学场与政治场的相互借力共同促进了20世纪初中国民主与法制思想的传扬。

二　科学知识的传播

中国拥有悠久的历史，在漫长的历史长河中，中国人民凭借着自己的聪明才智，创造了辉煌的成就和灿烂的文明。除了引以为傲的精神文明之外，中国古代的科学技术也长期领先于世界。以火药、指南针、造纸术、印刷术为代表的四大发明深刻影响了世界的发展进程，除此之外，中国还有许多不为人知的发明，如英国科学家罗伯特·坦普尔的《中国——发现和发明的国度》一书中，介绍了中国的一百个不为常人所知的"世界第一"。作者在序言中指出："现代世界赖以建立的基本发明创造，可能有一半以上来自中国……现代农业、现代航运、现代石油工业、现代气象观测、现代音乐，还有十进制数学、纸币、雨伞、手推车、多级火箭、枪炮、水下鱼雷、降落伞、热气球、载人飞行、白兰地、威士忌、象棋、印刷术甚至蒸汽机的核心设计都源于中国。"他说，"没有中国的船舵、罗盘和多级桅杆，哥伦布就不能到美洲，欧洲人也不可能建立众多的殖民帝国；如果没有中国的马镫，就不会产生欧洲中世纪的骑士时代；同样，没有从中国引进枪炮火药，也不会结束欧洲的骑士时代"。[1] 另"据1975年出版的《自然科学大事年表》记载，明朝以前，世界上重要的创造发明和重大的科学成就大约300项，其中中国大约175项，占总数的57%以上，世界各国才占42%多"。[2] 所以十五世纪以前，中国的发明和发现，远远超过同时代的欧洲。可以说，明朝以前，中国在世界社会生产和科学技术各个领域中的发明最多，无论是数量还是水平，都是当时世界上任何一个国家或民族所无法比拟的。

然而进入明代以后，中国科学技术逐渐衰落，与西方科技的差距也越来越大。鸦片战争及以后，中国在与西方的战争中一败再败，其中一个很重要的原因即在于科技水平落后。国人从西方的船坚炮利中最先感受到科技差距，于是洋务运动的一个重要内容就是学习西方的科学技术，实现中国的工业化。清政府设立同文馆的使命就是对西方科学知识进行译介与传播。19世纪末20世纪初，对西方科

---

[1] 转引自程裕祯《中国文化要略》，外语教学与研究出版社1998年版，第4页。
[2] 郝侠君、毛磊、石光荣主编：《中西500年比较》，中国工人出版社1989年版，第9页。

学知识的译介和传播更是一浪更比一浪高,且呈现出不断深化拓展的特点。胡适曾说:"这三十年来,有一个名词在国内几乎做到了无上尊严的地位;无论懂与不懂的人,无论守旧和维新的人,都不敢公然对他表示轻视或戏侮的态度。那个名词就是'科学'……自从中国讲变法维新以来,没有一个自命为新人物的人敢公然毁谤'科学'的。"①

《东方杂志》作为清末民初中国最重要的杂志之一,自然也少不了对科学知识的译介与传播。仅就译介和传播科学知识来看,1911年3月是《东方杂志》一个重要的分界点,在此之前,《东方杂志》上自然科学知识占了绝对的优势,而在1911年3月以后,除了自然科学译介以外,还增加了大量政治学说、社会科学以及教育学等相关领域的翻译。

从栏目设置来看,《东方杂志》一开始并没有专门的科学栏目,但早期的各个栏目如军事、实业、教育等都有科学知识的译介,如在百余篇实业类翻译文章中,包含了造船、航运、酿酒、农业、化工等不同领域的应用文和说明文,甚至还有《德国玩具制造业之发达》以及第7年第7期的《空中飞行器之历史》《飞行界之新发明》《欲乘飞艇过大西洋之思想》《英法两飞行家之大竞争》《日本之秘密飞行船》等关于飞行器制造介绍的文章。学者侯杰对《东方杂志》1911年3月之前的科技类翻译文章进行过统计:"就学科和数量而言,7卷第12期以前的科学翻译共有418篇,位列前四的是'实业'(144篇),'理化'(99篇),'医学卫生'(75篇)和'军事'(40篇)。'实业'分10种类型,其中9种属于现代意义上的工业范畴,共124篇;在工业中,交通运输业翻译得最多。'理化'分7种类型,最多的是'电及无线电'翻译,共42篇。'军事'共6种类型,最多的是'航空航天'翻译,共15篇。医学翻译包括保

---

① 胡适:《科学与人生观·序》,亚东图书馆编《科学与人生观》,生活·读书·新知三联书店2014年版,第2页。

健、卫生和医疗等,数量分布比较均匀。"① 后来《东方杂志》又设有杂俎、新知识、科学杂俎等栏目专门进行科学知识介绍,有关科学知识的译介内容就更加丰富而多样。

《东方杂志》对科学知识的译介在很大程度上和杜亚泉有关。1904 年,杜亚泉进入商务印书馆工作,之后担任《东方杂志》的主编直到 1919 年底。他曾任绍兴中西学堂数学教员,1900 年在上海创办亚泉学堂(被后人称为中国近代首家私立科技大学),并创办编辑了中国最早的科学刊物——《亚泉杂志》,后来又主编了《植物学大辞典》《动物学大辞典》及大量各类教科书,是中国现代科学教育的奠基人之一。杜亚泉关注西学,并对数理化等自然科学兴趣颇浓,因而在杂志中大量刊登数理化专业的文章,特别是在他担任《东方杂志》的主编以后,《东方杂志》上有关自然科学和现代新科技的内容大幅增加,每一期上刊登自然科普类文章至少在四篇以上,有时甚至达到七八篇。以 1911 年 3 月出版的第 8 卷第 1 号为例,此期刊有《空中飞行器之略说》《最近之一大发明(单轨铁路)》《制万国通用地图新法》《苜蓿考》《代数学中之谬误》《几何学中之谬误》6 篇科学长文,杂志插画是《最近之世界大飞行家》(莫纳汉、威蔓林、沙威、勒白郎四人的照片),"科学杂俎"栏中介绍了《奇怪之瞌睡病》《铁叶板制出花形法》《飞翔最高之鸟与体形极小之鸟》3 篇,总共使用了 39 页的篇幅,约占该期刊物总版面的 1/4,如果再加上该期刊登的小说《新飞艇》所占的 10 页,科学所占的比重就更加可观了,差不多能达到 1/3。由此也可以看出,《东方杂志》在介绍自然科学知识方面的力度非常大。

除了自然科学知识,《东方杂志》也介绍了很多社会科学方面的知识,如《基督教与科学》《佛教与科学》《欧洲商人办事之习惯》《东西洋社会根本之差异》《不平安慰法》《人种别之起源》等。欧

---

① 侯杰:《〈东方杂志〉(1904—1911)科学翻译话语在文化和政治重构中的作用》,《中国翻译》2017 年第 1 期。

战开始后，介绍战争情况的文字明显增多，同时有关社会科学方面的知识也呈增多趋势，至1920年后，自然科学方面的知识仅保留在"科学杂俎"一栏中，而大量的版面集中在思想文化等社会科学知识方面。从1922年起，"科学杂俎"栏正式撤销，从此有关自然科学的知识基本上从《东方杂志》中消失了。

前面笔者考察了《东方杂志》对科学知识译介和传播的整体情况，为了更好地说明《东方杂志》在科学知识传播上的特点，把陈独秀主编的《新青年》拿来做个参照，在两个刊物的比较中来加以说明。笔者试图从内容和方法的角度分析比较两者在科学传播上的不同之处，并挖掘造成这种不同的深层原因。

（一）重译介与重阐释

就刊登的科学内容来源而言，《东方杂志》与《新青年》都有意地从西方和日本译介科学文化知识，以启发民智，开阔人民的文化视野。同时，二者又有所不同，《东方杂志》侧重于刊登自然科普类的科技小品文、说明文，且多是从西方翻译过来，而《新青年》则更多地将目光聚焦于科学思想内涵，抑或对"科学"这一新生名词的议论和阐释，多以议论文体裁为主。所以《东方杂志》偏于介绍普及科学知识，而《新青年》则重在对科学义理的阐发，特别是科学思想和精神对于中国社会变革的意义方面用力较多。

以1915年9月10日出版的《东方杂志》第12卷第9号为例，该期杂志中有关科学知识的文章有《力与道理》《说无线电报机》《人造靛与国家之经济》《日本临时议会之医事问题》。这几篇文章中《力与道理》是对欧战的反思，具有相当的深度和思辨色彩，作者认为，欧战的发生是因为各国推崇自然界的生存竞争法则、权力意志论再加上各国的军备竞赛所导致的，作者从力和理对比中进行了辩证分析，最后指出："今日实为国家的利己主义之时代，一切对外关系，皆能于国家名义之下，而见其大者也。故以今日之程度，固不能不赞成以己国之力贯彻己国之道理，然决不能以是为止境。

第二章 由政治型向文化型转化

当知己国之道理,乃万国之道理之一部,己国之力,乃万国协同之力之一部。而竭力以求进步,求强求胜之思想,因此次之战争,益深入于人心。"① 作者认为,国家利己主义是战争的根源,唯有包容才能实现和平,这里实际包含了对社会达尔文主义和唯意志论思想的批判。此期的《东方杂志》中余下几篇皆为介绍科学知识的普及性文字,由此我们大致可以窥见整个《东方杂志》对于科学的基本态度。

而在同年同月的《新青年》创刊号上并没有出现对科学知识介绍的文字,但却在开篇的《敬告青年》一文中指出了科学的定义以及科学之于近代欧洲和中国的重要性:"科学者何?吾人对于事物之概念综合客观之现象,诉之主观之理性而不矛盾之谓也","近代欧洲之所以优越他族者,科学之兴,其功不在人权说下,若舟车之有两轮焉",同时指出"今且日新月异,举凡一事之兴,一物之细,罔不诉之科学法则,以定其得失从违"②。而且作者把"科学与人权"视为国人脱离蒙昧时代、破除迷信的必要思想武器,"凡此无常识之思维,无理由之信仰,欲根治之,厥维科学"。陈独秀于1920年4月1日在《新青年》第7卷第5号发表文章《新文化运动是什么?》,他在文中指出:"科学有广狭二义:狭义的是指自然科学而言,广义的是指社会科学而言。社会科学是拿自然科学的方法用在一切社会人事的学问上,像社会学、伦理学、历史学、法律学、经济学等,凡是用自然科学方法来研究、说明的都算是科学;这乃是科学最大的效用。"③ 由此可见,"科学"在陈独秀这里,并不仅仅是自然科学上的概念,同时还具有"科学方法""科学精神""科学思想"等方面的含义。事实上,《新青年》对科学的提倡是"醉翁之意不在酒",最主要的是借"科学"和"民主"来批判和反对中国旧社会

---

① 章锡琛:《力与道理》,《东方杂志》第12卷第9号。
② 陈独秀:《敬告青年》,《青年杂志》第1卷第1号。
③ 陈独秀:《新文化运动是什么?》,《新青年》第7卷第5号。

的封建思想和文化体制。从《新青年》创刊伊始直到终刊,只有五六篇文章是专门讨论"科学"的,而在总字数大约 540 万字的整个刊物中,"科学"一词仅出现过 1907 次。可见,《新青年》谈科学的真正意图不是译介科学知识,而是以科学为思想武器和斗争工具,施展其批判功能,把"科学最大的效用"发挥出来。因此,他们倡导的"科学",并不是具有工业生产力的科学,也不是讲求科学规则的科学,而是属于文化斗争意义的科学,是作为思想武器和斗争工具的科学;不是用于普及知识、提高认识、改善生活的科学,而是能够确立生存法则、施展批判锋芒、开创新文化的科学;也不是简单的科学知识,而是科学精神和科学态度。

(二)重实践与重方法

《东方杂志》对科学知识的介绍,紧跟科学前沿,总是把最新的科学知识和科技成就介绍到中国来。有对最新科技的介绍,如《空中飞行器之略说》《最近之一大发明(单轨铁路)》《最新式之手枪》《不虞倾复之新飞艇》《最近化学原子量之报告》《新发明之单片活动影戏》等;还有对某门技术的介绍,如《摄影术发明之略史及现今之方法》《鼠疫之预防及看护法》《煮盐新法》等;有对自然科学常识的介绍,如《地球年龄说》《长颅与圆颅》;有卫生科普知识的介绍,如《近视眼调护法》《男女两性自由产出法》等。《东方杂志》致力于在中国普通民众中普及科学知识,做了大量的工作,贡献突出,让很多普通民众了解到了西方现代科学知识以及国外新技术的发展状况(如表 2-1 所示)。

表 2-1　　《东方杂志》第 8 卷的科学文章统计

8 卷 1 号	1 空中飞行器之略说 2 最近之一大发明(单轨铁路) 3 制万国通用地图新法 4 苜蓿考 5 代数学中之谬误 6 几何学中之谬误	8 卷 6 号	1 摄影术发明之略史及现今之方法 2 长颅与圆颅 3 通历介绍 4 侦探犬

续表

8卷2号	1 空中飞行器之略说 2 莫柯尼无线电报之进步 3 最新式之手枪 4 食物之养生法 5 菜蔬疗病之力 6 山东草辫调查记 7 鼠疫之预防及看护法 8 新星之发现 9 纵横对角等和排列法之研究	8卷7号	1 摄影术发明之略史及现今之方法 2 鲜果之滋补力 3 纸器时代 4 睡醒后卧床之练身法 5 男女两性自由产出法 6 水底大山之新发现 7 海底枪之新发明 8 量智机器 9 飞艇猎禽 10 不需火柴之纸烟 11 世界最巨之居室
8卷3号	1 杜绝鼠疫登岸法 2 空中飞行器之略说 3 调查户口之机器 4 单线电话之发明 5 说米 6 煮盐新法 7 着色茶之禁止 8 美国国民卫生之成绩 9 记埃及纸草之复活 10 骰点之比较	8卷8号	1 机器人 2 摄影术发明之略史及现今之方法 3 无钱旅行家之西藏谈 4 种树九行题之推演
8卷4号	1 摄影术发明之略史及现今之方法 2 提倡木路汽车议 3 英国盐业之发达	8卷9号	1 运动之目的与效果 2 电话验病术 3 月光摄影 4 摄影术发明之略史及现今之方法 5 电炉之历史 6 辛亥年日蚀月蚀记
8卷5号	1 摄影术发明之略史及现今之方法 2 二千五百万美金之科学研究费 3 纪德来司登卫生会 4 模型制造之进步 5 新发明之单片活动影戏 6 无人灯塔 7 南极探险之效果	8卷11号	1 新气发明谈 2 镭锭发明者居里夫人小传 3 不虞倾复之新飞艇 4 中国飞行家厉汝燕
8卷12号	1 地球年龄说 2 女子救弱法 3 自动枪 4 最近化学原子量之报告 5 蓝色印画法 6 尿粪制造燃灯瓦斯		

从表 2-1 可以看出,《东方杂志》对于西方现代科学的介绍重在知识,重在用实用科技知识指导生产和生活,重在实践和应用。

而《新青年》杂志对现代科学的启蒙,主要体现在其对科学方法的倡导。在陈独秀看来,掌握科学方法是研究哲学等其他学科的前提。在《新文化运动是什么?》中,陈独秀指出:"我们的物质生活上需要科学,自不待言;就是精神生活离开科学也很危险。"陈独秀还进一步指出:"杜威博士在北京现在演讲底《现代的三个哲学家》:一个是美国詹姆士,一个是法国柏格森,一个是英国罗素,都是代表现代思想的哲学家,前两个是把哲学建设在心理学上面,后一个是把哲学建设在数学上面,没有一个不采用科学方法的。用思想的时候,守科学方法才是思想,不守科学方法便是诗人底想象或愚人底妄想,想象、妄想和思想大不相同。"[①] 同时,陈独秀还把讲事实、拿证据看作科学的必要条件,认为凡是不尊重客观事实、缺乏证据的说法都是"虚妄"的。王星拱在《什么是科学方法》一文中认为科学方法就是"实质的逻辑",是"制造知识的正当方法"。它有五个特点:"张本的确切""事实之分析""事实之选择""推论之合法""试验之证实"[②]。这是《新青年》杂志对科学方法介绍得最为完备的一篇文章,对于廓清人们对科学方法的认识起到了非常重要的作用。

当然除了有关科学的方法,《新青年》还刊登了一些利用科学理论去思考社会政治的文章。例如陈独秀的《抵抗力》一文,高度赞颂自然界中生物的进取精神,认为社会也应该像自然界一样具有"抵抗力",才能获得更好的发展和生存权利。在他看来,帝国主义列强之所以敢对中国进行不断侵略和欺负,就是因为中国人的"抵抗力"不强所致。他说:"万物之生存进化与否,悉以抵抗力之有无强弱为标准。优胜劣败,理无可逃,通一切有生无生物。一息思存,即一息不得无抵抗力,此不独人类为然也。……自政治言之,对外而无

[①] 陈独秀:《新文化运动是什么?》,《新青年》第7卷第5号。
[②] 王星拱:《什么是科学方法》,《新青年》第7卷第5号。

抵抗力，必为异族所兼并；对内而无抵抗力，恒为强暴所劫持。……审是人生行径，无时无事不在剧烈战斗之中，一旦丧失其抵抗力，降服而已，灭亡而已，生存且不保，遑云进化！"①鲁迅先生也持这种竞争进化观点，他在《新青年》第五卷第五号发表的《随感录》中说："我希望也有一种七百零七的药，可以医治思想上的病。这药原来也已发明，就是'科学'一味。"②《新青年》这些文章，几乎无一例外地依据进化论思想，把"优胜劣汰""生存竞争"等的进化论观念，运用到民族解放、启蒙民众的实际工作中去，从而彰显出激发民族进取心、促进民众觉醒的时代主题。例如王星拱的《未有生物以前之地球》，在这样一篇属于纯粹自然科学知识的学术性论文中，作者也不忘把进化论思想从自然界引向人类社会，宣扬推陈出新的变革思想。文章写道：

> 宇宙万物，递变不已，推陈出新，无时或同。今日之地球，非复昔日之地球；今日之生物，非复昔日之生物；今日之人类，非复昔日之人类。故吾人欲求生存于现今之世界，必依现今之环境为转移。若必取其适宜于过去之环境者，强而行之，势必凿枘两不相入。有碍于进化，即有碍于生存。盖进化者无他，即因环境之变而亦变，以求其新式之生存而已。兹将未（原文为"来"——编者注）有生物以前地球之情形，先为约略言之，足证地球今昔之不同，是亦进化明证之一端也。③

由此可见，在《新青年》这里，几乎所有的科学文章都担负起传播科学精神、科学思想、科学方法的使命，这也正与《东方杂志》相区别。

---

① 陈独秀：《抵抗力》，《新青年》第1卷第3号。
② 鲁迅：《随感录·三八》，《新青年》第5卷第5号。
③ 王星拱：《未有生物以前之地球》，《新青年》第4卷第4号。

(三) 重自然科学与重社会科学

就内容而言,《东方杂志》与《新青年》最大的区别就在于,《东方杂志》更重视自然科学的传播,而《新青年》则更加关注社会科学思想本身。

《东方杂志》对自然科学知识的介绍很多,前面已对第8卷做了简单的统计,从中可以看出自然科学和技术层面的介绍最多,而《新青年》尽管也刊载过科技类的说明文,但整体而言数量极为有限。其实,《新青年》也拥有一批"专业"撰稿人,如胡适、鲁迅、王星拱和任鸿隽等人。他们在国外学习时,或学农业技术,或学地理地质,或学医学等。如王星拱曾在《新青年》上发表了《环境改造论之根据》《科学与人生观》《什么是科学方法?》之类的自然科学哲学文章。但这些文章的重心不在对科学知识的介绍,而重在对其中的科学思想的演绎,特别是这些自然科学思想对人生社会的启示,以科学来推动社会的变革与进步。

以上简单对比了《东方杂志》和《新青年》在传播科学方面的不同特点,同样是传播科学文化知识,《东方杂志》与《新青年》之所以呈现"两峰对峙,双水分流"的局面,究其根本,是与两份刊物的办刊宗旨有关。从《新青年》的办刊宗旨来看,它不属于科普类杂志,而是一份文化杂志,重在用思想和言论启蒙民众。而《东方杂志》是一份类似于"百科全书"的杂志,像浩瀚星空包罗万象,虽也承担了启导国民和文化传承的使命,但其重心不在于引领思想潮流,它与政治意识形态始终保持一定的距离,以较为纯粹的宽容和理性精神经营刊物,"成为中国人公有的读物"[1]"求中国智识者的新生"[2]"发扬文化传播学术"[3],自然在科学知识的传播上也更多

---

[1] 《编辑后记》,《东方杂志》第29卷第1号。
[2] 愈之:《本刊的新生》,《东方杂志》第29卷第4号。
[3] 转引自罗奕《〈东方杂志〉广告研究》,厦门大学出版社2016年版,第188—189页。该书中提到,1945年11月《上海市社会局报纸杂志通讯社申请登记表》中,《东方杂志》在其宗旨一栏中填写的内容是"发扬文化传播学术"。

了些纯粹性、专业性、知识性、实用性。但我们也必须认识到,《东方杂志》的科学知识传播虽然有局限,但意义也非常重大,有人对此做了如下概括:"由于时代限制,《东方》的科学翻译尚处于浅近的科学知识普及阶段,但却给新文化运动提供了不可或缺的科学文化基础,在科学文化史上贡献了自己的力量。"[1]

当然,不论是《东方杂志》还是《新青年》,都承担了启蒙国民的任务,它们的出发点不同,方法不同,路径不同,结果也不同。但通过考察,我们也发现《东方杂志》对科学的态度也在悄然发生着变化,特别是在与《新青年》的竞争中逐渐放弃了纯粹的科学知识的介绍,逐渐走上了《新青年》所开创的"科学救国"之路,当然这里的科学救国不是指"科学知识救国",而是指"科学思想救国"。也正因如此,《东方杂志》在五四后呈现出新的活力和姿态,在促进中国社会文化转型方面作出了更大的贡献。正如有人所说"科学启蒙一旦与救亡图存相结合,它的话语的现代价值就得到了至高的升华,它指陈历史、导引历史的话语权正生发于此"[2]。

三 现代思想的引入

明末清初,西方的思想已经逐渐传入中国。明朝末年著名科学家徐光启被认为是西学东渐的先驱者之一,但其主要成就还是在自然科学方面。之后由于清政府实行闭关锁国,西学东渐逐渐止步不前。直到鸦片战争之后,特别是到了戊戌变法前后,随着政治立宪和新民思想的需要,西方的国家思想、人权思想、民族主义思想等逐渐传入中国,且汹涌成潮,形成"莽莽欧风卷亚雨"的壮观景象。

思想的传播总是要通过一定的载体。在19世纪末20世纪初,中国兴起了一次办报热潮,很多报纸杂志纷纷创办。大量报纸杂志

---

[1] 侯杰:《〈东方杂志〉(1904—1911)科学翻译话语在文化和政治重构中的作用》,《中国翻译》2017年第1期。

[2] 田中阳主编:《解读传播:湖南师范大学新闻与传播学院学术论集》,湖南师范大学出版社2007年版,第17页。

的问世为西学思想的传播提供了快捷方便的通道,《东方杂志》也是在这样的背景之下创办的。《东方杂志》是综合性的刊物,内容涉及政治、经济、军事、交通、实业、文化、文学等各个方面,在传播西方现代思想方面,《东方杂志》也起到了举足轻重的作用。创刊初期,《东方杂志》侧重于对西方君主立宪思想的传播,并积极参与了"清末立宪运动"。杜亚泉主编《东方杂志》后,更是加大了对西方现代思想的引入,很多西方最新的思想通过《东方杂志》传到中国,包括西方的教育思想、哲学思想、社会主义思想等。前文已经考察了民主法制思想的传播情况,这里不再赘述。仅就杜亚泉接编后,对西方现代思想的引入情况进行考察。

杜亚泉接任《东方杂志》主编后,逐渐扭转了《东方杂志》对政治的过度依附关系,开始有意向文化型刊物转型。民国建立后,杜亚泉率先提出了"精神救国论",在这一思想的影响下,《东方杂志》积极引入多种西方思想,特别是西方最新的科技、教育、文化和哲学等方面的思想,希望通过思想的交流碰撞,实现中西文化的调和,走文化救国之路。

(一) 现代教育思想的传播

《东方杂志》甫一创刊,就创设"教育"栏,除了对接政府的教育机关之外,也包含了对教育的高度重视。早期的教育文章多是政府公文性质,但仍刊发了许多介绍现代教育思想的文章。如《教育的普及议论》(第1年第4期)、《论提倡女学之宗旨》(第1年第5期)、《论女学所以兴国》(第2年第11期)等,这类文章重点讨论的是关于教育的普及和女子入学的问题。特别是在女子教育问题上,《东方杂志》将女子入学的问题与国家的前途命运联系在一起,认为女子入学是强国的一个手段,希望通过兴女学实现"合力保全我种族,合力保全我疆土"[①]的目标。《东方杂志》对女子教育的提倡,最终目的在于社会的发展、国家的富强,即女学被放置在强国

---

① 吕兰清:《论提倡女学之宗旨》,《东方杂志》第1年第5期。

的背景之下。《东方杂志》对女学的提倡反映了这一时期社会对于女子教育的重视，它可以看作是对传统精英教育的一种反抗，是对男女自由平等权利的倡导和追求。

1911年，杜亚泉对《东方杂志》进行了大刀阔斧的改革，在栏目设置上，取消了"教育专栏"，但是他对教育的关注度却丝毫没有减少。杜亚泉积极撰稿发表自己对于教育的观点，同时也刊发了很多别人撰写的教育文章。这些文章中，既有对西方现代教育思想的讨论，也有对在西方教育思想影响下我国教育改革问题的探索。

杜亚泉在1911年4月出版的《东方杂志》第8卷第2号发表《论今日之教育行政》一文，文章对清政府的教育奖励出身制度提出质疑。他认为教育应该教给国民谋生的手段和生活技能，培养独立自营的国民："夫教育之基础，当立于国民生活之上，不当立于官吏进身之上也。国民当以谋生活之故而求教育，不当以作官吏之故而受教育。二者之目的大异，故其效果亦迥乎不同。以谋生活之故而求教育者，当其在学校之时，所研究之学业，所怀抱之希望，无一不求其适于将来社会之生活，毕业以后，即为独立自营之国民。世界教育家之论普通教育也，于智育一方面，无不以教授生活上所必须之知识技能为本旨，盖以此也。"[①] 可见在民国成立之前，杜亚泉的教育思想还是非常现代、超前的。

民国成立后，教育应该如何发展？作为民国首任教育部长，蔡元培全面系统地阐发了自己的教育思想。他认为教育有隶属政治的教育，也有超轶政治的教育，其中军国民主义教育、实利主义教育、公民道德教育都属于政治教育的范畴，而世界观教育和美感教育则是超轶政治的教育，这五种教育"皆今日之教育所不可偏废者也"。蔡氏还对这五者的关系做了多角度的说明与比喻：

> 以教育界之分言三育者衡之，军国民主义为体育，实利主

---

① 杜亚泉：《论今日之教育行政》，《东方杂志》第8卷第2号。

义为智育，公民道德及美育皆毗于德育，而世界观则统三者而一之。以教育家之方法衡之，军国民主义、世界观、美育，皆为形式主义，实利主义为实质主义，德育则二者兼之。

譬之人身，军国民主义者，筋骨也，用以自卫。实利主义者，胃肠也，用以营养。公民道德者，呼吸机循环机也，周贯全体。美育者，神经系也，所以传导。世界观者，心理作用也，附丽于神经系而无迹象之可求。此即五者不可偏废之理也。①

蔡氏的教育思想为民国教育指明了方向，奠定了基础，其在谈论世界观教育时提到"循思想自由言论自由之公例，不以一流派之哲学一宗门之教义梏其心"的说法何尝不是后来其主持北京大学时"思想自由、兼容并包"方针的渊源呢？

美国的职业教育是《东方杂志》关注的一个焦点。1912年7月，《东方杂志》第9卷第1号上发表了《美国公立学校之职业教育》一文，文章介绍了美国的职业教育发展情况，指出教育的目的在于使学生具备适应社会的能力，能够将所学知识运用到社会实践之中。文章特别强调公立学校应该教给儿童实用知识，为将来谋生做好准备，"则公立学校，不可不与以或种谋生之预备是也。若卒业之儿童，于经济上即工业上之情状，毫无知识，于处事又何益耶"。文章批评以前的学校教育多注重文艺，轻视技术，学生在学校所学知识与将来的择业没有什么关系，"而学校之课程，犹以文学为重，遂与社会上之职业，全无关系也。学校既与职业无关，故受学之男女，亦无谋生之凭藉"。文章肯定了美国的中小学课程改革成果，即中小学开设工业课程，注重学生技艺的培养。美国的中等教育中也注重职业能力的培养，如在文学课程之外，开设打字术、速记术、订书术、裁缝、应用技术、家政等科目。作者通过美国新旧教育观念的对比，凸显出了美国职业教育在解决民生就业方面的优越性。

---

① 《教育总长蔡元培对于新教育之意见》，《东方杂志》第8卷第10号。

文章最后说："如上所述，吾美之公立学校制度，必须加入职业教育，已无可复疑矣。以职业教育与他种学科，互相联络，而后教育之能事尽。……盖必公共教育，能供一般公民最大之需要，而后可称真正民主国也。"① 此文虽是译自美国学者对美国职业教育的思考文章，但却能给正处在刚刚起步阶段的中国教育以很大启示，有助于解决我国教育中的一些问题。

除了对美国职业教育的介绍，《东方杂志》还积极关注欧美其他国家的教育，相继发表了《瑞典教育特色》《美国教育近况》《美国教育》（第7年第7期）、《欧美各国小学教员待遇》（第9卷第4号）、《德意志教育之特色》（第12卷第6号）、《杜威博士之实业教育论》（第16卷第9号）、《美国教育制度之特色》（第16卷第2号）、《欧战后之教育问题》（第16卷第6号）、《欧洲教育之新精神》（第16卷第12号）等文章。多篇文章集中介绍欧美教育的特点，着力引进欧美教育理念，践行了《东方杂志》"启导国民"的宗旨，也显示出了其教育救国的雄心。

（二）现代哲学思想的译介

杜亚泉主编《东方杂志》时期发表了大量介绍西方现代哲学和社会思潮的文章，通过这些文章的刊发，《东方杂志》将西方最新的学术思想介绍到了中国，包括叔本华的唯意志论、般哈提的战争哲学、布格逊和倭铿的哲学等。

1. 叔本华的唯意志论

1911年杜亚泉在《东方杂志》第8卷第2号、3号、11号三期中，分别将《处世哲学》中的人格论、财产论、名誉论和年龄论翻译发表了出来。根据杜亚泉的介绍，"处世哲学"乃是德国哲学家罅喷哈欧（Authur Schopenhauer，今译叔本华）的著作。杜亚泉应该是国内较早关注并系统介绍叔本华哲学的思想家。杜氏肯定了叔本华在哲学史上的地位，"其阐扬之宇宙意思论，在哲学史上特标一帜"。

---

① 钱智修：《美国公立学校之职业教育》，《东方杂志》第9卷第1号。

认为这部《处世哲学》著作"为其晚年所著，参酌东西洋哲学之思想，以观察人生，其言通俗而易于实践，且富于修辞，故世人爱读之"。针对人们对叔本华哲学思想的批评，杜氏也发表了自己的看法："或评其为厌世主义，近于佛教之小乘，殆然。但论其实际，决非以灰身灭智为主义，不无与大乘融洽之处。"同时杜氏也谈了自己的阅读感受，"予读其书，觉名言警论，络绎不绝。每当懊丧丛脞之余，展卷就之，忽聆亲切之言，喁喁焉慰藉吾心，忽闻危悚之词，侃侃焉直谈吾过，盖虽日夕共处之良师益友，其感触予心，殆无若是之深者也"。对叔氏本体哲学的基本观点，杜氏也进行了概括："鏪氏之纯正哲学，主张以意思为万物之本体。以为宇宙间一切现象，无不以意思为基本，自动植物以至无机体，一切动作变化，驱吸离合，皆与人间之意思作用相同。虽有明了与蒙昧之殊，犹之薄明之曙色，与正午之日光，同为太阳之作用，此即鏪氏宇宙意思论之标帜也。"并指出"鏪氏既主张以意思为宇宙之本体，又以认识御意思，为人类高尚之能力。其一生著作，大都以此二语为前提为结论"。[1] 叔本华的"人格论"把人格看作人生幸福的基础，而人生幸福的两大敌人则是苦痛和退屈。人生的幸福中虽然包括生理、刺激和精神的快乐三种，但思想精神的快乐却是最高尚的快乐。"以独立不羁之思想，养成光风霁月海阔天空之气宇，悠悠自适于世，是真正之幸福也矣。"[2] "财产论"则将人生的欲望分为三类，即"衣服饮食之欲望"、"男女之爱欲"和"奢侈华美荣耀之类"[3]，并探讨了人类这三种欲望与贫困之间的关系。"名誉论"认为，名誉也是人生幸福的条件，不能过分地抑制名誉心，这可能会导致与"意志自由"相违背，同时也不能过分沉迷于名誉，应时常进行个人的理性反思。"年龄论"强调应关注人的年龄变化，指出教育应该从儿童开始，并

---

[1] 杜亚泉：《述处世哲学》，《东方杂志》第8卷第2号。
[2] 杜亚泉：《述处世哲学》，《东方杂志》第8卷第2号。
[3] 杜亚泉：《述处世哲学》，《东方杂志》第8卷第3号。

分析了人在不同年龄阶段各方面的差异等。

2. 布格逊和倭铿的哲学

《东方杂志》又关注了布格逊（Henri Bergson，今译亨利·柏格森）和郁根（Rudolf Eucken，又译倭铿，今译鲁道夫·奥伊肯）两位哲学家的思想。在《现今两大哲学家学说概略》的"编者按"中，钱智修首先介绍了两大哲学家兴起的原因："近年以来欧美各国，咸感物质文明之流梏，而亟思救正。故哲学家之持论，亦一更常轨。历史派与实验派之说，渐成腐臭。而直觉说与唯灵说，乃代之而兴。"代表人物一是法国的布格逊，一是德国的郁根。接下来文章对布格逊和郁根的哲学进行了介绍。作者认为："进步哲学，殆可以至简之言语表之，即其生活也其变更，其变更也其发育，其发育也其不绝之创造。自然界中，无完成之事物，各种事物，在进行之途中，时间永无现在，生活日趋进步是也"，"要而言之，则神者生存之神，方创造生存之男女者也。生活者不绝之变化，亦不绝之生长与发育也。此布格逊进步哲学之要指也"。[①]《东方杂志》第11卷第4号又发表了《布格逊哲学说之批评》，对布格逊的哲学进行了更全面的阐释，并指出了布格逊的创造进化论与达尔文进化论的异同："实则达尔文之进化观，与布格逊之进化观，亦无根本上之差异。彼等以不同之符号，不同之作用，研究创造之势力，而其所研究者，终为同一之势力。生物之起也，或为最初定律支配物质之结果，或为心理学上不息之活动，于一定之空间及时间，寄托于物质之结果。此达尔文与布格逊所由分道扬镳也。"文章认为布格逊哲学的旨趣"在使人类精神，脱唯物论与机械论之羁縻，而得自由精神"[②]。另外，《东方杂志》第10卷第6号《笑之研究》一文又对布格逊之"笑论"进行了介绍和评价。

郁根是德国著名哲学家，1908年度诺贝尔文学奖获得者。他把自

---

① 钱智修：《现今两大哲学家学说概略》，《东方杂志》第10卷第1号。
② 钱智修：《布格逊哲学说之批评》，《东方杂志》第11卷第4号。

己的哲学称为"精神生活哲学",他认为:"吾人所处,有两种世界:一曰可见之世界,一曰不可见之世界。可见之世界,以物质实体与物质势力构成之,此吾人用五官之力,而可细为研究者也。……不可见之世界,非凭借五官所能研究,纵助以科学之发明,而依然无补。欢喜也,忧愁也,爱慕也,憎恶也,良心也,贪婪也,满意也,失志也,希望也,绝望也,愉快也,懊悔也,皆所以构成此不可见之世界也。而非用吾人之经验,断不能深知其底蕴。"因此,郁根认为,可见的物质世界可由观察而知,不可见的生活本体,只有生存和经验才能感知。郁根以儿童行走为例说明通达神的世界的路径:"教育之第一步,在引起儿童成功之愿望。其第二步,在鼓励此愿望,以促进抉择之意志。其第三步,在确定此意志于永续之企图,使其达成功之目的。儿童之行走也,必先行走之愿望与行走之意志,夫然后即以行走之方法,习学行走,即此理也。"因此,对于神的世界的认识,也遵循这样一个道理,不能以消极的态度对待。在郁根看来:"真理与生活,是一而非二,故吾人欲知真理,不可不自己创造其生活。"作者最后将郁根的哲学概括为:"郁根哲学之根本结论有二:即耶教者,不特为人类罪恶之圣药,且为胜利与进步之源泉。耶教之道德,实与生活问题相依倚,而非生活问题,依倚于耶教之道德是也。"①

从上面的引述可知:无论是布格逊的哲学还是郁根的哲学,其共同特点是以生活为本体的追求进步的积极的人生态度,正因如此,美国阿博德教授将布格逊之哲学,称作"进步哲学",将郁根的哲学称作"唯神哲学",并指出二者的共同之处是"以生活为灵魂上之经验,以自由进步为主旨,而一反机械论与宿命论之旧说"②。而《东方杂志》第13卷第1号发表《倭铿人生学大意》一文的前言中,译者民质更是把郁根(倭铿)的哲学看成中国未来发展的希望:

---

① 钱智修:《现今两大哲学家学说概略》,《东方杂志》第10卷第1号。
② 钱智修:《现今两大哲学家学说概略》,《东方杂志》第10卷第1号。

"倭铿立义,以精神生活为归,取径则在力行,一洗从前悲观玄想之习,与吾东方哲人之理境,颇复相同。吾意继往开来,惟倭铿足当斯任,而在吾国丁,兹人气销沉,希望断绝之会,治斯学也,尤有针膏肓起废疾之功。"①

3. 般哈提的战争哲学

第一次世界大战给人类带来深刻的影响,《东方杂志》对这场战争进行了持续报道。同时,也发表了多篇有关战争哲学的文章。《东方杂志》第12卷第4、5号上发表《德国般哈提将军主战论之概略》,第12卷第4号有《辟战争哲学》,第12卷第8号发表《德国般哈提将军之战争哲学》,第14卷第4号发表了《评德国之战争哲学》。

杜亚泉在《德国般哈提将军主战论之概略》一文中,对般哈提(Bernhardi)《主战论》的前两章内容进行了重点介绍,盖全书之主义,已显著于前二章中。般哈提不满意于德国国内的和平论调,认为这是人们好空谈、害怕商业利益被抢夺等原因造成的。作者在文章中肯定了战争在国家发展中的作用:"战争者不但国民生存上所必要,亦文明进步所必须。真正文明国民,得以此发扬其威力与元气。"②

后来,《东方杂志》又登载了几篇对战争哲学进行批评的文章。《德国般哈提将军之战争哲学》一文译自英语,作者结合欧战对般哈提的战争哲学做了全面的评析,指出"般哈提之第一定律,最为精审。无论个人生活,国家生活,苟非于竞争中强者处于优胜之地位,则生活无由发达而改进",但同时又指出"般哈提之学理,一方面主张强权,一方面以公理附益之指导之。其第一义极正确,第二义则其所据之事实,既不近人情,其所发之学说,复不合论理"。作者最后说,般哈提的著作以及欧战给人极有价值之教训:"使吾人知伸张强权,抑制公理,固惊世骇俗之谈,而空论是非,不求实力,亦迂

---

① 民质:《倭铿人生学大意》,《东方杂志》第13卷第1号。
② 杜亚泉:《德国般哈提将军主战论之概略》,《东方杂志》第12卷第4号。

阔疏远之言也。"① 也就是对般哈提的战争哲学要一分为二地看待。《辟战争哲学》一文则为日本人所写,作者也指出,般哈提的"战争哲学,不特误谬甚多,且使尽人皆抱此想,实有非常之危害。此吾人所以不敢不从稳健之平中哲学,而极力排辟之也"。②

《评德国之战争哲学》一文对德国另一位战争主义者屈利希克的主张进行了评判,认为屈氏"推崇国家主义,与尼采、般哈提诸家之说,同为战争主义之壁垒",对其一些错误观点进行批评,如"屈利希克谓国家者,人民以合法组成之团体也,用以攻战守护之一种公众势力也。……国家所特具之性质,厥唯势力,国家之最高责任,即在维持其势力。……无论何国,皆有自由与他国宣战之权力,即有任意破坏条约之权力"。但对言论中的有些观点,如"战争有时可以发展国势,增进民力,与国家以绝大之利益,故有谓战争为'病国之药'者",表示"其言固不可诬"。胡愈之最后指出:"总而之言,吾人对于屈氏之政治哲学,当以公平明确之思想,加以辨析,庶几其不为所淆惑矣。"③

此外,在《东方杂志》还发表了与战争有关的很多文章,如《战争与文学》《战争灭绝论》《战争与发明》《铁与战争》《鞋与战争》等,全面考察了战争的作用及对人类社会的影响。

《东方杂志》在民国后所介绍的西方哲学思想,都是欧战前后西方新兴的学说,它不遗余力地把最新的思想学说引进中国,既包含着主编及作者们的深刻思考和反思,也包含着以西方最新学说启蒙国民、兴国强国的强烈愿望。以杜亚泉为例,欧战前后西方唯心论思想的复兴,使他开始重新审视中华文明与西方文明的关系,也正是在这种背景下,杜亚泉提出了"精神救国论"。

(三)社会主义思想的传播

19世纪末,中国人开始接触马克思主义学说。最早接触社会主

---

① 孟宪承:《德国般哈提将军之战争哲学》,《东方杂志》第12卷第8号。
② 章锡琛:《辟战争哲学》,《东方杂志》第12卷第4号。
③ 胡愈之:《评德国之战争哲学》,《东方杂志》第14卷第4号。

第二章　由政治型向文化型转化

义思想的是一群在日本的留学生，他们通过阅读幸德秋水的《社会主义神髓》、福井准造的《近世社会主义》等著作，接受了社会主义思想。1912年5—9月出版的《东方杂志》第8卷第11、12号和第9卷第1—3号连载了杜亚泉翻译的幸德秋水的《社会主义神髓》，这是中国最早介绍社会主义的长篇文章。

《社会主义神髓》一文在内容上共分七章。第一章为绪论，讨论了工业革命给西方社会带来的影响。第二章是"贫困之原因"，主要讨论了贫富分化的原因，社会主义的目标就是要消除这种分配不公的局面，"即废灭徒手坐食之阶级，是即近世之社会主义一名科学的社会主义之神髓也"①。第三章讨论了"产业制度之进化"，介绍了马克斯（今译马克思）、恩格斯关于"产业制度进化"的社会发展理论。第四章分析了社会主义的四点特色及主张，即"物质的生产机关即土地资本公有是也""生产之公共的经营是也""社会之收入是也""乃以社会收入之大半，归个人之私有是也"②。第五章的内容主要是对污蔑社会主义取消竞争的言论进行批驳。第六章论述"社会党之运动"，分析了社会主义革命的目标。第七章结论中，阐述社会主义革命的最终目标是消灭私有制。

杜亚泉翻译发表《社会主义神髓》，主要是将社会主义作为一种思潮加以介绍，对当时的思想界产生了极大影响。除此之外，《东方杂志》还发表了欧阳溥存的《社会主义》、钱智修的《社会主义与社会政策》以及翻译自日语的《贫困论》等有关社会主义的文章，比较系统地介绍了社会主义思想。

以俄国十月革命为界，《东方杂志》对社会主义的关注主要分为两个阶段。第一阶段，《东方杂志》主要是介绍引入社会主义思潮。第二阶段，《东方杂志》则将关注的重点放在了俄国社会主义运动上。俄国十月革命成功之后，《东方杂志》在第15卷第1号、3号、

---

① 高劳：《社会主义神髓》，《东方杂志》第8卷第11号。
② 高劳：《社会主义神髓》，《东方杂志》第9卷第1号。

4号、5号上发表了《俄国现在之政党》《述俄国过激派领袖列宁》《俄国社会主义运动之变迁》《俄国形式之概要》《俄法革命异同论》等多篇文章,对俄国的社会主义运动进行了介绍。君实在他的文章《俄国社会主义运动之变迁》中,对俄国的社会主义运动进行了梳理。君实认为,俄国的社会主义分为三个时期,即宣传主义时期(1860—1878年)、恐怖主义时期(1879—1883年)、结党时期(1883年后)。在宣传主义时期主要受法国革命的影响,倡导个人自由。恐怖主义时期,主张想要获得革命成功,应该以少数革命党人以非常手段对付反革命者,即"收成功之效,惟有从事破坏以剿灭反动主义者,乃可树新社会之基础"①。结党时期始于1883年,主张依靠群众自觉心而求得革命成功,继而产生了以列宁为代表的激进派,形成了社会革命党,并在农民中宣传革命思想。十月革命之后,革命党逐渐掌握了政权。

俄国十月革命的成功,使社会主义从理论走向了实践,也引发了《东方杂志》对社会主义思想的讨论。君实在《过激主义与民主主义之对抗》中,对布尔什维主义进行了解释,指出布尔什维主义是社会民主主义,也是社会主义中的过激派。并对布尔什维主义与社会主义、共产主义、无政府主义和民主主义进行了区分,进一步明确了布尔什维主义的思想主张,促进了俄国社会主义思想的传播。

《东方杂志》在社会主义思想的介绍方面发挥了非常重要的作用,这从《东方杂志》创刊20周年纪念中编辑出版的"东方文库"也可以看出,在这套文库中有关社会主义和马克思的有三本,即《近代社会主义》《社会主义神髓》《马克思主义与唯物史观》,可见其分量是很重的。

《东方杂志》在西方现代思想的介绍和传播方面有着举足轻重的地位。通过对西方各种现代思潮的译介传播,不仅提高了杂志的文化品位,同时也对国人起到了思想启蒙的作用。杜亚泉时期的《东

---

① 君实:《俄国社会主义运动之变迁》,《东方杂志》第15卷第4号。

方杂志》加大了对西方各种思潮的介绍力度，政治、经济、文化、哲学等各种现代思想纷纷得以传入中国。但《东方杂志》在介绍这些国外社会思潮时，不再是亦步亦趋的盲目崇拜心态，而是以理性、科学、审慎的态度对来自国外的各种文化思潮进行比较和分析，并试图运用到解决中国社会的现实问题中，从而实现其"启导国民"的办刊宗旨。可以说《东方杂志》树立了"开眼看世界"的榜样，一方面它积极传播西方现代思想，引导国民；另一方面，在对待外来文化上，又保持着一种宽容和理性的态度，在反思、比较和审视中看待中西方文明，旨在通过不同文化之间的碰撞调和来寻求救国之路。

四 传统文化的现代阐发

《东方杂志》自第 8 卷第 1 号改版之后，致力于"鼓吹东亚大陆之文明"，而"东亚大陆之文明"的核心就是中华文明。换句话说，也就是要鼓吹中华文明，这就涉及以怎样的态度来对待中国传统文化的问题。考察《东方杂志》对待传统文化的问题，笔者准备从以下几个方面来思考：第一，《东方杂志》对传统文化阐发是在什么背景下发生的？第二，《东方杂志》为传统文化的阐发准备了怎样的理论？第三，《东方杂志》在实践层面上做了哪些工作？

（一）《东方杂志》对传统文化进行现代阐发的时代背景

柄谷行人在《日本现代文学的起源》中提出了"风景之发现"的理论，"所谓风景乃是一种认识性的装置，这个装置一旦成形出现，其起源便被掩盖起来了"[①]。而"风景的发现"是在一种"颠倒"中得以实现，先是有了"风景"的概念，再来谈论"风景"之前的风景。所谓的"颠倒"既包括时间上的，也体现在"内"与"外"的倒置上。正是有了"西学"，然后才有"国学"这一概念，

[①] ［日］柄谷行人：《日本现代文学的起源》，赵京华译，中央编译出版社 2013 年版，第 10 页。

正是有了现代意义上的文化，才催生了"传统文化"这一概念。在与西方现代文明的接触、比较中，我们对于传统文化的观照才获得了"他者的眼光"。贺麟先生也指出："一个思潮的发生原因，有两方面，一方面是思想本身的发展演变，一方面是解决实际问题的需要。思想本身的发展演变恰如潮水之后浪推前浪，新思潮的发生是解决思想本身所发生的问题，因为旧思想有偏颇缺陷，新思潮乃得起而代之。新思潮是旧思潮所孕育激励起来的，同时也是旧思潮的反动与否定。"① 强调了新思想的产生，是内外两方面因素相互作用的结果。正是在这个意义上，《东方杂志》"发现"了传统文化，因此，我们准备从内外两个方面加以探寻。

1. 民国建立后的文化反思

自1840年鸦片战争以来，西方列强的坚船利炮打碎了国人"天朝上国"的美梦，于是开始积极寻求自强之道。从洋务运动、戊戌变法到辛亥革命，在一种"影响的焦虑"下国人始终没有停止过探索的步伐，国人的思想经历了从"师夷长技""中体西用"到"尽变西法"的发展过程。辛亥革命，推翻了中国两千多年的封建帝制，效法西方建立了最为先进的共和政体。但政治革命的成功，并没能实现其"举政治革命、社会革命毕其功于一役"② 的目标。随着帝制的覆灭，国内非但未能出现民主、和平、文明、进步的良好局面，反而出现了袁世凯称帝、张勋复辟、府院之争、军阀割据等一系列乱象。民国后的乱象促进知识分子进行反思，反思从两个维度上展开，既包含对中国传统文化的反思，也包含对西方文化的反思。为什么以西方的民主、自由、人权、共和等现代理念建立起来的民国却没有带给国家安定及和平？为什么推翻了帝制，赶走了皇帝，中国固有的思想文化仍然强大？问题到底出在哪里？民国的建立为人们进行深入思考提供了新契机。

---

① 贺麟：《五十年来的中国哲学》，商务印书馆2002年版，第53—54页。
② 孙中山：《〈民报〉发刊词》，《民报》1905年11月26日第1号。

面对民国成立后的乱象，国内出现了两种截然相反的思想倾向。一些知识分子对西方的制度体制产生了怀疑，主张彻底回归传统，发掘中国传统文化的精髓，寻求救国治世之良方。比较突出的代表是由章太炎、刘师培、邓实、黄侃等人组成的国粹派。他们在文化上采取保守主义姿态，坚决抵制帝国主义文化，批判全盘西化的倾向，鼓吹发扬国粹，回归传统。另一些以《新青年》为主要阵地的激进文化论者，将辛亥革命失败的原因归于西方思想传播得不够彻底与深入，认为"旧文学、旧政治、旧伦理，本是一家眷属"[1]，只有彻底弃旧迎新，用"民主""科学"的现代思想启蒙大众，才能根本改变中国腐朽落后的面貌。他们提出"打倒孔家店"的口号，对旧文化发起了猛烈攻击，从根源上否定传统文化，以决绝的姿态、激进的方式批判传统，主张彻底西化，试图使国民的思想在根本上焕然一新。

2. 第一次世界大战中的文化反思

英国史学家霍布斯鲍姆在《极端的年代》中将爆发第一次世界大战的1914年与苏联解体的1991年视为"短暂的二十世纪"[2]的开端与终结。他将"战争"与"革命"视为贯穿整个时代的中心主题，将整个20世纪的历史叙述为第一次世界大战及其引发的一系列革命与战争。这也就意味着，第一次世界大战开启了整个20世纪的历史范式，对于世界历史的发展与进程产生了重要影响。

工业革命以来，西方工业与科学技术迅速发展，物质极大丰富，人们沉浸在科技进步的现代迷梦之中。第一次世界大战的爆发无异于一次警醒，使人们认识到发达的现代科技也会对人类的生存构成巨大威胁。面对战争所造成的满目疮痍与荒凉景象，西方人开始对自己曾经引以为傲的现代文明产生了怀疑与反思。为了应对自身的文化危机，许多西方思想家转而将目光投向了古老东方世界的中国，

---

[1] 胡适、陈独秀：《答易宗夔》，《新青年》第5卷第4号。
[2] ［英］霍布斯鲍姆：《极端的年代》，郑明萱译，江苏人民出版社1999年版。

希望从悠久的东方文明中寻求到西方文化未来的发展路向。斯宾格勒在其著作《西方的没落》一书中，明确反对"西方中心论"，表达了对西方文化的悲观与失望，同时指出西方文化与中国、印度、埃及、阿拉伯、巴比伦、墨西哥等国家、地区的文化"都是动态存在的个别世界，从分量看来，它们在历史的一般图景中的地位和古典文化是一样的，从精神的伟大和上升的力量看来，它们常常超过古典文化"①。1920年，英国学者罗素来华讲学，在回国后他发表了《中国文化与西方》《中西文化之比较》等文章，对东方世界的"精神文明"大加推崇，极力赞扬了中国传统的儒家思想，希望汲取中国人的"宽恕与沉默与和平"，以此滋养西方文明。梁启超在《欧游心影录》中也描述了当时欧洲兴起的"东方救世论"思潮，美国记者赛蒙氏认为西洋文明已经破产，并对梁启超表示自己回国后"关起大门老等，等你们把中国文明输进救拔我们"②。

在当时的中国，第一次世界大战也引发了国人的诸多思考。"今日欧洲各国之大战争，实为百年以来之大变；而其影响于吾中国者，亦将为十年中之小变"③，明确地将中国即将发生的变迁放置在欧洲战争这一事件的脉络之中。杜亚泉在1916年撰写的《静的文明与动的文明》一文就提出了对西方现代文明价值应予以重新评判的观点："近年以来，吾国人羡慕西洋文明无所不至，自军国大事以至日用细微，无不效法西洋，而于中国固有之文明，几不复置意。自欧战发生以来，西洋诸国，日以其科学所发明之利器，戕杀其同类，悲惨剧烈之状态，不但为吾国历史之所无，亦且为世界从来所未有。吾人对于向所羡慕之西洋文明，已不胜其怀疑之意见，而吾国人之效法西洋文明者，亦不能于道德上或功业上，表示其信用于吾人。则吾人今后，不可不变其盲从之态度，而一审文明真价之所在。"④

---

① [德] 斯宾格勒：《西方的没落·导言》，齐世荣等译，商务印书馆1993年版，第34页。
② 梁启超：《欧游心影录·新大陆游记：梁启超游记》，东方出版社2006年版，第15页。
③ 伧父：《大战争与中国》，《东方杂志》第11卷第3号。
④ 伧父：《静的文明与动的文明》，《东方杂志》第13卷第10号。

《东方杂志》在一篇介绍欧战各国红十字事业的文章后发问道:"今列国政府,一方则制造兵器,以从事于杀人之事,一方则提倡红十字事业,以煦煦于救死扶伤之役。狐埋狐骨,自相矛盾为何如哉?"[①]尖锐地揭示了西方文化本身的悖谬。可以说,近代以来"西优中劣"的激进文化观在一战后受到相当一部分知识分子的质疑。

以上从国内政治变革与国际战争风云两个方面考察了《东方杂志》对传统文化进行反思的时代背景。

(二) 中西文化反思中的理论建构

在新的时代语境下,对中西文化的反思也进入到一个新阶段。面对激进与守旧两种对立的立场,一些知识分子另辟蹊径,主张对中西之间、传统与现代之间加以调和与统整,既避免了复古主义的故步自封,又克服了激进主义的食洋不化。时任《东方杂志》主编的杜亚泉最早系统地提出了有关中西文化的系列主张,建构了一个完整的思想体系,并以《东方杂志》为主要阵地,吸引了一批与他有着相似主张的学者,如钱智修、陈嘉异等。在理论的指导下,他们在对待中国文化方面,既肯定了中国传统文化自身所具有的独特价值与意义,又能够顺应时代的发展与变迁,引用西方资源对传统文化加以现代阐发。

1. 中西文化调和论

在如何对待中西文化上,杜亚泉提出了"文化调和论"。他在《战后东西文明之调和》一文中指出,一战之后,人类生活将发生重大变化,改革时代迫在眉睫。"此次大战,使西洋文明,露显著之破绽",东西方的生活与文明都不是"圆满的""模范的","而新文明之发生,亦因人心之觉悟,有迫不及待之势"。杜亚泉从经济与道德两个方面具体分析了东西方文明,认为"东洋社会之经济目的为平置的,向平面扩张。西洋社会之经济目的为直立的,向上方进取";"吾人之道德,根本于理性,发于本心之明,以求本心之安,由内出而不由外入",而西方的现代道德观念为"权力本位、意志本位,道

[①] 章锡琛:《各国的红十字事业》,《东方杂志》第12卷第8号。

德不道德之判决在力不在理"。因此,只有将东西方文化相调和,"以彼之长补我之短","以科学的手段,实现吾人经济的目的,以力行的精神,实现吾人理性的道德",才能实现"理想生活",成为"自由模范"①。他在《静的文明与动的文明》一文中,从东西文化的性质差异入手,分析了中西文化调和的必要性。指出"东西文明乃性质之异,而非程度之差;而吾国固有之文明,正足以救西洋文明之弊,济西洋文明之穷者。西洋文明浓郁如酒,吾国文明淡泊如水,西洋文明肤美如肉,吾国文明粗砺如蔬,而中酒与肉之毒者则当以水及蔬疗之"②。西洋文明的优势在于其发达的科技,但欧战证明了科技的发展给人带来的不仅是社会的发展与文明的进步,还有史无前例的惨烈杀戮。我国社会呈现为个人向自己求生活,勤俭克己,安守本分,在此基础上形成的东方文明也显现出稳健与封闭的特征。两种文明的不同特质,决定了只有调和东西才能顺应时势的发展,发挥双方文明各自的真正价值。陈嘉异也大力提倡推崇文化调和论,指出"调和之功用,本宇宙万有一切现象所不可须臾离者,否认调和,是无异否认宇宙之有差别相"。③

2. 文化统整观

杜亚泉在提出文化调和论的基础上,进一步提出应以中国文化为主,统整西方文明的观点。杜亚泉从宇宙发展观的角度,将统整的观念视为宇宙进化之法,并用于对东西文化的统整,"统整吾国固有之文明,其本有系统者则明了之,其间有错出者则修整之。一面尽力输入西洋学说,使其融合于吾国固有文明之中。西洋之断片文明如满地散钱,以吾国固有文明为绳索一以贯之"④。

杜亚泉等人通过对中国传统文化发展历程的梳理,认为统整是中国文明固有之特长,具有深刻精神内涵和超越时空的包容胸怀。

---

① 伧父:《战后东西文明之调和》,《东方杂志》第14卷第4号。
② 伧父:《静的文明与动的文明》,《东方杂志》第13卷第10号。
③ 陈嘉异:《我之新旧思想调和观》,《东方杂志》第16卷第11号。
④ 伧父:《迷乱之现代人心》,《东方杂志》第15卷第4号。

中国思想文化自秦汉之后基本成型，历经几千年之变局，无论朝代更迭抑或思想变革，传统文化的基本格局始终未曾动摇、摧毁，已然显示出中国文明的统整能力之强大。"我国先民于思想之统整一方面，最为精神所集注。周公之兼三王，孔子之集大成，孟子之拒邪说，皆致力于统整者。"① 特别是作为传统文化思想结晶的儒家思想，"虽论事者有经常权变之殊，讲学者有门户异同之辩，而关于名教纲常诸大端，则吾人以为是者，国人亦皆以为是，虽有智者不敢以为非也，虽有强者不敢以为非也"②，儒家文化在增强国民的向心力与凝聚力、促进民族共同体的形成方面发挥了巨大作用。樊炳清也将"主中宾西"③ 视为民族精神的保障。章士钊也谈及类似的观点，"现在为时事所迫，不得不随世界潮流前进，但我们终不可忘却本来面目。须知中国文化实有其绝大之价值。现在德国一般哲学家著书，每多引老庄之文，而称道中国学术不置，家有敝帚，享之千金，我们何反轻视本国文化呢？"④ 杜亚泉等人所做的是着力重建民族文化自信心，以平等的心态对待中西文化，面对文化困境，国人更应该发扬传统文化的统整能力，避免思想上的混乱，进而应对种种社会乱象。

3. 新旧文化的接续主义

文化调和论旨在解决中西文化的关系，文化统整旨在建立文化自信，为中国文化寻找世界意义，为世界文明寻找出路，而接续主义旨在解决文化发展中的新旧问题。杜亚泉在《接续主义》一文中借用了德儒佛郎都氏在《国家生理学》中提出的"接续主义"，从个人与国家两方面分别论述了接续主义的重要作用。"一方面含有开进之意味，一方面又含有保守之意味。盖传续云者，以旧业与新业

---

① 伧父：《迷乱之现代人心》，《东方杂志》第 15 卷第 4 号。
② 伧父：《迷乱之现代人心》，《东方杂志》第 15 卷第 4 号。
③ 樊炳清：《时势说》，《东方杂志》第 15 卷第 11 号。
④ 章士钊：《记章行严先生演词》，李长义记录，《章士钊全集》第 4 卷，文汇出版社 2000 年版，第 157 页。

相接续之谓。有保守而无开进，则拘墟旧业，复何所用其接续乎？若是则仅可谓之顽固而已。……反之，有开进而无保守，使新旧之间接续截然中断，则国家之基础，必为之动摇。盖旧时之习惯既失，各人之意见纷乘，甲以为然者，乙以为否，丙以为是者，丁以为非。此时虽有如何之理论，决不能折衷于一是……而失普通人民之信用耳。"[1] 对于中国文化的发展，同样需要在接续主义的指导下，将新文化与旧文化续于一脉，使传统文化注入现代资源中，在思想上与政治上并举接续主义，促使两者形成良性互动。

《东方杂志》对将"新"与"旧"做二元对立的简单判断的做法表示质疑，否定将"西""新"等同于"优"、将"中""旧"等同于"劣"的观点，提倡新旧文化的共时发展，主张以统整的文明进化观对抗激进派的线性进化观。章士钊谈道，"从前欧洲思想之变迁，乃食文艺复兴之赐，现在思想，仍略有复古的臭味。吾国将来革新事业，创造新知与修明古学，二者关联极切，必当同时并举"。[2] 如果将"复古"视为新，则文艺复兴以来的新思想反而是旧的了。新与旧并非截然对立，而是彼此杂糅的关系。若没有旧，如何生出新？西方文化有自己的旧，也有自己的新；中国文化同样有自己的旧，也有自己的新。而中国的新一定是来自中国的旧。中国文化之旧乃是中国文化根基之所在，如若不保旧，则是彻底抛弃了传统文化，无异于自取灭亡。

东西文化调和论、文化统整论以及新旧文化接续论是以杜亚泉为代表的《东方杂志》派知识分子在民国建立和欧战的背景下提出的解决中西、新旧、传统与现代问题的基本理论，笔者认为这些理论在学理上是正确的，在方向上也是代表未来发展的，但前提是中国必须是独立自主的国家，必须是在世界上具有重要影响和发言权的国家。中共十八大以后进入新时代的中国正在用事实证明着这些

---

[1] 伧父：《接续主义》，《东方杂志》第11卷第1号。
[2] 行严：《欧洲最近思潮与吾人之觉悟》，《东方杂志》第14卷第12号。

理论的正确性。

(三) 传统文化的现代阐发

《东方杂志》在阐发传统文化的实践方面，第一位的贡献应该是刊发王国维的《宋元戏曲史》。这部被誉为"戏曲史研究上一部带有总结性的巨著"[①]首先在《东方杂志》1912年第9卷第10、11号，1913年第10卷第3、4、5、6、8、9号上连载。此书的序言中写道："旅居多暇，乃以三月之功，写成此书"。查王国维的经历可知，辛亥革命后清政府解体，王国维携全家随罗振玉东渡日本，侨居四年有余。此书正是王国维旅居日本期间写成。全书共十六章，另有序言和附录。此书被看作中国戏曲史研究的开创性著作，材料相当丰富，治学态度谨严，在学术界产生了广泛而深远的影响。中国戏曲源远流长，但数百年来很少有人关注和整理。正如王国维在序言中说："凡一代有一代之文学，楚之骚，汉之赋，六代之骈语，唐之诗，宋之词，元之曲，皆所谓一代之文学，而后世莫能继焉者也。独元人之曲，为时既近，托体稍卑，故两朝史志与四库集部，均不著于录；后世儒硕，皆鄙弃不复道。而为此学者，大率不学之徒，即有一二学子，以余力及此，亦未有能观其会通，窥其奥窔者，遂使一代文献，郁湮沉晦者，且数百年，愚甚惑焉。"这反映了我国古代对戏曲研究的轻视以及由此造成的学术空白。

王国维对戏曲的研究，一则说明他对戏曲有了新的认识。小说戏曲因其"托体稍卑"一向被人鄙视，然而在清末由梁启超等维新派人士发起的文学改良运动及新民思潮中，小说戏曲的地位在西方观念的烛照下发生了翻天覆地的变化，被抬高至"文学之最上乘"。正是这种观念的变化导致了王国维对于戏曲价值有了新的认识，"以为能道人情，状物态，词采俊拔，而出于自然，盖古所未有"。这是王国维研究戏曲的起点。二则说明王国维对戏曲的研究有了新的研究视野和方法。王国维在戊戌前后已开始接触西学，并把西学的伦

[①] 周锡山：《王国维学案》，《上海文化》2017年第4期。

理学、心理学、美学、逻辑学等理论及方法运用于《红楼梦》研究之中，同时又对中国意境理论进行了新的阐发。在戏曲研究上，王国维把西方的史学观念、科学精神和悲剧理论运用到对中国古典戏曲的研究上，开创了中国戏曲研究的新天地、新气象，他运用和借鉴西学的科学实证方法，全面梳理了中国古代戏曲形成和发展的历史线索，收集和考证了大量相关史料，形成古代戏曲研究的新结论。从上面的考察可见，王国维对宋元戏曲的研究阐发已经突破了对戏曲的传统看法，同时在理论方法方面也有了新的突破。可以说，王国维是站在新的历史起点上对中国传统文学的系统梳理和现代阐发。

蒋瑞藻的《小说考证》，最初刊于上海《神州日报》，《东方杂志》1911年第8卷第1号、4号的"杂纂"栏选录了其中的第1—19则。从1916年第13卷第8号开始，连载到1919年的第12期，共发表《小说考证》10卷以及续编甲集，共连载42期。此书于1910年编就，稍后又完成续编，在《东方杂志》连载后，由商务印书馆出版。此书辑录自元至清470余种小说、戏曲、弹词研究资料，涉及作家生平事迹、作品题材源流和内容评论分析等，还包括若干清末民初的翻译小说资料。这些资料辑自各种笔记、曲话和杂录，间附编者考订按语。此书在学术界影响很大，它同王国维的《宋元戏曲史》一样，是在新的时代语境中对小说资料的辑录整理，反映了小说地位的提升以及研究者对小说这一文体的重视。

《石遗室诗话续编》共18卷，《东方杂志》从第12卷第7号至第15卷第2号连载，共30期，历时两年多。《石遗室诗话》最初在《庸言》杂志连载，《庸言》停刊后，又开始在《东方杂志》上刊载。需要指出的是，刊载于《东方杂志》之时，为区分《庸言》所刊载，即已命名为《石遗室诗话续编》。这部诗话为陈衍的长篇巨制，记载了同光体诗派的来由及重要活动，提出了陈衍诗论的主要观点和主张。《石遗室诗话》是空前的大型诗话，其"衡量古今持论公允，评唐论宋不失锱铢，奖掖后学风行海内，他宏阔的视野、辩证的思想、优美的论诗对近现代诗学影响深远,构成了成一家之言的诗论体系,是研究近现代古典诗歌的重要文献资料"①,"对近代诗学史叙事范式的生成有着至关重要的作用"②,也奠定了陈衍在诗坛的地位。

其他还有况周颐的《眉庐丛话》《餐樱庑随笔》等。《眉庐丛话》以清代宫廷逸闻、朝野逸话、典章制度为主,稍及前代历史,连载于《东方杂志》第 11 卷第 5—6 期,第 12 卷第 1—12 期,第 13 卷第 1—2 期。《餐樱庑随笔》杂记清代宫廷辛秘,朝野逸闻,典章学术,市井风情等,稍兼前清历代野史,连载于《东方杂志》第 13 卷第 3—12 期。

除以上老派学者,《东方杂志》还发表胡适这样的新派学者研究古代文化的文章,如胡适的《惠施公孙龙之哲学》(1918 年第 15 卷第 5—6 号)、《庄子哲学浅释》(1918 年第 15 卷第 11—12 号)。胡适的文章用白话写成,用现代的方法对传统文化进行研究,从中看到的是传统文化与现代思想的关系,比如他在庄子的学说中看到了进化论的思想。他说:"进化论散见于《庄子》各篇中,我们虽不能确定这是庄周的学说,却可推知庄周当时大概颇受了这种学说的影响。依我个人看来,庄周的名学和人生哲学,都与这种完全天然的进化论很有关系。"③ 这真是胡适的惊人之语,进化论何时提出的,他竟敢说庄周受了进化论的影响?当然,这种观点能否站得住脚根,笔者不去过多评论,但是我们却从这里看到了以胡适为代表的新派学者正在用全新的理论和方法,以新的角度来研究传统文化,以新的语言来表述这种思想,这才是真正的全新意义上的传统文化的现代阐发!

---

① 车瑞:《摹拟与新变:陈衍〈石遗室诗话〉诗学观蠡测》,《宁波工程学院学报》2015 年第 2 期。

② 潘静如:《陈衍与近代诗学史叙事范式的生成——以〈石遗室诗话〉〈近代诗钞〉及其接受为中心》,《文学评论》2018 年第 1 期。

③ 胡适:《庄子哲学浅释》,《东方杂志》第 15 卷第 12 号。

自近代以来，"现代性"始终是在发展过程中我们亟须面对的一个重要问题。长期以来，学术界曾长期独尊西方现代性，胡适、陈独秀等《新青年》派就是这种观点，但也引起了许多学者的反思，如以色列学者艾森斯塔特在其《反思现代性》一书中提出建立一种"多元现代性"。"'多元现代性'这一名词的最重要含义之一，是现代性不等同于西化：现代性的西方模式不是唯一'真正的'现代性，尽管现代性的西方模式享有历史上的优先地位，并且将继续作为其他现代性一个基本参照点。"① 重返民国前后的历史语境，《东方杂志》对传统文化所表现出的眷恋与坚守以及对传统文化的现代阐发，是一种不忘传统，也不一味追慕西方的颇具中国特色的现代性追求。

20世纪80年代对五四新文化运动的反思以及90年代兴起的国学热，都引发了我们对于传统文化与现代化、中西、新旧文化等问题的再度思考。在全球化进程突飞猛进的今天，文化的问题更是不容忽视。一个民族如若想要自立于世界民族之林，没有自身独具特色的文化，则是难以想象的。继承和弘扬优秀的传统文化，是我们民族文化自信的重要来源，也是我们克服后现代社会断裂感、碎片化的主要途径。张旭东在《我们今天怎样做中国人》的访谈中谈道，理想的比较文化研究路径是"穿越西方，回到（中国文化）传统"，他指出"所谓回到传统，不是回到那个文本，那个规范，而是重建自身历史的连续性，同时重建讨论自身历史的知识和价值框架的连续性。回到传统不是往后走，而是往前走，是确立本民族的当代意义上的文化政治意识的努力。只有这样，中国现代性历史经验的正面的、积极的、建设性和创造性价值才可以被我们当代人发挥出来"②。在此意义上《东方杂志》对传统文化的现代阐发，不仅是一个历史的命题，而且对于当下而言也同样有效。《东方杂志》并没有

---

① ［以色列］艾森斯塔特：《反思现代性》，旷新年、王爱松译，生活·读书·新知三联书店2006年版，第38页。

② 张旭东：《我们今天怎样做中国人》，《全球化时代的文化认同——西方普遍主义话语的历史批判》，北京大学出版社2006年版，第4页。

对中国传统文化采取简单粗暴的激进否定方法，而是在中西文明的对比中，以老成、持重、公平的姿态保持着对中国传统文化的关注。需要强调的是，《东方杂志》对于传统文化的态度并不是保守、僵化的，而是在历史的新语境之中对传统文化加以现代阐发。

第三章　由物质救国向精神救国的转型

用长时段的历史观来看，从1861到1919年，中国文化确实经历了从洋务运动的科技器物革命到戊戌、辛亥年间的政治体制革命，再到五四前后的思想文化革命的转变过程，简单说就是一个从物质救国到精神救国的转变过程。《东方杂志》作为这一时段非常重要的一个大型综合性杂志，见证、参与并亲身经历了这个转型的过程。

一　精神救国论的提出
（一）对物质救国论的反思

戊戌变法失败后，维新变法的主将康有为受到通缉，被迫流亡海外。海外的流亡生活使康有为眼界大开，他于1904到1905年写成《物质救国论》一文，指出西方国家的强盛是因为物质学的强大，"欧洲百年来最著之效，则有国民学、物质学二者。中国数年来，亦知发明国民之义矣，但以一国之强弱论焉，以中国之地位，为救急之方药，则中国之病弱，非有他也，在不知讲物质之学而已。"中国只有向西方学习，"举国之力，全国之才，亟从事于物质之学"，才可以达到富国强兵的目的。那么何为物质呢？"物质之方体无穷，以吾考之，则吾所取为救国之急药，惟有工艺、汽电、炮舰与兵而已！"[①] 这篇文章虽然发表于洋务运动结束之后，但实际上与洋务运动提倡

---

① 康有为：《康有为全集》第8集，中国人民大学出版社2008年版，第63、71页。

发展实业等主张并无本质区别，只不过是为洋务运动作了理论上的总结和概括而已。

杜亚泉曾是物质救国论的坚定信仰者，他自己创办科学期刊《亚泉杂志》和主编的《东方杂志》（前期）都以传播科学知识为己任，广泛介绍西方先进的科学技术和自然科学思想，这一时期的杜亚泉对科学技术的看法基本上是正面的。

创办于1900年的《亚泉杂志》是中国最早的科学杂志，杜亚泉在创刊号的《〈亚泉杂志〉序》中写道："政治与艺术之关系，自其内部言之，则政治之发达，全根于理想，而理想之真际，非艺术不能发现。自其外部观之，则艺术者故握政治之枢纽矣。"[①] 这里的"艺术"是取"工艺之术"的意思，相当于现在的"科学技术"概念。然后他以航海技术、军事器械技术、蒸汽机车技术等推动了内政外交、军事的进步和工商业的发展为例，呼吁"吾国之士"应"潜心实际，熟习技能"。这篇序言反映了杜亚泉对科学技术与政治关系的认识，即科学技术是政治进步的基础和动力，他甚至还将科学技术视为国家富强的治本之策。这篇序也是他"科学救国"或"物质救国"思想的真实反映。所以无论是《亚泉杂志》还是《东方杂志》都有相当的内容以介绍西方的数学、物理、化学等科学知识，显示出杜氏对西方科学技术的推崇和重视。

作为物质救国思想的先驱和忠实实践者，杜亚泉对物质救国的前景是非常乐观而坚定的，他在1910年第7卷第6期《东方杂志》编发了胜因的《实业救国悬谈》，且把它放在头条的位置，显示了他对这篇文章的重视和高度认同。该文章批评清政府三年的宪政改革并没有取得太大实效，社会依然动荡，人民依旧贫乏，乃是因为政府没有抓住"实业"这个根本。作者认为"夫实业者，国民资赖以生之物，而国家之血液营养也。实业之盛衰，原为国民生计之舒惨

[①] 杜亚泉：《亚泉杂志·序》，转引自宋应离等编《20世纪中国著名编辑出版家研究资料汇辑》第1辑，河南大学出版社2005年版，第348页。

所系，亦为国政隆污之所系，且即国命延促之所系"，"实业兴替关于一切之兴替"，为此他提出："今日救亡之术，固当以振兴实业为惟一之先务。实业不兴，国家无向荣之望，人民无苏息之机，安能振曜精魄，出与列强相见，以少遏其滔天之势，保吾完全独立之国乎？"因此"今吾上下，尤不可不急讲究者也"。①

但是，科学技术是一把双刃剑，杜亚泉等人在早期只看到了科技推动政治进步和社会发展的好处，却对科学技术的弊端无暇顾及，同时对物质层面的过于重视也暂时遮蔽了他们对精神方面的思考。然而民国初期的乱象打破了杜亚泉对"物质救国"的憧憬，使他的科学观发生了变化，并在《东方杂志》上发表了《共和政体与国民心理》（第9卷第5号）、《吾人将以何法治疗社会之疾病乎？》（第9卷第8号）、《论中国之社会心理》（第9卷第9号）、《论社会变动之趋势与吾人处事之方针》（第9卷第10号）和《现代文明之弱点》（第9卷第11号）等文章。他开始对科学技术和物质救国的主张进行反思。如在《论社会变动之趋势与吾人处事之方针》中，作者对今日中国社会的变动是输入西洋之物质文明和精神文明的结果这个结论并无疑义，但针对有人说"吾社会之变动，精神界最为剧烈"的说法，杜氏表示不能赞同，他认为："今日之社会，几纯然为物质的势力，精神界中，殆无势力可言。"在作者看来，代表物质之势力的金钱已经"独占势力于社会"，人们生活在一个"无限幸福无限危险之社会中"，特别是在与西洋社会接触后，我国原有的"朴素之风渐失"，"故我今日社会中之欢迎物质文明，仿效欧美奢侈之生活者，实破坏其社会特质，而自速其灭亡"。作者认识到"今日欧美社会中文明病之流行，识者亦抱无限隐忧"。因此，作者主张"吾东亚人民，欲于欧风美雨之中，免社会之飘摇，亦惟有保持其克己之特质，以养成其奋斗之精神而已"。②很显然，杜亚泉对中国社会的关

---

① 胜因：《实业救国悬谈》，《东方杂志》第7卷第6号。
② 伧父：《论社会变动之趋势与吾人处事之方针》，《东方杂志》第9卷第10号。

注点已经开始由物质层面转向精神层面了。

《现代文明之弱点》一文中，杜亚泉开始思考文明的创造性问题，在谈到物质文明时，他说"吾社会乃物质文明的消耗城，而非物质文明之生产地也；吾社会人民，乃使用物质文明之人类，而非制造物质文明之人类也"。谈到精神文明时，他说："近今所谓精神文明者，类由摹仿袭取而来，非己身所产出，而又无推测抉择之力，贯通融会之方，调剂之以求其体合。假邻人之冠服，不审其修短广狭，贸然被之于吾身，故貌合神离削足适履之消，常所不免。其尤可虑者，……乞他人所余，而弃吾之所有，不可也。而吾社会输入之文明，则与旧时之国性，居于冲突之地位，绝不融合。"① 在他看来，中国在物质文明方面缺乏创新，是单纯的消耗而非创造，在精神文明方面也由西方模仿而来，缺乏原创性，也缺乏与中国固有特性结合，更可怕的是在学习西方时把自己固有的特性抛弃，"弃吾之所有"。

由上面几篇文章可以看出，进入民国后杜亚泉思想的关注点开始由物质文明转向精神文明方面，并向更深更高的层面拓展。所以民国的建立，无论是对杜亚泉还是《东方杂志》，抑或是中国文化，都标志着一个新时代真正来临了。

（二）"精神救国论"的提出

在经历了"物质救国"的幻灭之后，杜亚泉在《东方杂志》1913年第10卷第1、2、3号发表《精神救国论》。这篇文章的发表，标志着1913年杜亚泉的思想从物质救国转向了精神救国，同时作为杂志主编，他的观点也在一定程度上代表了《东方杂志》的立场，所以《精神救国论》的发表也成了《东方杂志》转型的开端，还可视为民国时中国社会从政治革命转向文化革命的开端。

文章开头解题，"精神救国论"并不是号召人们发挥军国民主义之战斗精神以赴国难，而是由物质救国论转变而来，针对"物质亡

---

① 高劳：《现代文明之弱点》，《东方杂志》第9卷第11号。

国之事实"而提出的。而物质亡国的原因则是西方传入的"唯物主义",在这个思想的渗透下,国民陷入生存竞争的旋涡中不能自拔,"祸乱之兴,正未有艾"。但是近年来,欧美已经从唯物论转向唯心论,"物质主义,一转而为精神主义",但是我国还"彷徨于唯物论的魔障之中,述达尔文斯宾塞之绪余","认物质势力为万能,以弱肉强食为天则,日演日剧"。在作者看来,这是落后的,已经不符合时代发展的要求了。

接着,杜亚泉细数了西方唯心论和唯物论的由来及发展过程。欧洲的拟古主义压迫人的思想与文明,于是产生了唯心论"以脱去拘束之苦痛",而后卢梭提出"民约论"引起了法国大革命,唯心论自此开始繁荣起来,不过此时的唯心论是建立在空想的基础上的。到了19世纪后半期,物质科学兴盛起来,以实验为基础的唯物论开始超越以空想为基础的唯心论,成为社会的主流。唯物论同样是逐渐发展起来的,孔德的实验论是唯心论转入唯物论的开端,他将人类心意进化顺序分为三段——神学时代、哲学时代和实理时代,而孔德所处的时代,他自己认为是哲学时代;然后是达尔文的进化论开唯物论新纪元,虽然竞争淘汰的进化论本属于生物学的范畴,人类既然是生物的一部分,那么它同样适用于人类社会;最后是斯宾塞的哲学论,将进化论从生物学的领域扩展到整个宇宙,"皆以进化之根本法则一以贯之",自此唯物哲学的体系完成了。但是唯物主义兴盛以来,大家崇拜物质,产生了许多危害。杜亚泉还将唯物主义的危害归结为三条:"一激起人类之竞争心,二使人类之物质欲昂进,三使人类陷于悲观主义。"长此以往,竞争加剧,有亡国的危险,他提出我国需要提倡新唯心主义来改变这种情况,并介绍了新唯心论的代表人物和他们的理论。

他首先介绍了赫胥黎。赫胥黎支持达尔文的进化论,但是主张限制竞争说。他认为自然界生存竞争的现象,不能用人类社会的道德观念衡量,自然界无正邪之分,但是经过进化从非道德的自然界脱离出来的人类应用和平代替争斗，自我的生存竞争应以不危害他人自由为限；而乌尔土是另外一位支持进化论者，他认为：自然淘汰说不能解释一切进化现象，它可以解释物质世界的进化，但却无法解释精神世界的现象。然后杜亚泉介绍了英国人特兰门德，他提倡"爱的进化"，与达尔文的竞争进化相对。他认为生物为自己生存而努力就是竞争，为他人生存而努力就是爱，家庭、国家、社会都是因爱凝结在一起的，不可或缺。特兰门德提出爱的进化理论，在竞争进化之外，创立了进化新原则。俄国人克罗帕得肯将这种原则加以引申，他认为自然界中竞争法则与互助法则是同时存在的，但是种族却主要因为互助而得以进步，他从动物界的事实引申到人类社会，强调互助法则对人类进步的重要性；英国人劫德对进化论的生存竞争之理有新的认识，他指出个人理性和社会感情两大因素影响人类发展，其中个人理性指的是个人生存的稳固，希望自然淘汰废止，社会感情为利他心，利他心使竞争延续，因此个人理性与社会的感情是冲突的。宗教压抑个人理性支持社会的进化，所以他提出了宗教与生存进化相提携的新观点。

上述关于进化论的观点，都是对生物学进化论的延伸，都属于伦理学的范畴，而到了美国人巴特文那里，则从心理学上提出社会进化论，开辟了进化论的新纪元，使进化论自生物学移至心理学。他提出的社会进化论是比照生物学来说明的，生物学上两性相交产生新的个体，包含两种情况：如果个体的性质包含父母两者的性质达到平均，称为普遍化的作用；如果个体发生变异具有父母两者所没有的性质，称为特殊化的作用。人类社会的进步也是比照这两大法则的，社会进步需要特殊化之力，但是特殊化是作用在普遍化基础上的特殊，所以要先普遍后特殊。而在社会上把一个人的特殊化推广到每个人都行特殊化，这样特殊化就成了普遍化，社会的进步就是普遍与特殊循环往复的过程。以上就是巴特文社会进化论的大意，它属于心理学范畴，与生物学不同。因为首先生物的变异为个体体质变异，而社会的变异为思想内容的变异；而且生物的遗传为普遍化的常态遗传，而社会的进步是特殊化的新思想进步，因此社会进步从生物学进化变为心理学的进化了。除了巴特文，胡德的社会动学原理也是与生物学原理相对照得来的。他提出的社会动学有三大原理。第一是内在力的差异，即社会成员之间的成长为不同状态的内在差异因素，或者相互抵抗，或者相互融合。进步就是差异因素相互融合，而生物间的生存竞争就是相互对抗的结果。第二是新生命，这与生物学上变异的现象一样，社会的新生命就是新的事物发明或者思想的变革，属于精神层面的活动，社会的进步是由无数的新生命推动而成。第三是行意力，即人类发生行为的动机，又分成满足自身欲望、延续自身生命和让外部周围产生变化三种，而社会的进步以第三种动机为主，即让周围环境变化的行动力和意志力。这种行动力和意志力是精神贡献的本质，精神改变所带来的贡献远超物质增长所带来的贡献，努力会增加行动力和意志力，进而会提升精神的贡献，所以努力就代表了新唯心论的真谛。

杜亚泉经过对欧美学者进化论的梳理，得出了自己关于进化论的认识。他首先认为进化论不仅仅是生存淘汰一说，欧美众多学者对此都有自己的看法，他只希望我国国民要发展自由的思想，不要只被一种说法所蒙蔽而生害人害政之心。他将宇宙进化顺序分为三个阶段：无机界的进化，属于物理学领域；有机界进化，属于生理学领域；人类社会的进化，属于心理学的范畴。宇宙进化的理法，为哲学中"分化与统整"。无机界和有机界都是由内部小部分整合为一个整体，但这些小部分也因为各自性质的不同在整体上分化并起不同的作用，至于个人心理，则是因为智慧情感的不同而分化，因为意识的主宰而统整。宇宙的进化，也是这种理法，统整无止境，进化也无止境。以上是从形式上考量进化。杜亚泉认为形式依附在本质之上，也必须从本质上也可以说是目的上考察进化。他认为宇宙进化的终极目的我们无法得知，但是我们可以知道进化各阶段的目的：无机界进化的目的是存在，有机界进化的目的是生存，人类社会进化的目的除了生存之外，还有精神层面心意的达成，心意和生存不可兼得时，应该舍生取义。

其次，杜亚泉认为生物界与人类社会进化的原理和目的都不相同，因此用生物界的生存淘汰来说明人类社会的现象是不合适的。即使就生物界而言，生存淘汰也不能涵盖一切生物进化现象。除了竞争淘汰，生物在进化过程中还有因抵抗外界环境而淘汰的弱小的部分，还有因个体变异使生物体由不优良变优良的部分，这些都是进化的原因。单独的个体，内在变异不显著，抵抗外在能力也不强，为了更好地进化，需要联合。联合除了生理上更需要心意相通的个体相互协作，让心理联合和生理联合一样紧密，让社会内有协助无冲突，这就是新唯心论的主旨。

杜亚泉在考察了西方从唯物论到新唯心论的学说之后说："今日吾国之社会中，亟亟焉为生存欲所迫，皇皇焉为竞争心所驱，几有不可终日之势。物欲昌炽，理性牿亡，中华民国之国家，行将变为动物之薮泽矣。旧道德之强制的协力，与宗教之超理的制裁，既不能复施于今日之社会，吾侪今日，惟有唤起吾侪之精神，以自挽救而已。新唯心论者，即唤起吾侪精神之福音也。"① 他指出，当时社会物欲横流，缺乏克己利他的理性思考，而旧的伦理道德和宗教也无法适应当今社会发展，只有提倡新唯心论，唤起精神才能挽救自己，拯救国家。人类社会的发展不能仅仅依靠物质救国，达到生存的目的，过着像动物一样被奴役被压迫的生活，还要更加重视精神的需求，追求自由向上的发展，培养行动力意志力，才能更好地抵抗外部环境，这是杜亚泉提出"精神救国论"的原因。

在文章的结尾，杜亚泉提出了唤起精神心力的方法：首先是让自己的心理不要受到生理的牵制；其次是按照"分化和统整"的理法，既各自发展所长，同时也要注重精神的沟通与心理的交流形成

---

① 伧父：《精神救国论》，《东方杂志》第10卷第3号。

合力；然后是坚持下去，不要松懈；最后是人与人之间要凝聚心力，减少冲突。"吾国人诚能推阐新唯心论之妙义，实行新唯心论之训示，则物质竞争之流毒，当可渐次扫除，文明进化之社会，亦将从此出现矣。"①

(三)《精神救国论》的意义及评价

首先，《精神救国论》标志着杜亚泉学术思想的一个转型，他由之前的物质救国论开始转变到精神救国的道路上，这体现了他救国思想的转变和深化，同时精神救国也正是五四新文化运动的主要方向。从这个意义上看，将杜亚泉视为五四新文化运动的思想先驱似乎也并不为过。

作为中国科技界的先驱者，他有着非常丰富的西方科学技术知识，自然十分了解科技为中国社会进步带来的好处，同时从他在文章中全面梳理了西方哲学思想的演变过程来看，他对西方哲学思想的了解也是非常深入的。民国初期的社会乱象，加深了他对中国社会问题的认识，他和像他一样的民国初期精英知识分子开始反思物欲昌盛给社会带来的危害。可以说他既是中国较早介绍西方科学技术的人，也是较早对物质科学进行反思的人。这种转变既体现了他对世界思想形势发展的敏锐把握和准确判断，又体现出他新的努力方向，即尝试从精神层面启发国民，把新唯心论作为拯救中国的良方。不过杜亚泉对新唯心论的推崇并不意味着对唯物论的全盘否定，因为他在文章中也指出了大家对进化论的误解，在他看来唯物论仍有很多可取之处，但人们不应该一味地迷信唯物论。提倡新唯心论，但并不完全否定唯物论，提倡精神救国，但并不完全否定物质救国的合理性，这也体现了杜亚泉理性的学术态度。

其次，《精神救国论》为五四时期《东方杂志》与《新青年》的论争埋下了伏笔。杜亚泉不主张全盘西化和对中国传统文化的全面否定，而是强调"欧美唯心论"与"吾国旧有之仁爱"的中西文

---

① 伧父：《精神救国论》，《东方杂志》第10卷第3号。

化调和。他在之前的文章《现代文明之弱点》中也提到:"吾人现今所宜致力者,当采世界文明之所同,而去其一二端之所独,复以吾国性之所独,融合乎世界之所同。"[①] 这种态度与五四时期陈独秀、胡适等人对西方文化的全面接受,对传统文化打压批判的激进态度是不同的;另外,杜亚泉主张用西方的新唯心论来唤起国人的精神,这与陈独秀、胡适等人所选取的西方思想资源也有较大差异,因而双方发生了论争,杜亚泉本人也被批为顽固保守。现在看来,他们双方在五四时期关于东西文化的论战也不仅仅是东西方文化特点、性质和相互关系问题的一场单纯的思想论争,而是两种杂志背后的文化立场的争夺,更是一场中国文化未来发展道路的抉择。杜亚泉不是僵化保守的,因为他敢于大胆介绍像新唯心论和社会主义这样西方最新的思想资源。他只是在学习介绍西方先进文化大潮时,不忘对传统文化和精神问题的重视与关注,只是在很多人对西方物质文化和科技趋之若鹜的时候,对西方文化保持一份反思与冷静,这似乎与我们当今社会提倡树立"文化自信"不谋而合,体现了他对中西思想文化的一种稳健和理性的态度。

再次,《精神救国论》的发表,意味着一个启蒙新时代的到来。《精神救国论》是民国后中国文化发展的一个界标,它标志着杜亚泉学术思想的转型,也标志着《东方杂志》文化立场的转变,更标志着中国社会在民国建立后进入了一个新的发展阶段——由政治革命发展到文化革命的阶段。《精神救国论》在一定程度上开启了思想启蒙的新阶段,并在实际上也起到了思想启蒙的作用。《精神救国论》发表后,《东方杂志》发表了很多介绍新思想的文章,如对现代教育理念的介绍和探讨,对社会主义思想的介绍,对西方哲学思想的介绍,个人主义思想的传播等。新思想在中国的传播,有利于人们的思想解放,也为五四启蒙时代的到来奠定了基础。

当然,我们也应该看到,虽然杜亚泉精神救国论的思想非常精

---

① 高劳:《现代文明之弱点》,《东方杂志》第9卷第11号。

辟，难能可贵，但是他将民国建立之初的动荡不安，完全归罪于唯物论则显得片面。唯物论寄托着国人的强国梦想，渴望通过物质进步来实现强国梦，渴望通过学习西方先进的科学技术推动中国现代化的进程，因此，即使在物质救国的过程中出现了什么问题，也是科技发展不充分所造成的，不能因此走上反科学、反物质的唯心主义立场。

另外，杜亚泉以西方哲学由物质主义转为精神主义的变化趋势简单比附中国社会，完全不顾及中国发展的实际，虽然在理论的层面上看似合理，但在实践的层面上却显得不够务实。新唯心论对于西方救治唯物论的弊害或许是有效的，但是内忧外患的中国当时正处于国家危难之际，经济发展水平不高，与西方发展还有不小的落差，唯物论发展尚不充分，因此杜亚泉将救国的希望全部寄托在新唯心论上，有些不符合国情。所以，《精神救国论》提倡从精神层面启发国民，在方向上是正确的，但是因为只停留在哲学层面，再加上缺乏实践能力和运动经验，因此"精神救国"只能是一个美好的设想，难以付诸实践。

《精神救国论》是杜亚泉民国时期思想文化的一个总纲，既包括了杜亚泉对西方唯心论、唯物论和新唯心论的深刻认识，也体现了他物质救国到精神救国的思想转型。它既是一个标志，又像一个预言，预言了一场新文化运动即将到来！

二 个人主义思想的宣扬

从清末到民国是西方各种思想涌入中国的高潮时期，其中就包括个人主义思想。《东方杂志》在1915年前后对个人改革和个人主义问题进行了关注，并进行了持续的讨论，客观上起到了传播个人主义思想，促进个性解放的作用。

戊戌变法前后，输入中国的西方思想中主要有天赋人权说、竞争进化说以及国民主人说，梁启超后来在《新民说》中也引入了多

第三章 由物质救国向精神救国的转型

种西方的新思想。民国的建立就是这些西方学说在中国传播并实践的结果。民国前,思想上的聚焦点是新制度的建立以及国民资格的实现,但民国建立后,当年叱咤风云的革命人物和知识精英有些在思想上出现了倒退,甚至有人宣扬复古,鼓吹帝制,主张尊孔读经。在这种情况下,杜亚泉开始思考精神救国的问题,随后陈独秀创刊《青年杂志》,倡导科学民主,二人都是要从精神方面再进行一场变革,来一场不同于梁启超时代的"新启蒙"——由群体的启蒙推进到个人启蒙的新阶段。

近代以来,中国社会内忧外患的现实激起了中国先进知识分子学习西方思想,推动中国变革的意愿,个人主义具有的追求个人改革和个性解放的特征恰好符合这时的需要。于是个人主义作为改造社会的一种全新的理论被介绍到中国来。《东方杂志》就是在这样一种背景下,开始思考和宣传个人主义问题的。

(一)《东方杂志》上个人主义思想的宣扬

在五四新文化运动兴起前后,《东方杂志》上发表了一些宣扬个人主义思想的文章。单纯从时间上来看,这些文章有的比陈独秀、胡适等人的提倡还要早,换句话说,《东方杂志》比《青年杂志》(后改名《新青年》)更早关注了个人主义的问题,更早地认识到了个人之于社会变革的重要性,极力主张个人的自觉与反省,促进个性主义的发展。

1. 个人改革的重要性

杜亚泉认为,个人是社会的基础,个人的不独立和不健全,会造成社会的滞后不前,使社会呈现衰乱的病态。所以"治疗之任务,不能望之政府,而当责之于社会之个人,不能委诸政治之机关,而当属诸社会之全体"。只有从个人做起,国家社会才能真正发展,渐趋康健。1913年杜亚泉在《东方杂志》第10卷第12号上发表的《个人之改革》,成为民国初年探讨个人主义话语的一篇具有开创意义的文章。文章开篇就在一种比较的视域中,将我国社会与西方社会进行了对比，认为中国社会的"症结之所在，迷谬之所丛"是"积五千年沉淀之渣滓，蒙二十余朝风化之尘埃"，因此必须将这些渣滓尘埃"扩清而扫除之"。文章提出近二三十年来，改革已经成为社会各界的共识，它既是"吾侪社会新陈代谢之机能"，也是"吾侪社会生死存亡的关键"。但过去几十年所进行的社会改革，收效甚微，其原因在于都把重点放在了宏观的政治、实业和教育等层面，而忽视了个人的改革。反观个人，"吾侪之身体，则孱弱而不能自强也，吾侪之精神，则萎顿而勿能自振也，吾侪之思想，则剽窃而浮泛，吾侪之经验，则凌杂而暧昧。世人不学，而吾侪之不学，乃无异于世人"。正因为有这样的改革者，"是以言政治而政治益紊乱，讲教育而教育益堕落，求实业而实业上之诈伪乃益甚"。正是只言改革社会而不思改革个人自身的改革者阻碍了社会的发展。

杜亚泉认为，个人层面的改革才是真正意义上的改革，才是中国社会改革的关键与基础，只有当个人真正觉悟并开始正视自己的时候，社会的变革才不再是遥远的梦想。

> 是故吾侪今日，不必讨论吾侪之社会，当如何改革，但研究吾侪之个人，当如何改革而已。不必悬想吾侪之社会，当改革之使成如何之社会，惟考念吾侪之个人，当改革之使成如何之个人而已。不必叹社会之病弱，但当求个人之强健，不必痛社会之苶疲，但当期个人之振作，不必悲社会之沉沦，但个人当自求其救济，不必忧社会之堕落，但个人当自高其品格，不必斥社会之不道德无法律，但个人不可不有道德以自养，有法律以自治。吾侪非个人主义者，但吾侪之社会主义，当以个人主义发明之。①

杜亚泉是从社会与个人的关系角度来审察个人改革的，他认识

---

① 杜亚泉：《个人之改革》，《东方杂志》第10卷第12号。

到"社会者，个人之集合体，个人完成，而后社会乃能进步。吾侪欲改革社会，而不从个人着手，不揣其本而齐其末，则其改革之结果，亦惟有增官僚之腐败，纵党人之暴乱已耳，于社会何益之有哉！"社会改革是否有效的关键在于个人改革，因为"未有己不正而能正人者，亦未有分子腐败，而团体能良好者"。杜氏反复强调，"吾侪而具改革之真意，持改革之热心焉，则无须改革他人，亦无须为他人而改革，其惟一改革之方法，即以自己改革自己之个人而已"。在杜亚泉看来，社会的发展依赖于个人的改革，而改革者个人除了要有改革的热心，更要有自我改革的勇气，以及自我反思的精神。文章的后半部分分别从卫生、养心、储能、耐劳四个方面考察了个人改革的问题："吾侪之个人，当改革之使成如何之个人乎？……其一曰卫生，使身体全健，机官发达，于体格上得成为个人。……其二曰养心，使知情意各方面调和圆满，于精神上得成为个人。身心无缺陷矣，然欲立身社会，表现个人之能力，则不可不具相当之学艺，故其三曰储能。大之如文事武备，小之如应对洒扫，凡属普通应用者，皆当习之；于学理上之研究以外，尤当为实地之试验。但学艺虽备，而欲效用于世，尤不可不持之以黾勉，出之以忍耐，故其四曰耐劳。人生斯世，一日不食则饥，一日不衣则寒，每日得衣得食，则每日必出若干之劳力以为酬。"简单地说，个人要身心健康，储能耐劳。他要求国人"学艺""储能"，加强科学教育，提高个人生活能力，增强应对社会变化的能力；他要求个人"养心""耐劳"即应该在精神上修身养性，刻苦努力，增强知情达意和积极进取的精神。

杜亚泉这篇《个人之改革》的意义在于第一次把国人的注意力从社会的改革转移到个人的改革上来，第一次很严肃地强调了改革者从自我个人改革做起的重要性，强调了改革者必须具有自我改革的勇气和决心。这显然是一条与之前截然不同的改革路径，它预示了一个新的从社会改革到个人改革之路即将到来，预示了民国后个人主义思潮即将到来。就此而言，这篇文章的发表，可视为五四个人主义思潮的先声。正如刘禾评价说"《个人之改革》可以说是民国成立后首先把个人的概念引入公共讨论的杂志体文章之一。但杜亚泉所做的仍不外是把个人改造作为社会改革首当其冲的出发点，这使他与梁启超又很相近"。① 同时他又指出："杜亚泉对儒家思想、社会主义及个人主义的这一独特阐述有助我们了解，在他所在的那个时代里，改革已经有了新的中心命题。"②

当然，杜亚泉这时谈个人的改革是在理性、中性的态度上来认识的。如刘禾所说：

> 杜的个人主义在这个瞬间尚未被激化，它既非儒家思想的死敌，又非社会主义的对立面。与儒家相对立的个人主义观念则出现于新文化运动前后，并延续到"五四"时期，成为声讨传统中国文化的一个重要的观念性力量。而与社会主义相对立的个人主义观出现于20年代中后期，并在国际共产主义运动的影响下，蒙上了一层资产阶级意识形态的反面色彩，成为社会主义革命的对头。③

不过，在笔者看来，杜亚泉此时所谈的个人还达不到个人主义的程度，正如其本人所说"吾侪非个人主义者"。杜亚泉始终是一个宽泛的"社会主义者"，始终是从社会整体的角度来看待个人的。在他这里，个人既不具备本体性，又不具备至高无上的神圣性，当然也不具备被人鄙视的自私性。

杜亚泉的主张两年后得到了黄远生的响应，《东方杂志》第12

---

① 刘禾：《跨语际实践——文学，民族文化与被译介的现代性（中国，1900—1937）》，生活·读书·新知三联书店2002年版，第126页。
② 刘禾：《跨语际实践——文学，民族文化与被译介的现代性（中国，1900—1937）》，生活·读书·新知三联书店2002年版，第125页。
③ 刘禾：《跨语际实践——文学，民族文化与被译介的现代性（中国，1900—1937）》，生活·读书·新知三联书店2002年版，第125页。

卷第 11 号发表了黄远生的《忏悔录》。黄远生在文章中回顾了个人自身职业和遭遇之后，最后说了一段发自肺腑的话：

> 今日无论何等方面，自以改革为第一要义。夫欲改革国家，必须改造社会。欲改造社会，必须改造个人。社会者国家之根柢也，个人者社会之根柢也。国家吾不必问，社会吾不必问，他人吾亦不必问，且须先问吾自身。吾自身既不能为人，何能责他？更何能责国家与社会？试问吾自身所以不能为完全为人之故安在？则曰以理欲交战故，以有欲而不能刚故。故西哲有言曰：寡欲者，改革者之要素也。继自今，提倡个人修养，提倡独立自尊，提倡神圣职业，提倡人格主义，则国家社会，虽永远陆沉，而吾之身心固已受用不尽矣。吾之忏悔，此物此志而已。①

从这段话中，我们可以感受到黄远生欲挣脱旧思想牢笼、改造个人、树立尊崇个人独立人格的迫切之情。但在这篇文章中所谈的个人和杜亚泉所说的个人改革并无太大差别，仍是在儒家文化传统之内思考个人问题，即"达则兼济天下，穷则独善其身"。杜亚泉和黄远生都是因为对社会失望而退守个人的"修身"，所以这里的个人仍然不具有本体性。

1916 年《东方杂志》又发表了黄远生的文章《国人之公毒》。此文中，黄远生以少有的激进态度反思了我国思想界的问题，指出"思想界之笼统"是我国民之"公毒"。而救治这种笼统公毒的药方乃是西方的"曰科学之分科，曰社会之分业。曰个性之解放，曰人格之独立，重论理，重界限，重分画，重独立自尊"②的文明，只有用西方的科学、个性主义、人格独立这些新思想才能打破这"笼统"

---

① 远生：《忏悔录》，《东方杂志》第 12 卷第 11 号。
② 远生：《国人之公毒》，《东方杂志》第 13 卷第 1 号。

之公毒，开创新局面。这种激进的态度、直觉的认识、情绪化的表述在相当大的程度上与《新青年》杂志有了某种响应与互动。

在这种激进态度的带动之下，1916年初《东方杂志》又发表了两篇有关个人主义的文章，一篇是民质的《我》（第13卷第1号），一篇是家义的《个位主义》（第13卷第2号）。

《我》的作者"民质"在思想上很接近西方的个人主义。面对国家危局，作者提出了"惟我独尊"的口号，他说："上天下地，惟我独尊，世间无我，即无世界。凡事我之所不能为，未有他人能代而为之者也；他人所不能代而为之，未有孤特蕲向，存乎理想之物，独能代而为之者也。夫苟天下事，皆不能思议其为可为也，则亦已矣。一有可为，为之者断乎在我，是故我者真万事万物之本也。"①在这里，作者将"我"尊为"万事万物之本"，这可以说是最接近个人主义的本体的。但作者又生怕自己的思想被别人误解，将"我"与"个人主义"画上等号，于是他不得不在文章中用了大量的笔墨，来辨析"公我"与"私我"之间的关系，以破除人们的误解。关于这一点，笔者在《〈东方杂志〉与现代中国文学》一书有过论述：

> 作者提出"惟我独尊"的主张，目的并不是要高张起个人主义的大旗，而是将"我"作为改革中国的关键，进而改良社会。作者认为人生之义在于竞争、奋斗，他说"人生者，竞争也，人生逻辑所悬之境，非经苦战奋斗，决不能几。"如果每一个"我"，都有了这种竞争奋斗的意志，有了"天下为任"的精神，"偶尔一时之政象，何足言哉！"作者提出的"惟我独尊"的主张，以及以人的精神生活的提升作为改革政治的前提，这种解决问题的思路与陈独秀等人是一致的。②

---

① 民质：《我》，《东方杂志》第13卷第1号。
② 王勇：《〈东方杂志〉与现代中国文学》，中国社会科学出版社2014年版，第83页。

"家义"在《个位主义》中认为,"个位主义者,近世一切新文明皆导源于此思潮者也"。并从心理学、伦理学和社会学三个层面论述了个位主义的理论依据:"个位主义者,以明画为主,正与笼统相对,其论点本于心理学之个性说,而在伦理学为自我实现主义,在社会学为个人本位主义者也。"他同意黄远生在《国人之公毒》中所说的思想界的病症是"笼统"的观点,认为改进方案在于提倡"个位主义",而"我国人惟不知个人本位主义。故其于社会也,惟现一片笼统。只见有家族,有地方,有国家,有其他社会,而不见有个人"。他总结了忽略个人给中国社会带来的危害,"依此赖彼,苟狗营蝇,甲乙相消,同归于尽。究之家族、地方、国家、其他社会,本以个人为主,既无个人,而所谓家族、地方、国家、其他社会者,亦同等于无。一国之中只见有无数寄生之物,不见有独立之人格。此我国数千年所以毫无进化也。欲医国人此种笼统之公毒,则必力倡个人本位主义"。① 作者在个位主义的考察中,把握住了个位主义的精髓——个性解放、人格独立、科学分科、社会分业等,也让人们对个人主义有了更加明确而深刻的理解。

2. 个人与国家的关系的考辨

前面介绍的几篇有关个人主义的文章,无论态度是平和还是激进,无论是学理性的考论还是直觉性的言说,无论是关注个人的改革还是倡议个位主义,其共同点是一致的,即都是在个人与国家的关系中来谈个人的,始终把个人置于国家民族的背景之上。这既是中国文化的特性使然,也是中国当时的时代局势使然,因而在中国的语境中,尽管个人主义的思想来源于西方,但把个人主义作为本位,甚或把个人置于国家之上,那是根本不可能做到的。如何处理国家与个人的关系,是在国家的视野下言说个人,还是在个人的基础上言说国家,始终是中西文化的一个分野。

可能有感于前面谈个人太多,为防止误解,《东方杂志》1917

---

① 家义:《个位主义》,《东方杂志》第13卷第2号。

年第14卷第3号上又发表了杜亚泉的《个人与国家之界说》，文章对个人主义与国家发展的关系问题做了详细而辩证的分析。在一般人的观念中，中国传统思想是只知有国家而无个人的，或是只知有家庭而不知有个人的。杜亚泉否认了这种错误的观点，认为"个人所以为国家效用者，赖有完全之人格，故得发展能力以裨益于国事也。若但注重国家，而置个人人格于不顾，或务缩小个人之范围，使无自淑其身之余地，则个人之地位，未克巩固，其能效用者几何？"他强调国家发展的前提和基础是个人的发展，个人与国家各有其界限，双方应严守界限，各守其分，以使个人与国家发展能够协调统一。"由是而言，则欲使个人能尽力于国事，必使个人先尽力于自身。当其致力于自身之时，不必悬国家以为标的也。但使各个人均有充实自治之能力，即不难随其材职之高下，学识之深浅，直接间接以分任国事。"①

个人与国家是部分与整体的关系，两者利益相关，但应当界限分明，要使个人与国家和谐发展，必须明确二者的界限并保持平衡。杜亚泉认为，"而欲任事后个人国家间之不发生冲突，则国家所以责备于个人，与个人所以贡献于国家者，当各有其分量，而不容或过焉，是界限之说也"。一方面应先巩固个人的地位，把自己锻炼成对社会有用的人才并具有完善的人格，之后才能对社会和国家有益，做自己应做的事情。另一方面，个人对国家应负有一定的责任，即"是则个人但就其力所能胜，分途进行，国事当无不理，且因之而个人各得其安心立命之方"，所谓"天下兴亡，匹夫有责"。但国家对个人的要求与个人对国家的贡献，应界限分明而不应模糊混乱，"毋强个人以没入国家"，而流入国家主义之偏；也"毋强国家以迁就个人"，而流入个人主义之弊。所以处理个人与国家关系的要则"是宜守个人与国家之分际，毋使溢出范围之外。遇有个人政见，与国家现势，格不相入之时，则当稍贬方针，

---

① 高劳：《个人与国家之界说》，《东方杂志》第14卷第3号。

以为妥协调和之地"。表明了个人人格的独立对国家是十分重要的，同时也强调了国家应充分尊重个人人格以定分界，不能隐没人的独立性。

在杜亚泉的思想中，国家与个人这两个范畴要严格区分，但又强调个人价值的独立性和优先性。他指出，国家与个人有"本末先后之不同"，当先"巩固个人之地位"。从这一点来看，杜氏个人地位优先的思想已经与陈独秀、胡适、周作人等人的个人主义思想比较接近了。但仔细比较就会发现，杜氏的个人主义思想中带有鲜明的传统儒家思想的特点，是以儒家思想为本，又吸收了西方个人主义的某些思想折中而成。杜亚泉个人主义话语的特点就在于将个人主义的提倡与儒家思想结合起来，把个人与国家结合起来，通过中西个人的对比得出个人必须改革的结论。从这个意义上说，杜亚泉并不希望与传统文化决裂，而且用儒家文化来阐释个人主义，提倡一种含有儒家修身思想的个人主义。

（二）个人主义思想的宣扬的影响及其评价

传播学家威尔伯·施拉姆认为，大众传媒在社会大动荡大变革的时代，承担着时代变革的代言人和促进者的双重角色，它在促进社会向新的风俗习惯转变，以及向新的社会关系过渡中发挥着重要作用，"媒介是一股解放的力量，因为它们能打破距离和孤立的藩篱，把人们从传统社会传送到'伟大社会'中"。[1]民国初年《东方杂志》凭借着"最富之材料"与"最低之价格"深受广大读者的青睐，一直保持着较多的读者群和较高的发行量，在近代期刊史上占有举足轻重的地位。"据 1910 年统计，每期销售数达 15000 份，是当时国内影响最广的杂志。"[2]《东方杂志》的读者"大部分是在校的大学生、中学生、中小学教职员、一部分大学学校教职员、军官

---

[1] ［美］威尔伯·施拉姆、威廉·波特：《传播学概论》，何道宽译，中国人民大学出版社 2010 年版，第 134 页。

[2] 杨扬：《商务印书馆：民间出版业的兴衰》，上海教育出版社 2000 年版，第 52 页。

以及公务员等"①。正因如此,《东方杂志》对个人主义的思考与倡导,扩大了个人主义在知识分子中的影响和接受程度。

《东方杂志》在各种思潮相互激荡的背景下,开启了个人主义在中国传播的先河,见证了个人主义在中国的传播历程,它集中讨论了个人改革的重要性、个人与国家的关系、个人主义的内涵和个人改革的方法。从东方派知识分子的相关言论及《东方杂志》的内容来看,他们与陈独秀、胡适等人所掀起的新文化运动并无根本矛盾之处,甚至在一些观念上要早于《新青年》,并一度与《新青年》形成呼应关系。从思想史的角度看,《东方杂志》所阐发的个人主义思想已与清末梁启超等人关于"个人"的阐释有所不同,当然也与五四时期新青年派的个人主义有一定差异。但《东方杂志》却是戊戌知识分子与五四新文化知识分子之间的桥梁,其所阐发的个人改革思想也是二者之间不可或缺的思想过渡。《东方杂志》对个人改革和个人主义的提倡和重视,正是新文化运动所追求的基本目标之一,其在精神主旨上是与胡适等人提倡的个性主义相契合的。《东方杂志》的这些文章发表在1917年之前,单从时间上看,它们比胡适发表的《易卜生主义》(1918年)《不朽——我的宗教》(1919年)等要早一些。因此,在一定程度上可以说,《东方杂志》在个人主义思想的宣传方面开了新文化运动的先声,为新文化运动的开展做了铺垫和准备工作。事实上,1915年底至1916年初《东方杂志》与《新青年》在反对帝制、维护共和,以及对中国传统思想进行批判方面曾形成了一定的互动关系,但片刻的激进无法改变《东方杂志》理性的、稳健的本性。在个人主义的倡导方面《东方杂志》与《新青年》并没有根本的不同,只是存在着平和激进之分而已。《东方杂志》作为新文化运动中的一支稳健力量,与激进派形成了一种相互补充的关系。正因为《东方杂志》一贯的平和稳健的态

---

① 马学新、曹均伟等:《上海文化源流词典》,上海社会科学院出版社1992年版,第199页。

度，所以尽管在个人主义思想的倡导方面占得了先机，在启导国民、传播先进知识方面起到了不可替代的作用，但它的影响力仍然无法与激进的五四新文化派相抗衡，甚至因与五四新文化派论争而背负上保守的恶名，它在个人主义倡导中的光芒被掩盖在历史的尘埃之下。

三 伦理道德的关注

甲午中日战争清政府的惨败，加深了国人的危机感，梁启超曾言："唤起吾国四千年之大梦，实自甲午一役始也。"① 维新变法运动和民主革命运动先后兴起，标志着中国学习西方文化由"器物"转向"制度"。同时，先觉之士已经认识到伦理道德对于"救亡图存"的重要意义。1895 年严复在《原强》中明确提出"是以今日要政，统于三端：一曰鼓民力，二曰开民智，三曰新民德"。而这三者之中，"至于新民德之事，犹为三者之最难"。② 梁启超发展了严复的学说，于 1902 年开始发表自己的《新民说》，提出了"新民"主张，在这篇长文中，梁氏专论公德与私德，喊出"道德革命"的口号，唤起人们对道德问题的关注。

> 吾辈生于此群，生于此群之今日，宜纵观宇内之大势，静察吾族之所宜，而发明一种新道德，以求所以固吾群，善吾群，进吾群之道，未可以前王先哲所罕言者，遂以自画而不敢进也。知有公德，而新道德出焉矣，而新民出焉矣。……道德革命之论，吾知必为举国之所诟病……若夫与一世之流俗人接战，吾所不惧，吾所不辞……③

---

① 梁启超：《戊戌政变记》，《饮冰室合集·专集》第 1 册，中华书局 2015 年版，第 1 页。
② 严复：《严复集》第一卷，中华书局 1986 年版，第 27、30 页。
③ 梁启超：《新民说》，辽宁人民出版社 1994 年版，第 21—22 页。

梁启超的观点得到《东方杂志》的支持，从1904年创刊到1920年，《东方杂志》发表了以"道德"为标题的文章20余篇（如表3-1所示）。

表3-1　　　　1904—1920年以"道德"为标题的文章

序号	篇名	卷次	作者
1	论道德教育之关系	1905年2年4期	教育栏
2	论救中国必先培养国民之公德	1907年3年7期	社说
3	论道德与法律之关系	1907年4年5期	社说
4	论学术与道德相离之危险	1908年5年3期	社说
5	论现今国民道德堕落之原因及其救治法	1911年8卷3号	圣心
6	华贲期博士道德进化新论	1913年10卷3号	钱智修
7	消极道德论	1913年10卷4号	钱智修
8	国民今后之道德	1913年10卷5号	高劳
9	予之国民道德救济策	1913年10卷7号	内外时报
10	浮田和民之新道德论	1913年10卷8号	章锡琛
11	论新闻纸之道德	1914年11卷1号	甘作霖
12	论国家道德三储力	1915年12卷4号	莫安仁
13	科学与道德	1915年12卷8号	章锡琛
14	文明与道德	1915年12卷12号	恽代英
15	广告与商业道德之关系	1916年13卷12号	程景灏
16	论道德之势力	1917年14卷6、7号	愈之
17	一百金圆之道德实验	1918年15卷2号	内外时报
18	大战与性的道德之破坏	1918年15卷9号	君实
19	新青年之新道德	1918年15卷9号	陶履恭
20	广告与道德	1919年13卷2号	人
21	昆虫类之社会道德	1919年16卷3号	鲁贻
22	战争与道德	1920年17卷7号	萧伯讷、罗罗

从表3-1我们首先可以看出，《东方杂志》从创刊开始一直对道德问题非常关注，发表了20多篇文章，从不同的角度探讨道德问题，如道德与法律、教育、广告、科学、新闻、学术等的关系。其

次，我们还可以看出《东方杂志》对道德问题探讨与关注的高峰期是从民国成立后的1913年开始的，仅1913年就有5篇文章以道德为题，1915年和1918年也各有3篇文章，这又几乎与五四新文化运动重合。再次，我们也可以看出《东方杂志》对道德问题的探讨与五四新文化运动之间具有密切关系，甚至可以说民国后对道德问题的关注是一个社会热点、思想潮流。

我们对《东方杂志》有关道德问题的探讨从以下五个方面进行考察。

（一）"犹缺公德"

《东方杂志》1907年第3年第7期发表的《论救中国必先培养国民之公德》，该文可以看作对梁启超《新民说·论公德》的响应。作者急迫地追问造成中国"内则生计困穷，外则强邻逼处"，日渐削弱的原因何在？"我国以二万万里之领土，四万万众之人民，其势力实可横世界而独立，乃积萎不振，日渐衰弱者，此何故哉？曰国民无公德故。我国之富庶非远逊于欧美，我国民之智慧之毅力，亦非远逊于白人，乃攘夺听之，奴隶听之，鞭挞听之，此何故哉？曰国民无公德故。比年以来，政府亦尝言维新，言立宪，乃徒有形式而无精神，终不能达改革之目的，收自强之效果。此何故哉？曰国民无公德故。"作者将中国贫弱的原因归结于国民公德的缺失，国人"知有一身，而不知有同胞也；知为一身求幸福，而不知为同胞求幸福也。无公德则自私自利，必至于败群。内而政府，则徒为一身禄位计，而政治之公益弗问也；外而疆吏，则徒为一身升官计，而地方公益弗问也；下而庶民，则徒为一身饔飧计，而社会之公益弗问也。试观今日现象，群情骚骚、众志漓漓，各自顾其私益。殖产以外无事业，身家以外无思想。呜呼！中国人之恶质大抵如是耳！"作者认为，正是因为国人公德的缺失，致使国人不能进步，不能进步就无法占据世界的优胜地位。那么如何培养国民之公德呢？作者认为，只有通过改良教育来培养国民公德。"今欲培养国民之公德，必先自改良教育始。中国未尝无教育也,然无公德以实施之,是亦奴隶之教育而已。近者中国亦既改良教育之形式矣,窃谓此特其客观耳,若其主观则在培养国民之公德。"① 中国的教育不仅要改变其形式,更重要的是改变其教育内容,加强国民公德教育。

《东方杂志》的其他文章中也谈到了公德的重要性。如公德在地方自治中也是不可或缺的,"地方自治必以个人自治为最要,个人自治必以能知公德私德之分为最要,知公德私德之分而后公德可得而下手"。② 如公德与宪法的关系,"所谓宪法者,君民共守之公法也,有公德而后可守此公法。无论何种法律行之地方,则地方人民必先有不背此法律之公心,而后行此公法而无阻。夫欲有此不背法律之公心,必先以培养公德为根本一切,个人与个人之交际,社会上之公事与酬应,对于国家之义务与权利,事事出以公德,而一无私见自利之心存乎其间,则事无不举而令无不行,是为养成立宪国民最要之务"。③

(二) 伦理道德与教育、法律等的关系

伦理道德的变化与现实社会的变革,尤其是与政治、教育、法律、经济、思想等方面息息相关。"因必关系于其国之宗教焉,必沾濡于其国之风俗焉,论其近因必左右于其国之政治法律焉,必裁成于其国之学术教育焉,故必其国之宗教风俗政法教育而皆良也,则其国人民之道德必不恶。"④

1. 道德与教育

在《论道德教育之关系》一文中,作者认为德育事关"国民之行习"与"一群之盛衰",因此在德、智、体三者中德育是最为关键的,应该享有优先权,"吾国教育之制,今始发端,观其教科之排列,多以智德体三者兼施并重矣,不知德育与智育性质绝异。智育

---

① 《论救中国必先培养国民之公德》,《东方杂志》第3年第7期。
② 《个人说》,《东方杂志》第3年第10期。
③ 《个人说》,《东方杂志》第3年第10期。
④ 《论学术与道德相离之危险》,《东方杂志》第5年第3期。

求之于理想，而德育则发之以感情，终之以行习，内籀外籀，厘然两事。故谓既开民智，而民德自然美粹者，其谬误尽人可见。且民德不修，而务求所以瀹其智者，尤恐所瀹之智，适足以济其恶。然则，居今日而言教育，其以道德为最要之关键乎？"另外，作者还提出道德教育应该贯穿于所有科目之中，而非仅修身科目之职责，此观点颇类似于我们当下所倡导的学校教育的根本任务是立德树人，思政课全覆盖，将德育贯穿教育全过程的做法。

> 今日修身科目，益明责务。如对于一己，对于家族，对于社会，对于国家，对于万有，详哉其言之矣。不知道德之事，非仅于修身科教之，即于他学科皆有关系焉。如国文历史两科，其中事实，多关于修身之旨。算术可以养人之俭德，动植物可以起人之美情，地理使知各国形势，生其愤发之心，图画以练美术，唱歌以动感情。有均与道德相关者，至体操运动，则大要在听号令，守规律，足以鼓其协同之精神，长其进取之志气，尤为道德上所有事也。世有兴民行，善民俗，以求适于生存之世界者乎？舍道德教育，其谁与归？①

在学校教育中加强道德教育是清末新兴学堂从上到下的一致认识，"朝廷兴学之意，外国学堂于智育体育外尤重德育，中外固无二理也"。② 这种以德育为先的做法也是当时世界各国的共识，《东方杂志》1908年第5年第11期的言论栏中译载了有关《列国德育会议》的文章，此文提到此次列国德育会议的"要旨"，也即大会的主题是"教育之道，必以德育为先，无论何项教育，于道德之分子，决不可缺少，若缺少道德之分子，则已丧失教育之本务"。③ 可见世

---

① 《论道德教育之关系》，《东方杂志》第2年第4期。
② 《新定学务纲要》，《东方杂志》第1年第3期。
③ 《列国德育会议》，《东方杂志》第5年第11期。

界各国都非常重视道德教育，都把道德教育视为教育的根本。

道德之重要，无人怀疑，把道德作为教育之本也多为人所赞同，但也有人提出，仅教育还不足以挽回今日道德的堕落。如《论学术与道德相离之危险》一文中，作者认为"欲养成道德，虽必有恃于教育，然仅恃教育，亦必不能养成，因教育之道德，其形式焉，而宗教之道德，其精神焉。教育道德所以维持社会，使民德日趋于和亲，以联大群小己之感情。所谓普通之道德也。而宗教道德所以慰藉灵魂，使民德日趋于高尚，以谋国家世界之进步，所谓高等之道德也"。因此提出"必也合宗教教育二者而成一新宗教，或成一新教育，夫然后可以挽回今日中国之道德"[①]的主张。

2. 道德与法律

《东方杂志》第4年第5期《论道德与法律之关系》一文对道德与法律各自的优缺点进行了辨别，认为法律为外部组织之强制力，而道德则作用于人之心理，范围人之精神，只有道德与法律相互配合，相互辅助，才能更好地维护社会秩序。

> 人类社会万有不齐，欲求所以整齐而统治之，固不可不有其道矣。然政治上进行之方针，其所恃以为图治之具者，往往不同，有以道德为统治之具者，有以法律为统治之具者。以道德为重者，其最终之目的，欲养成民德，使风俗纯良，主治者可不劳而理，社会间无争夺相杀之事，禽然见太平之风。……然但偏重道德，而无健全之法律以辅之，则外部之组织不强固，不能纳人民于一定之范围内，强制之而使服从，而政治上往往流于放任，此其蔽也。
>
> 以法律为治，则君民上下，同率由于法律之中，其活动之范围，各有其界限，不相逾越，不相侵犯，此法律之精神也。然但言法律，而不注重于道德，则民俗漓薄，民免无耻，欲养

[①]《论学术与道德相离之危险》，《东方杂志》第5年第3期。

国民高尚之人格，殆有所不能。盖法律者，国家外部组织之有强制力者也。其外部组织之若何健全，强制力若何宏大，只能及于人民之外部，其心理上作用之如何，固不能入于其中而监视之也。……盖道德所以范围人之精神，得入于其内部而监察之，所以济法律之穷也。①

作者希望我国能在几千年来注重道德的特色基础上，"组织健全之法律以辅佐之，匡其所不逮，而成为法治国"②，表达了极其美好的愿望。高劳在《国民今后之道德》中把二者关系表述得更为简单明了：

> 人类之所以生存，社会之所以成立，因而形成一国家之有机体者，其间有二大要素焉。一曰法律，一曰道德。法律制其外，道德制其内，法律治已然，道德防未然。二者交资为用，相辅而成，而人类遂由个人而进于团体，由部落而成为国家，且由野蛮而进于文明之域。……然法律每缘行为而规定，道德乃由理性以发生，法律仅属消极之制裁，道德则为积极之昭示。其次序之先后，范围之广狭，固已不同。况乎法律但求形式之整齐，性质类于强制，道德本乎心理之䜣合，联结出诸自然。由是言之，法律也，道德也，其表面虽居同等地位，而探厥源本，则法律之维系人心，远不如道德之巩固，涵濡民俗，亦不如道德之秾深。③

其他有关道德与新闻、道德与科学的关系，以及道德与商业广告之关系，这些文章都译自国外，这里不再一一赘述。

---

① 《论道德与法律之关系》，《东方杂志》第 4 年第 5 期。
② 《论道德与法律之关系》，《东方杂志》第 4 年第 5 期。
③ 高劳：《国民今后之道德》，《东方杂志》第 10 卷第 5 号。

(三) 有关道德建设问题

民国初年，社会混乱失序，道德失范，新旧伦理争执不下。如何整合社会秩序，救治道德和文化失范，成为那个时代急需解决的最现实最急迫的问题。在这样的时代背景下，《东方杂志》既考察我国道德堕落之原因，又思考新旧道德之关系，更思考如何建设新道德的问题，表现出对道德问题的极大关切。

《论现今国民道德堕落之原因及其救治法》一文关注了道德堕落问题，作者将我国道德堕落的原因概括为六个方面："我国民道德之堕落，其由来固非一日，而特著于晚近数十年间，总括其因，为数有六：（一）人种倾轧。（二）政治不良。（三）经济困穷。（四）教育荒谬。（五）宗教纷杂。（六）鸦片流毒。"并提出从政治、经济、教育三方面入手，且以政治为先的救治方法，"是故改革人心，必自政治经济教育始，而三者之中，尤推政治为先"。① 此文在总结原因方面最为全面，并且对这六个方面做了深入的分析。

关于新旧道德之关系问题，《东方杂志》主张新旧道德之间是一种"接续主义"的关系，旧道德转化为新道德，应该是一种渐变的历程，两者之间是可以"接续"的。首先，以变化发展的眼光来看待道德的新与旧之间的关系，认为新旧固然与时代的变迁有关，但"新旧为一程度问题，程度虽异，然皆沿同一方向以进，但有过不及之差，非若正与负之异"，就是说新与旧只是在时间的先后程度上有所差异，并不是非此即彼的关系。作者同时认为："新之与旧，非必新者固善而旧者固恶也。一切事物，经若干时日之后，必有若干之腐败与颓废，积于其中，……固旧之于恶，常相为缘。……人之舍旧而谋新，非恶其旧，乃去其恶耳。但旧者虽为恶之所积，而常为习之所安。"② 所以说，新旧本无好坏之分，不能武断地认为新的就全是好的，旧的全是坏的。其次，《东方杂志》认为事物发展是一个

---

① 圣心：《论现今国民道德堕落之原因及其救治法》，《东方杂志》第8卷第3号。
② 伧父：《再论新旧思想之冲突》，《东方杂志》第13卷第4号。

由旧而新的变化过程，新者不能完全脱离旧，旧者亦不能全然排斥新。新道德从旧道德之中化育而来，自然也遵从这样的道理。《论学术与道德相离之危险》中作者感慨道："旧道德之根柢既绝，则新道德之萌蘖既无从而发生。无保守之改革，无建设之破坏，施之于工艺、格致之学，且万无成理，而况于精纯高洁之道德耶？今欲改革新道德，而先不保守其旧道德，欲建成新道德而先破坏其旧道德，是即今日学界前途最大之险象也。"① 再次，《东方杂志》还把道德看成是救济和保持国家之接续发展的关键因素，"欲保持国家之接续主义，使不至破裂，此非国法所能限制也，要恃国民之道德以救济之"。作者因此得出结论，"国民道德"与"政治接续"的关系即"国民无道德，则政治失接续，此由因而生果也。政治之接续愈破裂，则国民之道德愈堕落，此又由果而生因也"。②

关于中国社会的道德建设问题，《国民今后之道德》一文认为："吾以为中国道德之大体，当然可以不变，不特今日不变，即再历千百年而亦可以不变。若其小端及其应用之倾向，决不能不因时因势，有所损益于其间"，作者虽然承认旧道德有不适用之处，但依然认为"中国旧道德，与新者尤少牴牾"，提出今后的道德"变其不合时势者一二端可已，变者什一，不变者仍什九也"的主张。作者运用传统的"体用之分"观点，提出中国的道德大体可以不变、小用需因时势而变化的主张，并具体列出了急需变化的三个方面。第一，"改服从命令之习惯而为服从法律之习惯也"。第二，"推家庭之观念而为国家之观念也"。第三，"移权利之竞争而为服务之竞争也"。文章最后指出了我国道德革新应努力的方向："今者物竞之祸，遍于寰区，吾国人心，尤深陷溺，相攻相取而不相容，几有傯焉不可终日之势，循是不返，人道之不灭绝者几何？彼欧美既倡新惟心论以遏惟物之流弊矣，吾国亦宜阐明旧有之仁爱，发挥而光大之。使人人

---

① 《论学术与道德相离之危险》，《东方杂志》第5年第3期。
② 伧父：《接续主义》，《东方杂志》第11卷第1号。

知利己必以利他为衡，独善要以兼善为断，以挽此攻夺贪残之末俗，而蕲合乎世界之思潮，此又今后道德扼要之图，而吾国生死存亡之关键也。"①

（四）中西道德：调和与统整

在中国道德重建的过程中，如何看待中西方伦理道德上的差异，如何在二者之间做出正确的选择，是一个非常关键的问题。东西方文明不同，所属道德的特点以及在各自文化中的地位和作用也不尽相同。民国初年因帝制崩毁造成的道德失范，并非当时的中国没有道德，也不是新道德输入引起的，而是不能调和新旧道德所致，所以如何将中西文明熔铸一起，以创造本国的文明，是当时急需解决的问题。

杜亚泉认为西洋社会的道德，"乃从人与人之关系间，规定其行为之标准，故多注意于公德，而于个人之行为，则放任自由，凡图谋自己之利益，主张自己之权利，享用自己之财产，皆视为正当，而不能加以非难，资本家之跋扈于社会，盖由于此"。而我国社会更注重个人之私德，"即在拘束身心，清心寡欲，戒谨于不睹不闻之地，为己而不为人，故于个人私德上兢兢注意。凡孜孜于图谋自己利益，汲汲于主张自己权利，及享用过于奢侈者，皆为道德所不许"。②通过作者对中西道德的对比可知，我国社会在个人私德的教育方面较为注意，而在社会公德培养方面明显不如西方社会。因此，"吾国固有之文明，正足以救西洋文明之弊，济西洋文明之穷者"。钱智修所谓的"消极道德"与文明的"动静说"，既有相似之处，又有所发展。"消极者，对于积极而言者也。凡物之毗于动者，时谓之积极。物之毗于静者，时谓之消极。"认为消极道德的精髓在于个人知廉耻，而消极道德也有缺点，需要输入欧美的新道德如自由平等、优胜劣汰、权力竞争来补救。至于补救之法，作者认为"处现今之

---

① 高劳：《国民今后之道德》，《东方杂志》第 10 卷第 5 号。
② 伧父：《静的文明与动的文明》，《东方杂志》第 13 卷第 10 号。

世界，必不能予智自雄，袭中学为体西学为用之谬说，而当熔冶东西之文化于一炉，亦时势所必然也"。①

《东方杂志》认为，东西方之间的文明，各有特点，互有短长。在道德上，西洋社会任个人、讲公德，且长于力行。而中国社会讲群体、讲牺牲，讲先人后己，重个人修为，但缺乏国家观念。中国人讲理性，而西方人重感性，中国人讲吃苦耐劳，西方人重享乐和刺激，中西之间道德上的差异为双方互补学习提供了条件。作为当时社会发展落后的国家，学习西方是应有之义，通过学习西方的力行精神和现代道德，以"实现吾人之理想生活"②，是中国道德重建的必由之路。《东方杂志》主张采取调和统整的方式来解决中西道德的差异问题，即未来中国新道德的建设是以中国固有的优秀传统道德为基础，吸纳并调和西方的现代道德，通过中西文化的调和统整来完成的。中西文化统整说是《东方杂志》在处理中西道德问题上的宏观理论依据和基本原则。

（五）对《东方杂志》伦理问题的评价

《东方杂志》在对待中西伦理道德的问题上主张调和创新。在取向上提倡中西兼取，认为："救济之道，在统整吾固有之文明。其本有系统者则明了之，其间有错出者则修整之。一面尽力输入西洋学说，使其融合于吾固有文明之中。"③ 在内容上主张中西融合创新，"熔冶东西文化于一炉，亦时势所必然也"④，"昌明国学，与世界之文明，融洽调剂，诚为吾国民之天职"。⑤ 这种温和、渐进的改良观为当时大多数人所赞同，也启发了人们对于道德问题的进一步思考。《东方杂志》这种略显保守的思想以及道德建设的思路，为后来与《新青年》的论战埋下了伏笔。道德问题是五四新文化运动中争论的

---

① 钱智修：《消极道德论》，《东方杂志》第10卷第4号。
② 伧父：《战后东西文明之调和》，《东方杂志》第14卷第4号。
③ 伧父：《迷乱之现代人心》，《东方杂志》第15卷第4号。
④ 钱智修：《消极道德论》，《东方杂志》第10卷第4号。
⑤ 伧父：《精神救国论》，《东方杂志》第10卷第2号。

焦点，也是判定文化激进主义与文化保守主义的标尺。

　　《东方杂志》主张以调和方法、在对传统道德有所保留的情况下建设新道德，是站在当时的时代语境，面对民国初年中国的困局与乱象而提出的建设性意见，显示了其关注民族存亡、国家发展前景的人文情怀，以及以传统文明融会西方文化的自信与自觉。因此，它既不是"保守""顽固"，更遑论"反动"。但是，《东方杂志》派知识分子的愿望和道德构想尽管非常美好，但在较短的历史时段中，不仅改变不了弱肉强食的世界政治格局，同样也改变不了武人政客的政治逆流，并且处处显示出与中国政治现实的某种疏离。相较而言，以《新青年》为代表的知识分子虽然态度激进，在对待传统道德上亦有失偏颇，但却以其鲜明的旗帜引领了潮流。

　　总之，《东方杂志》自创刊便对道德问题给予了持续的关注与探讨。在民初道德失范时，它始终以宽容、自由、审慎、理性的态度思考如何重建新道德，于不断的探索中，找到了调和统整的路径。如今我们站在新时代的时间点上去看，这种调和与接续的方法，与其说是保守，不如说是保护中华民族优秀文化的责任感使然。在这些文章的字里行间，我们感受到了《东方杂志》的编辑群体强烈的民族文化自信心和自豪感，以及那种急切探求中国文化发展正途的不懈思考与努力，尽管这种思潮后来受到抑制，但它作为一股强大的思想潮流，对于当代的文化建设与发展依然具有强烈的启示意义。

第四章　中西文化论争与中国文化转型

20世纪初中国文化的现代转型主要是通过政治运动和文化争论来推动的，1918年前后的东西文化论争是其中最具影响力的一次，而这次论争的主角之一就是以《东方杂志》为主的所谓东方派知识分子。本章将对这场论争与中国文化的现代转型之间的关系进行探讨。

一　《东方杂志》与《新青年》的文化论争

关于东西文化论争这一问题，学术界的研究已经有很多了，有从新闻传播角度论述的，有从历史角度论述的，还有从文学角度论述的……而且，无论是研究《东方杂志》还是《新青年》，又或是研究这场东西文化论争，学者们都会或多或少地提到以杜亚泉为代表的《东方杂志》与以陈独秀为代表的《新青年》。这方面的成果很多，这里不多做评述。

"从辛亥到五四，中国发生了不少大事，譬如中华民国创立，清帝退位，袁世凯当选临时大总统，南京临时政府北迁，'二次革命'，日本提出灭亡中国的'二十一条'，洪宪帝制的出笼，护国运动爆发，袁世凯被迫取消帝制，张勋、康有为等拥溥仪复辟，孙中山等人在广州组织护法军政府，护法运动兴起，第一次世界大战结束，中国代表在巴黎和会上提出山东问题说帖，五四运动爆发，等等。"① 在这样混乱的历史背景、政治背景下，必然会导致思想文化上的纷杂，东西文化论争就在这样混乱的历史背景下产生了。

（一）论争前期：东西文化之差异与优劣

这场论争在前期讨论的核心问题是东西方文化的差异是什么以及孰优孰劣。其实，国人学习西方的过程源远流长，从鸦片战争时魏源提出的"师夷长技以制夷"，到洋务运动的倡导者们提出的"中学为体，西学为用"，再到康有为等人在变法维新中仿效西方主张君主立宪制，再到辛亥革命建立了中华民国，国人对西方的学习从未停止过，且每个阶段有不同的侧重点。从1840年到民国建立，中国人在中西文化对照中探索救国救民的道路已经70年，先辈们的探索与失败，为后人留下了宝贵的经验和教训，自然也造成了不同的派别，为民国后的论争埋下了伏笔。

东西文化论争的前期主要发生在以杜亚泉为代表的《东方杂志》与以陈独秀为代表的《新青年》之间，前期的论争还可分为两个小阶段，即论争未开始之时和论争过程之中。

"在论战未开始之前，双方都在罗列东西文化的差异，并进而比较其优劣。"② 杜亚泉在《东方杂志》上发表了多篇文章来论述东西文明的不同、优劣，并鼓励国人不要抛弃我国的传统文化，要学会取长补短。在《东方杂志》1915年第12卷第10号上，杜亚泉以"高劳"为笔名发表了《吾人今后之自觉》，文中指出"故奋斗之意味，与西洋微有不同。在西洋不能不采侵略主义者，在吾国则必当避免之"，并且还论述了西洋进化论的弊端。1916年第13卷第10号上，杜亚泉又以"伧父"为笔名发表了《静的文明与动的文明》，这篇文章更加详细地介绍了东西文明之间的差异。杜亚泉指出"西洋文明与吾国文明之差异，即由于西洋社会与吾国社会之差异，至两社会差异之由来，则由于社会成立之历史不同"，其中有两个重要

---

① 周武：《张元济与五四新文化运动》，《史林》1998年第2期。
② 任建树：《陈独秀大传》第3卷，上海人民出版社2012年版，第118页。

的点:一个是"西洋社会由多数异民族混合而成",而我国社会虽也有很多少数民族,但是却能够有所统一;另一个是"西洋社会发达于地中海岸之河口及半岛间,交通便利,宜于商业",而"吾国社会发达于大陆内地之黄河沿岸,土地沃衍,宜于农业",以上是东西文明成立时在历史、地理及社会上的不同。而"影响于社会之文明者,差异自必更多",这些差异杜亚泉主要列举了五条。最后,杜亚泉认为西洋文明是动的文明,而我国文明是静的文明,并最终得出结论,"故西洋之动社会亦受世界多数静社会之给养而产出者"。1917年第14卷第4号,杜亚泉发表《战后东西文明之调和》,署名为"伧父",在这篇文章中,杜亚泉主要论述了东西文明在经济目的以及道德观念方面的差异,并鼓励我们要有自觉与自信。最后杜亚泉指出,"在实现吾人之理想生活,即以科学的手段,实现吾人经济的目的,以力行的精神,实现吾人理性的道德,以主观言,为理想生活之实现,以客观言,即自由模范之表示也"。

而以陈独秀为代表的《新青年》自1915年9月15日创刊之时,就开始了"全盘西化"的论调。在第一期上,陈独秀发表了热情洋溢、积极向上的《敬告青年》,指出"青年如初春,如朝日,如百卉之萌动,如利刃之新发于硎,人生最可宝贵之时期也。青年之于社会,犹新鲜活泼细胞之在人身。新陈代谢,陈腐朽败者无时不在天然淘汰之途,与新鲜活泼者以空间之位置及时间之生命。人身遵新陈代谢之道则健康,陈腐朽败之细胞充塞人身则人身死;社会遵新陈代谢之道则隆盛,陈腐朽败之分子充塞社会则社会亡"[1],这篇文章虽然没有明显的东西文明的差异、优劣之分,但我们从"新鲜活泼"与"陈腐朽败"这样的字眼中可以看出陈独秀认为西洋文明是新鲜活泼的,而我国文明则是陈腐朽败的,中西之间孰优孰劣也可以看出。同样于1915年9月15日发表在《青年杂志》上的《法兰西人与近世文明》,陈独秀大力宣扬西方的"人权说""生物进化

---

[1] 陈独秀:《敬告青年》,《青年杂志》第1卷第1号。

论""社会主义",反而认为"代表东洋文明者,曰印度,曰中国。此二种文明虽不无相异之点,而大体相同,其质量举未能脱古代文明之窠臼,名为'近世',其实犹古之遗也"①。接着,于1915年12月15日发表的《东西民族根本思想之差异》则很详细地分析了东西文明之间的差异。在这篇文章中,陈独秀主要讲述了三个差异,即"西洋民族以战争为本位,东洋民族以安息为本位""西洋民族以个人为本位,东洋民族以家族为本位""西洋民族以法治为本位,以实利为本位;东洋民族以感情为本位,以虚文为本位",并指出"东西洋民族不同,而根本思想亦各成一系,若南北之不相并,水火之不相容也"②。当然,除此之外,陈独秀还论述了中西文明在伦理道德、教育等方面的差异与优劣情况。由此可以看出,陈独秀觉得中国传统文明中是存在很多弊病的,而西洋文明是完美无缺的,其心中的东西文明与杜亚泉心中的东西文明还是存在很多差异的。当然,还有很多人发表了自己的意见,但大都或支持杜亚泉或支持陈独秀,在这里不再一一赘述。

在前期的第一阶段中,双方可以说是处于"火山休眠期",各自阐述己方的观点。直到陈独秀在1918年9月15日的《新青年》上发表了《质问〈东方杂志〉记者——〈东方杂志〉与复辟问题》,才导致了"火山的爆发",使论争进入前期的第二阶段。该文主要是对1918年4月、6月发表在《东方杂志》上的三篇文章,即《迷乱之现代人心》、《功利主义与学术》和《中西文明之评判》所进行的质问与批判。

在《质问〈东方杂志〉记者——〈东方杂志〉与复辟问题》中,陈独秀罗列了16条质问,其中对杜亚泉的《迷乱之现代人心》所进行的质问与批判最为详细具体。首先,《中西文明之评判》这篇文章译自日本杂志《东亚之光》,这篇文章中有很多辜鸿铭的观点,如

---

① 陈独秀:《法兰西人与近世文明》,《青年杂志》第1卷第1号。
② 陈独秀:《东西民族根本思想之差异》,《青年杂志》第1卷第4号。

第四章　中西文化论争与中国文化转型

"欧洲人在学校所学者，一则曰知识，再则曰知识，三则曰知识。中国人在学校所学者，为君子之道……善者为我中国人之所发见，欧人当学之于我"。辜鸿铭属于守旧一派，而正是凭借这一点，陈独秀将杜亚泉及《东方杂志》"打入"了复辟一派，"《东方》记者其与辜为同志耶？敢问？"接着陈独秀质问了钱智修的《功利主义与学术》。钱智修认为"功利主义，以最大多数说为万事之标准。故其论学术之效用，既以多数人之享受为衡，其评学术之优劣，亦以多数人之意见为断。此亦足以挫真材之气，而阻厄学术之进步者也"[①]，而陈独秀对此进行了六条质问，其大意就是尽管自己是同意功利主义的，但钱智修的这篇文章有很多漏洞。然后，陈独秀主要对杜亚泉的《迷乱之现代人心》进行了质问，多达七条，而且占了很大的篇幅。杜亚泉这篇文章认为，我们"决不能希望于自外输入之西洋文明，而当希望于己国固有之文明，此为吾人所深信不疑者"[②]，并认为西洋文明是断片的文明，不及我国固有文明。陈独秀就杜亚泉的这篇文章中的一些段落，着重进行了质问，希望杜亚泉能够看清中西文明间的优劣。

1918年12月15日，杜亚泉对陈独秀的质问进行了回答，即《答〈新青年〉杂志记者之质问》，回答共分十条。关于是否与辜鸿铭为同志的质问，杜亚泉是这样回答的，"夫征引辜氏著作为一事，与辜同志为又一事。二者之内包外延。自不相同"[③]。关于对《功利主义与学术》这篇文章所进行的质问，杜亚泉也有所回答，在回答的时候也结合了一些生活、社会上的例子，并指出《新青年》所主张的功利主义与《东方杂志》所主张的功利主义是不相同的，陈独秀是取片面之意，得出了片面的结论。而对自己文章的质问，杜亚泉也认为陈独秀是断章取义，"凡此皆《新青年》记者自己推想之

---

① 陈独秀：《质问〈东方杂志〉记者——〈东方杂志〉与复辟问题》，《新青年》第5卷第3号。
② 伧父：《迷乱之现代人心》，《东方杂志》第15卷第4号。
③ 伧父：《答〈新青年〉杂志记者之质问》，《东方杂志》第15卷第12号。

误"。这样的回答陈独秀并不满意，在1919年2月15日发表了《再质问〈东方杂志〉记者》，同样有十条质问，而对于是否与辜鸿铭为同志的问题，陈独秀再发疑问，"若征引他人之著作，以印证自己之主张，则非同志而何"[①]，对于其他的回答，陈独秀或认为其回答笼统，或认为其回答矛盾，总之自己不满意。杜亚泉此后未再作出回复，这样如火如荼的论战告一段落。

（二）论争插曲：关于"杂志"的争论

除了在东西文化差异、优劣上的论争外，在杂志的界定、杂志的职务等方面双方也有所论争，这次论争也是陈独秀影响下的"新潮派"青年人率先发起的。1919年4月罗家伦在《新潮》杂志上发表了《今日中国之杂志界》，对商务印书馆发行的众多杂志进行了严厉批评。首先，罗家伦提出"西洋的定期出版品，或曰Review，或曰Monthly，或曰Weekly种种。而以上几种常用的名词之中，并没'杂'的意思，所以中国人学日本人把各种定期出版品都叫'杂志'，是有点不妥当的"，这是罗家伦对"杂志"定义所作的区分。其次，罗家伦将社会上的杂志进行了分类，包括"官僚派"杂志、"课艺派"杂志、"杂乱派"杂志、"学理派"杂志四种，其中"学理派"杂志又可分为"脑筋混沌的"和"脑筋清楚的"两种。而罗家伦毫不留情地将《东方杂志》归为"杂乱派"杂志的代表，"这个上下古今派的杂志，忽而工业，忽而政论，忽而农商，忽而灵学，真是五花八门，无奇不有。你说他旧吗？他又像新。你说他新吗？他实在不配"[②]。这样的批评是很苛刻的，不留情面的，而且罗家伦还将商务印书馆其他的一些杂志，如《教育杂志》《妇女杂志》等归为"脑筋混沌的"杂志。最后，罗家伦对于办杂志发表了自己的六条看法，其中在第五条，杂志"要有统系的记事"中，罗家伦又再次批评了《东方杂志》，称《东方杂志》里面"虽有国内外的大

[①] 陈独秀：《再质问〈东方杂志〉记者》，《新青年》第6卷第2号。
[②] 罗家伦：《今日中国之杂志界》，《新潮》第1卷第4号。

事记，但是都是断烂的朝报，毫无意识"，并希望《东方杂志》将文苑、杂俎等栏目去掉。综观罗家伦的这篇文章，我们可以感受到罗家伦的偏见，在贬低《东方杂志》的同时，却大加赞赏自家的杂志，如"两卷以前的《新青年》里有许多国内外大事记是很好的，现在为体裁所限没有了；现在有而且好的，只有《每周评论》一种"①，其偏见与自傲程度可想而知。

随后，《东方杂志》在1919年7月15日，发表了景藏的《今后杂志界之职务》，对罗家伦的批评进行了反驳。景藏论述了杂志有广狭两个意义，其实也就是反驳了罗家伦批评《东方杂志》太过于杂的观点，接着景藏论述了杂志的职务以及今后杂志界的职务，劝诫大家"勿尚一时之意气"。景藏的这篇文章对于罗家伦的偏颇有很大的矫正作用。同时，景藏的这些意见与建议，如不要故步自封、不要顽旧、要理论与方法并重等等，也是很公正合理的，对杂志的认识也深刻、中肯。

（三）论争中期：新旧调和之争

东西文化论争到了中期，主要集中于新思想与旧思想能否调和的问题。杜亚泉于1919年9月15日发表在《东方杂志》上的《新旧思想之折衷》援引罗家伦在《今日中国之杂志界》中批评《东方杂志》的话，即"你说他旧吗？他又像新。你说他新吗？他实在不配"，来表明新旧二字在现时的意义。杜亚泉认为"盖新旧二字，本从时间之观念发生，其间自含有时代关系，时代不同，意义亦异"，他从戊戌变法与欧战这两个时代背景出发，为我们解释了新与旧。他在支持新事物的前提下，指出所谓旧的东西并非都是不好的，偏向于新旧折中。没过多久，章士钊在全球中国学生会上的演说中提出了"新旧杂糅"的新旧调和论，即"固仍是新旧杂糅也，此之谓调和。调和者，社会进化至精之义也。青年者……亦尽心于调和之

---

① 罗家伦：《今日中国之杂志界》，《新潮》第1卷第4号。

道而已"①，这次的演说在当时产生了很大影响。张东荪发表《突变与潜变》《答章行严君》等文章予以回击，指出"守旧论不足阻害新机，而调和论最是危险"②。蒋梦麟在自己的文章《新旧与调和》中也予以反驳，他认为新思想是一种态度，"是求丰富生活，充分愉快的知识活动的态度，不是一个方法，也不是一个目的。旧的方面是对于这新态度的反动，也并不是方法，不是目的。新旧既不是方法，又不是目的，所以不是两个学派。两个学派之中能容调和派，新旧之间是用不着调和派的"③。针对蒋梦麟的观点，杜亚泉发表了《何谓新思想》，指出"必如何而后可谓之新思想乎，曰思想者，最高尚之智识作用，即理性作用，包含断定推理诸作用而言。外而种种事物，内而种种观念。依吾人之理性，附之以关系，是之谓思想。新思想者，依吾人之理性，于事物或观念间，附以从前未有之关系。此关系成立以后，则对于从前所附之关系，即旧思想而言，谓之新思想"④。蒋梦麟又同样写了一篇《何谓新思想》予以回复。此时，陈独秀也发表了《调和论与旧道德》来论述自己的看法，他认为调和论的这种现象是"文化史上不幸的现象，是人类惰性的作用……这等万有不齐新旧杂糅的社会现象，乃因为人类社会中惰性较深的劣等分子，不能和优级民族优级分子同时革新进化的缘故"⑤。由此我们可以看出论争双方的主要观点无非是新旧能否调和的问题。

在论争后期，梁启超的《欧游心影录》与梁漱溟《东西文化及其哲学》相继发表，使这场论争又进入了一个高潮，但是在论战后期基本未涉及杜亚泉与陈独秀，遂在本文中不再论述后期的论争。

（四）陈独秀意气相争与杜亚泉温和相待

关于"意气"，杜亚泉在《东方杂志》1916年第13卷第4号发

---

① 章士钊：《新时代之青年》，《东方杂志》1919年11月15日第16卷第11号。
② 张东荪：《答章行严君》，《时事新报》1919年10月12日。
③ 马勇：《赶潮的人：蒋梦麟传》，东方出版社2015年版，第202页。
④ 杜亚泉：《何谓新思想》，《东方杂志》第16卷第11号。
⑤ 陈独秀：《调和论与旧道德》，《新青年》1919年第7卷第1号。

表的《再论新旧思想之冲突》一文中，论述了人们对新与旧呈现不同看法，有先天与后天的原因，其中意气与利欲属于后天原因。杜亚泉指出意气是我国国民性质的弱点之一（另一个是利欲），"意气所加，不但是非有所不问，并利害亦有所勿顾矣"，当意气充满我们的思想的时候，我们就没有心思考虑是非或是利害问题了，就可能造成不好的后果。杜亚泉在文章的最后用特大字号表明自己的观点，即"记者以为吾国他日而果至于灭亡焉，则其灭亡之原因，决不在于维新，亦决不在于守旧，而在此利欲与意气之二弱点而已"。以此来看，陈独秀于1918年9月15日发动的与杜亚泉的论争就带有意气之争的味道。

就陈独秀的两篇质问文章来看，言辞非常激烈。在第一篇的质问当中，陈独秀连用了多个"敢问"来质问杜亚泉，而且文章题目用"质问"两字，可以看出陈独秀气势上咄咄逼人，不留情面。更重要的是，此文的副标题将《东方杂志》与"复辟"两字连在一起，将《东方杂志》打上了"复辟"的标签，而"复辟"两字在当时是很敏感的，民众对这一词是非常反感的。就这样，陈独秀先发制人，将杜亚泉以及《东方杂志》置于很被动的地位。在文章的最后，陈独秀还不忘挖苦、讽刺一番《东方杂志》的记者，"慎勿以笼统不中要害不合逻辑之议论见教；笼统议论，固此前《东方》记者黄远庸君之所痛斥也"。在陈独秀的第二篇质问文章中，虽然没有前一篇刁钻，但仍然可以看出陈独秀意气之盛，文中是这样说的："前以《东方杂志》载有足使共和政体根本撼动之论文，一时情急，遂自忘固陋，竟向《东方》记者提出质问。"自己都觉得不应该质问了，反而又来了一篇《再质问〈东方杂志〉记者》。当然，除了这两篇正面交锋的文章能够看出陈独秀的意气，他的其他一些文章也能够看出他的意气之盛。

而杜亚泉自始至终都属于"温和的改革派""稳健派"。在《再论新旧思想之冲突》中，杜亚泉从知识与情感两方面出发论述了四种类型的人。第一种是知识明敏感情热烈者，这种人常为革新之魁。第二种是知识蒙昧情感冷淡者，这种人经常是守旧的。第三种是知识蒙昧感情热烈者，这种人表面是革新之先锋，但很可能转变为守旧者之傀儡。第四种就是知识明敏情感冷淡者，这种人"实际上为革新之中坚，而徘徊审慎不肯轻弃旧习惯，反似为笃于守旧者"。杜亚泉将自己归于"稳健"一派，所以对于陈独秀的质问的回答很有大家风范，如用了"未当研究，兹勉作解答，于逻辑或未有合焉"等等一些字眼，可以看出杜亚泉温和的性格。

那么，为什么陈独秀和杜亚泉对待论争的态度截然相反呢？首先，这是二位性格使然。胡适曾评价陈独秀为"终身的反对派"，章士钊也曾评价他为"不羁之马，奋力驰去，不峻之坂弗上，回头之草不啮，气尽途绝，行与凡马同踣"①，而陈独秀也曾提到"有人称赞我嫉恶如仇，有人批评我性情暴躁，其实性情暴躁则有之"②，由此，我们可以知道陈独秀之性格比较暴躁，所以会有一种偏激、任性的情绪，而这也自然而然地体现在了他的文章当中，尤其是与杜亚泉相互论争的文章中。而杜亚泉本身性格温和，同时又深受儒家中庸思想的影响，即"万物并育而不相害，道并行而不相悖"，"儒家所倡言的中庸之德，是一种不偏不倚，在两端之间择乎其中的理想性格和人生态度"③，而"宽容调和、力避偏宕的中庸精神，可谓杜氏思想的一个显著特点"④，因此论争中杜亚泉也始终表现得那么温和而宽容。

其次，陈独秀向杜亚泉发起的意气之争，也是一种策略上的运作。"陈独秀的质问文字犀利，充满了战斗激情，但不免有故意树靶

---

① 任建树：《陈独秀大传》，上海人民出版社2012年版，第1页。
② 陈利明：《陈独秀传》，团结出版社2011年版，第8页。
③ 高力克：《杜亚泉多元论思想的现代性》，载《一溪集：杜亚泉的生平与思想》，生活·读书·新知三联书店1999年版，第153页。
④ 高力克：《杜亚泉多元论思想的现代性》，载《一溪集：杜亚泉的生平与思想》，生活·读书·新知三联书店1999年版，第153页。

子之意。"① 在当时那个年代，《东方杂志》是很有影响的一种综合杂志，而刚刚起步的《新青年》则有些弱不禁风，《东方杂志》的读者群很广，读者人数很多，而《新青年》的读者群多集中于一些年轻的学生，所以传播范围有限，而且在1916年和1918年之间，《新青年》经历了两次停刊，足以看出其经营上的困难。所以，陈独秀为了扩大自己杂志的影响力，就将当时享有盛誉的《东方杂志》作为自己提高影响力的"杠杆"。正是因为这场论争，陈独秀和《新青年》扩大了影响，增加了销量，而商务印书馆及《东方杂志》遭受了严重的挫折，销量锐减，"商务销售的杂志从1917年的14.6万元减少到1918年的11.6万元，到1919年初商务积压和滞销的书刊多达60万册"②，在此情况下，《东方杂志》不得不进行改版，不得不撤换主编。

（五）杜陈之论争——走向现代化的两种方式

《东方杂志》和《新青年》双方在立场、观点上的不同，可概括为两个方面。第一，在对待传统文化方面，尤其是伦理道德方面，陈独秀主张全部抛弃，而杜亚泉则主张应有所保存、继承与发展。第二，在对待西方文化上，陈独秀主张全盘西化，而杜亚泉则主张"中西调和论""文化统整论"，即以吾国固有文化来统整西方文化。说到底，双方的分歧还在于如何看待中西文化以及中国新文化应该如何建设的问题。换句话说，中国的现代化之路应该怎么走，中国在发展过程中怎样处理中西文化的问题。

现代化是自鸦片战争以来中国社会所面临的时间最漫长的政治问题和思想问题，也是最大挑战与机遇。所谓现代化，是指"人类社会从工业革命以来所经历的宏观社会变迁，这一变迁以现代工业科学和技术革命为推动力，引起传统的农业社会向现代工业社会、

---

① 王代莉：《五四前后文化调和论研究——以杜亚泉和〈东方杂志〉为中心的考察》，博士学位论文，中国社会科学院，2009年。

② 周武：《商务印书馆与五四新文化运动》，《社会科学》1999年第5期。

信息社会大转变。它在改变社会物质生产的面貌的同时，也深刻改变整个社会结构、人的社会关系、人们的生活方式和思维方式"[1]。自鸦片战争、洋务运动、维新运动、辛亥革命，再到杜亚泉与陈独秀之间发生论争的五四时期，我们可以看到中国的现代化经历了一个很漫长的过程，其中掺杂着各种不同的声音，构成一个众声喧哗的文化景观。杜亚泉的《东方杂志》与陈独秀的《新青年》之间的论争再次将中国现代化的问题摆在了世人面前。

迈向现代化有多种的可能性，有洋务运动的经济现代化，戊戌变法和辛亥革命的政治现代化，也有梁启超的"新民"以及五四个性解放等多种文化现代化，在政治、经济、文化三者之间，尤以文化现代化最为复杂。杜亚泉与陈独秀分别代表了两种不同的现代化之路。

杜亚泉主张在民国建立、基本实现政治现代化的前提下，坚持走中西调和之路，以中国固有文化为基础，充分吸收西方文化的优点，经过文化统整化合以使中国实现现代化，走上富国强兵的道路。在此过程中，杜亚泉更多地看到了中国文化的优点及其不可撼动的固本功能，对西方文化更多的是看到其在欧战中表现出来的不足，试图通过理想的方式实现双方优势互补，重建中国新文化。而陈独秀抱定改造社会的急切之心，更多地看到西方文化的优点和中国传统文化的缺点，主张以全盘西化的激进态度，否定中西文化调和的可能，认为"欧洲输入之文化，与吾华固有之文化，其根本性质极端相反"，中国传统文化与西方文化是绝对不能够"共处"的，因此重建中国的新文化必须抛弃一切旧文化、固有文化，让西方文化发挥最大的作用。这是两种不同的现代化之路：

> 杜亚泉走的是一条"自主革新"之路，他相信中国固有文化的更生能力，希望它以其超强的吸纳和统整能力，在西方文

---

[1] 周积明：《晚清西化（欧化）思潮析论》，《天津社会科学》2002年第1期。

化的刺激补助下，实现民族文化的变革新生，进而实现中华民族的伟大复兴；陈独秀走的是一条"引进革新"之路，他虽然肯定中国固有文化在历史上所起的作用，但于当今社会则是"不徒无益而且有害"，因此希望以换血断臂式的移植方式，全面引进西方现代文化，以实现中国与世界的接轨，进而实现民族独立富强和文化的更新。形象地来说，中国就好比一座大房子，陈独秀的方法是将房中一切旧有的家具全部清理出去，全部换成西方的新式家具和装修风格，而杜亚泉的方法则是在保留旧有家具和风格基本不变的前提下，适当添进几件西洋的小摆设，如钟表之类。两人的设计理念和装修的风格不一样，但都是为了使房子更漂亮，杜氏的风格正如《东方杂志》的名字一样有古雅之风，陈氏的风格则如《新青年》的名字一样更显时尚之气。①

但如果仔细考察双方的观点，可以发现双方观点背后的逻辑其实是一样的。首先，双方都承认中国的现代化必须在中西文化交流的背景下展开，故步自封，单纯依靠中国和西方一种文化不可能实现中国的发展。双方的分歧只在于中西文化的占比问题。其次，双方都出于振兴中华和发展中国的目的，只是发展和振兴的路径方法不同，所以双方的论争虽有意气之嫌，但更多的还是出于公心。

时过境迁，再回首当年《东方杂志》与《新青年》的这场论战，它不仅反映了那个时代人们对社会中心议题的关切，而且对于当下时代仍有很重要的意义。在五四运动过去一百年之后，在我们正在坚定"四个自信"的时候，陈独秀和杜亚泉有关东西文化的论争仍可以给我们很多启发，文化自信必须建立在中国优秀传统文化的基础上，文化自信必须建立在对中国文化创生能力的自信之上，必须建立在中国人民勇于探索奋斗不息的基础之上。

---

① 王勇：《〈东方杂志〉与现代中国文学》，中国社会科学出版社2014年版，第98页。

二 论争对文化转型的意义

发生在五四时期的东西文化论争,主要围绕着《东方杂志》和《新青年》两个刊物展开,前文已经对论争的情况做了简单的回顾与描述,对于这场论争的意义,前人也从不同的角度进行了考察,笔者在这里也不作详细评述,只谈谈自己对这个问题的理解。但这个理解必须建立在这样的前提之下,即这场论争已经过去了整整一百年,一百年也算得上是一个长时段了,所以站在百年后当下的时代背景下再回看当年的那场论争,视野自然会更开阔、更理性,有些问题看得也更深入。因此,笔者主要从以下四个方面来谈这场论争对于中国社会和文化发展的意义。

(一) 论争辨明了中国社会发展的方向

中国社会是一个超稳定性社会,尽管封建时代政权更迭,分分合合,但中国文化的血脉却在不断壮大,中国文化的稳定机制始终发挥着强大的作用,皇权统治下的大一统始终是中国社会的政治常态,儒家文化始终占据着中国文化的统治权。然而,鸦片战争的发生,打破了中国人天朝上国的幻梦。面对西方社会新兴的工业文明,以农耕为主的中华文明遭遇了自存在以来的最大危机。在一次次的失败中,中国人在"师夷长技以制夷"的救亡智慧下开始了救亡之路,从技术到制度再到文化,一路学来,中国既有收获,也有许多失败的教训。特别是民国建立后,推翻了帝制,在从技术与制度都已经从西方学来并在实践中取得初步成效的情况下,下一步中国的发展之路应如何走,就成为摆在国人面前的重要问题。是重回老路,再行帝制?还是坚持民国,继续革命?袁世凯称帝和张勋复辟等倒行逆施的闹剧证明了中国已经不可能再重回老路。那么在坚持民国,继续发展的问题上,同样面临着不同的选择,是像东方派知识分子那样走调和之路,还是像陈独秀等人那样走激进西化之路?这场论争就是这样一个在坚持民国的前提下有关发展路径的论争。论争的结果和后来的事实证明了陈独秀等所代表的路线的正确性,《东方杂志》被迫改版后回归到继续以开放的姿态走西化的路径上来。

所以说,这场论争辨明了中国社会的发展路径和方向,那就是继续以开放的姿态走西化之路,双方通过论争形成了新的共识,统一了知识界的思想。但同时,这场论争也形成了另一种共识,那就是逐渐强化了马克思主义和社会主义的认识。《东方杂志》在五四前后大量介绍了社会主义和马列主义的理论,这些内容前文也已经做过考察。杜亚泉在《个人之改革》一文中提到"吾侪之社会主义,当以个人主义发明之",虽是倡导个人主义,但也谈到社会主义,虽然他所说的社会主义与我们现在的理解并不相同,但至少说明他受到了社会主义思想的影响,认同了社会主义的基本理念。1920年改版后的《东方杂志》也发表了很多有关列宁和苏联的文章。而《新青年》杂志也在李大钊的主持下出版了马克思专号,并在1919年五四运动之后迅速马克思主义化也是不争的事实。如果说《新青年》杂志在发行的早期还对西方文明赞不绝口的话,甚至巴黎和会前还对美国总统威尔逊抱有好感和幻想的话,那么巴黎和会上的失败让国人和知识分子们开始认识到西方的虚伪,并开始转向苏俄,《新青年》的迅速左转正是时代变化使然。从这里我们看到了《东方杂志》和后期《新青年》在宣传马克思主义和社会主义方面的共同性、一致性。五四前大力宣传社会主义的《东方杂志》和五四后投入马克思主义怀抱的《新青年》终于找到了双方的共同点,因为马克思主义和社会主义是当时最新型的文化,代表了世界文化发展的潮流。昔日的论争对手此刻握手言和,共同引领中国文化的发展方向。

(二)论争实现了戊戌和五四两代人的代际轮替

社会的发展是由一代一代人接力完成的,因此在社会发展上,代际轮替也是非常正常的现象,然而在代际轮替过程中并不是你情我愿的自然接棒,时常伴有论争、甚至流血冲突,这也是很正常的事情。

《东方杂志》与《新青年》的论争中，除了东西文化的优劣、调和之争外，新旧思想、新旧道德之争等也频繁出现，而"旧"指的是中国固有的思想文化观念，"新"代表的是引进的西方新见，新旧之争其实也是中西之争的深层衍生命题。在《东方杂志》与《新青年》论争期间，一大批学者参与论战。陈平原先生曾说的"活跃在1880年至20世纪30年代，这半个世纪的文人学者，大致可以分为'戊戌的一代'和'五四的一代'，前者如黄遵宪、林纾、康有为、梁启超、谭嗣同等，后者有蔡元培、陈独秀、鲁迅、周作人、胡适等。这的确是两代人，可思想学说以及文学趣味上有大量重叠或互相衔接的成分。正是这两代人，共同创造了我们今天所再三评说的'新文化'"①。这样的划分很有必要，这两代文人对西学态度一直有明显的区别，这场论争就像是新旧交替的一场文化仪式，在此之后"戊戌一代"迅速式微，"五四一代"开始引领文坛。

1842年魏源在《海国图志》中提出"师夷长技以制夷"，一个"夷"字说明时人自上而下的审视角度，也体现出早期国人对待西方文化时骨子里透出的"中优西劣"态度，这样的词语在"戊戌一代"文人的著述中俯拾皆是。这一时期成长起来的知识分子由于身份、经历的限制，"天朝上国"的思维定式明显，心理优越性强，所以面对西方列强时均持一种敌视或轻视心理来对待中西间的差距，但这一代人在晚清仍然是站在时代前列的思想先锋。经历了晚清民初的社会巨变之后，再加上这些人年龄的增长，到了五四时期"戊戌一代"几乎都成了中西调和论的坚守者。

"五四一代"知识分子很多人有留学国外的经历，不光接受了西学的系统教育也体验过西方的社会生活，所以对西方文化有了更多的认同，同时也对中国文化的弊病有了更多清醒的认识，对中国社会的变革也有了更新的思路。他们已经完全克服了上一代人根深蒂

---

① 陈平原：《触摸历史与进入五四》，北京大学出版社2009年版，第4—5页。

固的"中优西劣"或"中体西用"的观念，开始用更热情的姿态来拥抱西方文化，用更开放的视角来欢迎西方文化，以至于长期以来被人称为"全盘西化派"。

《东方杂志》和《新青年》的这场论争就像在民初的思想界、文化界、教育界刮起了一场飓风，加速并最终完成了中国文化的现代转型，从某种程度上讲，《东方杂志》与《新青年》的论争是国人心理由"中优西劣""中体西用"向"西优中劣""西体中用"转变的分水岭，也是新旧文人群体的交接仪式，自此"戊戌一代"逐渐退出人们的视野，"五四一代"开始引领文坛，中国文化也在他们的"运动"中逐渐实现向新文化的转型。

（三）论争体现了中国文化运演的基本规律

皮亚杰在《发生认识论原理》中提到了"运演"的概念，按照皮亚杰的理论：人的主体认知通过不断的建构一步步向前发展，而经受外部刺激后，主体认知会通过同化和调节适应新的环境①。中国文化在近代以来接受到西方文化的刺激后，有的人主张同化，有的人主张调和，再加上政治社会环境不断恶化，所以近代以来中国文化总是处在不断地调适之中，运演的路径变得难以捉摸。

《东方杂志》本为商业杂志，初以"启导国民，联络东亚"为办刊宗旨，民国后致力于"鼓吹东亚大陆之文明"和科学知识的宣传。《东方杂志》的整体风貌就像是成熟、稳重的老者，论调不求极端，以传播新知为主要目的。编辑杜亚泉不仅在宣传现代科学知识方面颇有建树，而且在文化建设上也颇多思考，他也被后世推崇为"调和之策"的代表人物之一。

《新青年》的表现则截然相反，处处表现出鲜明的激进特色，以全新的方式推动中国文化的发展。就像王奇生先生分析的那样，新文化是"运动"起来的，"《新青年》与《东方杂志》的角色转换，除了思想取向和社会时势的契合外，也不应忽视《新青年》同人在

---

① ［瑞士］皮亚杰：《发生认识论原理》，王宪钿等译，商务印书馆1997年版。

大众传播层面的策略运作"。① 与《东方杂志》的温和作风不同，以陈独秀为代表的"五四一代"激进文人，把政治革命的热情和思维投入文化转型的实践当中。革命的逻辑是以结果为导向的，过程和方法多表现为极端的言论和论争批判的方式，最后是以轰轰烈烈的方式实现新老之间的权力更替。"五四一代"文人领导的新文化运动是典型的以革命逻辑来推动中国新文化突变式发展的一次尝试。

态度温和稳健的《东方杂志》主张以调和的方式实现文化自主更新的运行逻辑；态度极端激进的《新青年》则提倡以激烈革命的方式推进文化转型。在特殊时期，革命可以快速起效，但在多数时期温和稳健才是发展的主流。《新青年》辉煌一时，很快淡出人们的视野。而《东方杂志》却在论争中适时退让，自我变革求得长久发展，成为后五四时代新文化建设的主力。从短时间的表现上看，《新青年》一方获得胜利，但从长时段看，《东方杂志》一方更有生命力。综合起来看，没有陈独秀和《新青年》那些果敢、决断的革命者，中国文化的现代转型不可能在短时间内实现，同样，如果缺乏杜亚泉和《东方杂志》这样温和稳健的调和者，中国文化也不可能保持稳定和延续，二者就像中国文化发展的两翼，缺一不可。

1993年王富仁先生在《灵魂的挣扎》一书中就对20世纪中国文学有较为中肯的解读，他指出中国文化断裂根本不存在，它只有变异的显隐程度的差别，因此中国近现代文化始终在相互联系而又尖锐矛盾着的两种平衡（即外部平衡与内部自我平衡）的内在制约下发展；在中国文化运演过程中，传统文化心态有其制动性力量可维护中华文化的内在平衡，而慕"外"崇"新"的文化心态力求达到外部的平衡，中西融合的心态是将传统文化与外来文化转化为民族需要的主要力量②。在文化运演的历史长河当中，不管革命逻辑有

---

① 王奇生：《新文化是如何"运动"起来的——以〈新青年〉为视点》，《近代史研究》2007年第1期。

② 王富仁：《灵魂的挣扎》，时代文艺出版社1993年版，第37—66页。

多少拥趸者，调和派有多少批判者，传统文化心态与革命逻辑都会共同影响调和派的开放度，以寻求文化自我更新中的内外平衡。中国文化总以自己的方式运演，即使再激烈的革命思维，也不能压制文化主体的自我更新能力。

（四）论争对当下建立文化自信的启示

中西文化论争中文化运演的非常态的革命逻辑暂获优胜，但被压抑的稳健调和思维却应该是一个文化自信大国理应秉持的一种常态。

1993年，萨缪尔·亨廷顿的《文化冲突论》在美国《外交季刊》上发表，1996年出版《文明的冲突与世界秩序的重建》一书，系统阐述了自己的文化冲突论，在国际上引起巨大的轰动。这本书的核心观点是：未来世界冲突的根源是文化冲突，文化冲突是未来世界和平的最大威胁；全球未来格局正在以文化和文明为界限重新形成，而西方文化也将作为文化景观中的一部分失去其普适性价值，未来世界正在形成七种或八种文明冲突，其中伊斯兰文明和儒家文明可能共同对西方文明进行威胁和挑战[1]。亨廷顿指出西方文化只是一种特殊的文化形态而非普适性的文化，他提倡重新建立文化秩序才是力避文化冲突的有效措施。中国文化历经"五四"之后的百年发展，特别是在中国共产党的领导下，中国人民经历了站起来、富起来到强起来的艰苦历程，不仅实现了国家独立、政治稳定、经济繁荣，而且也坚定了中国特色社会主义的道路自信、理论自信、制度自信、文化自信，特别是随着中国综合国力的提升，世界影响力不断扩大，如何弘扬中华优秀传统文化，如何拓宽中国文化的发展路径，如何展现中国文化的魅力和影响力，成为我们当下必须深入思考的课题。亨廷顿的文化冲突论尽管充斥着西方文化的根深蒂固的偏见，但他预言了中华文明的重新崛起和伟大复兴却是很有预见性的。

---

[1] ［美］萨缪尔·亨廷顿：《文明的冲突与世界秩序的重建》，周琪等译，新华出版社2010年版。

无论是道路自信、理论自信还是制度自信，其实都可以归结到文化自信上。文化自信首先表现为对中国传统文化的自信。习近平总书记在中共中央政治局第十三次集体学习时说："博大精深的中华优秀传统文化是我们在世界文化激荡中站稳脚跟的根基。中华文化源远流长，积淀着中华民族最深层的精神追求，代表着中华民族独特的精神标识，为中华民族生生不息、发展壮大提供了丰厚滋养。中华传统美德是中华文化精髓，蕴含着丰富的思想道德资源。不忘本来才能开辟未来，善于继承才能更好创新。对历史文化特别是先人传承下来的价值理念和道德规范，要坚持古为今用、推陈出新，有鉴别地加以对待，有扬弃地予以继承，努力用中华民族创造的一切精神财富来以文化人、以文育人。"文化自信需要打通中华文化的连续性脉络，重新塑造中国的良好形象，积极主动地参与到世界文化融合的潮流中，同时也要剔除外来文化的不良影响，讲述好中国故事，以从容、和合之态应对纷繁复杂的世界竞争。

在《东方杂志》和《新青年》的东西文化论争中，《东方杂志》和杜亚泉等人因为提倡文化调和论、文化统整论和接续主义而受到批判，实事求是地讲，杜亚泉等人的理论在学理上是正确的，是建立在对中国文化的自信基础之上的。在论争中《东方杂志》一派失败了，因为他们的主张由于中国的贫弱而无法获得实际上的支撑，但百年之后的今天，我们重新审视杜亚泉等人的观点，他们对于西方文化优缺点的认识是深刻的，对于中国文化及其统整能力的自信是值得我们崇敬的。杜亚泉等人的观点中仍有很多值得我们学习和借鉴：第一，要客观公正、科学理性地认识中西文化各自的特点，不能盲目崇拜和迷信一方，更不能一叶障目，只见优点，不见缺点；第二，不能功利主义地对待中西文化，中西文化的交流整合是个漫长的过程，不能指望一蹴而就，文化发展的革命逻辑虽可盛行一时，却难以持久；第三，文化发展必须建立在对传统文化的自信之上，相信中华文化的创造力、统整力和影响力。

2014年10月，习近平在中共中央政治局第十八次集体学习时强调"我们要对传统文化进行科学分析，对有益的东西、好的东西予以继承和发扬，对负面的、不好的东西加以抵御和克服，取其精华、去其糟粕，而不能采取全盘接受或者全盘抛弃的绝对主义态度"。这种态度也正是杜亚泉和《东方杂志》派所坚持的态度。只有以史为鉴，才能开创未来。我们一定要充分认识百年前的那场论争在当下建立文化自信的启示意义。

总之，百年前《东方杂志》与《新青年》之间的这场关于东西文化的论争，既是中国发展道路之争，也是新旧文人群体的交接仪式，不仅体现了中国文化运演的基本规律，也对当下文化发展和文化自信提供借鉴。中国文化自信的建立需要立足中国文化传统，取其精华、去其糟粕，真正打通中华文化的发展脉络，以更加开放的姿态，以创新性思维积极主动地参与到世界文化融合的潮流中，以从容、和合之态致力于人类命运共同体的构建。

三　《东方杂志》的再转型

《东方杂志》与《新青年》的东西文化论争，虽然在学理上双方并没有争出个输赢来，但在实际上《东方杂志》却败下阵来，杂志的声望受到损害，杂志的销量急剧下跌，直接影响了杂志的生存。商务印书馆经理张元济在1918年12月25日的日记中写道："昨与梦仙谈，拟将东方杂志大减。一面抵制青年、进步及其他同等之杂志，一面推广印，借以招徕广告。"[1] 后来又进行了减价促销活动，但都没有什么效果。章锡琛在《漫谈商务印书馆》中回忆道："当时高举新文化运动旗帜的刊物，首先向商务出版的杂志进攻。先是陈独秀在《新青年》上抨击《东方杂志》的反对西方文明、提倡东方文明。接着北大学生组织新潮社的《新潮》发表了罗家伦的《今日中国之杂志界》一文，把商务各种杂志骂得体无完肤。北京大学被

---

[1] 张元济：《张元济日记》（上），河北教育出版社2001年版，第670页。

称为全国最高学府,新文化运动的中心,《新青年》的撰述者多是北大著名教授,校长又是与商务素有关系的蔡孑民。商务受到这样严重的攻击,在文化教育界多年的声誉顿时一落千丈。为了应和潮流,挽救声誉,不得不进行改革;因为杂志最先受到攻击,就从撤换各杂志的编辑入手。"①

(一)被迫之转型

1. 改换主编,发布变更体例预告

商务印书馆旗下的几个杂志纷纷"换血",比如《小说月报》换上沈雁冰主编,成了新文学的主要阵地之一,《学生杂志》和《妇女杂志》等也进行了改版革新。《东方杂志》由陶惺存接替杜亚泉。张元济1919年5月24日的日记中写道:"与梦、惺商定,请惺翁接管《东方杂志》,一面登征文"②,其在10月28日的日记中又提到:"与惺翁、伯训商定数事:请亚泉专管理化部事,《东方》由惺存担任"③,但是陶惺存接任主编仅一年就过世了。继而由钱智修接任,同时胡愈之作为重要的编辑,在转型中也起到了重要的作用。

杜亚泉主编《东方杂志》十余年,为杂志的发展打下了十分坚实的基础,虽然他后来被迫辞职,但也不能否认他对《东方杂志》的功绩。胡愈之后来在追悼杜亚泉的文章中明确地说:"《东方杂志》是在先生的怀抱中抚育长大的",在他手里的《东方杂志》,"凡世界最新政治经济社会变象,学术思想潮流,无不在《东方》译述介绍。而对于国际时事,论述更力求详备……《东方杂志》后来对于国际问题的介绍分析,有相当的贡献,大半出于先生创建之功"。正是在这个巨大贡献的基础上,胡愈之把《东方杂志》看作是杜亚泉平生"著述事业最大的成就"④。

在社会转型的严峻形势下,《东方杂志》如何既能保持自己原有

---

① 章锡琛:《漫谈商务印书馆》,《商务印书馆九十年》,商务印书馆1987年版,第111页。
② 张元济:《张元济日记》(下),河北教育出版社2001年版,第778页。
③ 张元济:《张元济日记》(下),河北教育出版社2001年版,第891页。
④ 胡愈之:《追悼杜亚泉先生》,《东方杂志》第31卷第1号。

第四章 中西文化论争与中国文化转型

的稳健客观风格，又能顺应社会的发展变化，留住读者，以便在竞争中保住其在杂志界的地位，并肩负起新文化传播的重任呢？这是《东方杂志》的高层和继任者必须思考与解决的问题。

《东方杂志》1919年第16卷第12期上刊登了《东方杂志变更体例豫告》：

> 本杂志创刊十六年，向以介绍新知识汇记国内外大事为重要职志，其间亦尝应时势之需要，叠经变更体例。今者世界知识日益进步，本杂志自亦不得不益自策励，以求完善。因自九年十七卷第一号起，将门类酌加增减，虽宗旨无甚改变，而供献读者，自谓颇多便利，并世贤达，尚祈进而教之，今将更易各门类列后：
>
> 一评论　凡杂志必冠以社论者，原为标示宗旨起见，惟长篇论说，征引繁博，在作者虽煞费匠心，而阅者或因职务冗忙，苦难卒读。今以短篇评论居首，论题必择其切要，文字力求浅近，务使读者开卷了然，不费脑力，且间用夹叙夹议之法，以期世界重要各问题，读者得因此以知其真相。
>
> 二专论　此栏首撰论，次译论。凡与政治时局有关之议论皆隶属之，其选择材料，亦以切要浅近为主。
>
> 三世界新潮　辑译西报记事之文，分标子目，自为起讫，以为输入世界知识之助。
>
> 四学识　凡关于学术思想之文字，皆入此栏。以伦理社会及文学上之新思潮为主，亦酌采物质科学。
>
> 五科学杂俎　科学上之新发明，有零篇断简，足以资博识供实用者，依次汇录，惟长篇文字，则让之专门杂志。
>
> 六读者论坛　此栏专收读本志者所发表之意见。近来新思潮勃兴，苟有特识，虽持论互殊，正不妨兼收并蓄，以为切磋之助。

七文苑　汇录当代名流著作，以备嗜文学者之流览。

八小说　选登白话短篇，最长者亦以三期登毕为度，间用文言，亦力求浅显爽豁。

九时论介绍　凡在他处发表之文字，择尤选录，并缀小序，以当题解。其对于同一问题，有互相发明之作，则汇列一处，以资比较。

十中国大事记　十一外国大事记　十二法令　三项仍依囊例编辑，惟选择力求精审，无关重要者，均从删芟。

十三附录　凡无类可归者入此栏。

以上各类，每期不必求备。同人学识奋陋，深惧未能副读者之望。尚祈当世作者，赐以鸿篇，匡其不逮。本杂志得为发表言论商量学术之公共机关，则不胜荣幸矣。

东方杂志社谨启

这个变更体例预告是《东方杂志》转型的重要标志，自1920年第17卷第1期起，对《东方杂志》从形式到内容作出全新的调整。

2. 设置"新"栏目，倾听读者声音

在1920年《东方杂志》的转型中，形式上最大的变化是将栏目结构重新优化了，在栏目的划分上更加细致了。以前在杜亚泉主编的时期，取消了过去依照清廷官署设置栏目的惯例，使栏目更加具有自主性，甚至把具体栏目取消了，只是根据文章的具体内容进行排列，相似类型的文章会放在一起，这已经具备了现代刊物的雏形。1919年底陶惺存在改版预告中提到要更易的栏目有"评论""专论""世界新潮""学识""科学杂俎""读者论坛""文苑""小说""时论介绍""中国大事记""外国大事记""法令"等十二个栏目。这十二个栏目有新有旧，体现了这次转型的接续性和过渡性。通过这些栏目的介绍，我们可以看到杂志的栏目设置，既有对世界大事的介绍和评论，又有对当代学术的理解和思考，而且读者的声音也融

第四章 中西文化论争与中国文化转型

入了其中。

有意思的是，我们可以在有些栏目的命名上，看到《东方杂志》有意无意地突出了"新"。在1920年改版后的第17卷第1号，"世界新潮"这个栏目便凸显出来了；到了1921年，还开辟了"新思想与新文艺"栏目。《东方杂志》编者在谈及设置这一栏目的设想时说："近代欧美思想解放，创作自由，故思想界文艺界标新领异，日增月盛。吾国新文化方始萌芽，自宜广事采择，藉资磨砺。本志有鉴于此，特自明年第一号起，除介绍西洋学术思想之长篇文字外，复增辟'新思想与新文艺'一栏。专载篇幅较短之文字，内容如（一）欧美哲学思想之最近进境。（二）最近之文学创作。（三）艺术上之最近派别。（四）最近出版之名家著述。无不提要撷华，广为绍介。虽仅断片之记述，无统系的研究，然因此可使当代文艺思想之潮流，与吾人稍稍接触，或亦为热心新文化之读者所嘉许也。"①这凸显出《东方杂志》与时俱进的姿态，以介绍世界最新的事件和思想为主，努力脱掉守旧的帽子，跟上时代的脚步。

从刊物的整体格局来看，"读者论坛"这个栏目是最值得重视的，因为这是《东方杂志》之前真正没有的。在《东方杂志变更体例豫告》中对"读者论坛"栏目做了这样的说明："此栏专收读本志者所发表之意见，近来新思潮勃兴，苟有特识，虽持论互殊，正不妨兼收并蓄，以为切磋之助"，体现了《东方杂志》开始鼓励读者对于新思潮勇于发表自己的见解。钱智修也说："又开'读者论坛'，冀读者诸君，对于学术社会诸问题，各抒其所见，而以本志为商量辩论之机关。"②这就更体现了杂志想要让读者和编者进行"商量"或是"辩论"的愿望，从这种互动中获取更多有益的信息，体现了杂志编者一贯宽容温和的心态。

的确，《东方杂志》改版后是十分重视读者的。我们可以看到在

---

① 《本社特别启事二》，《东方杂志》1920年第17卷第24号。
② 坚瓠：《本志之希望》，《东方杂志》1920年第17卷第1号。

改版宣言《本志之希望》中提到:"虽然凡此所言,均不过本志之希望而已,其希望之能达到与否,则仍恃读者诸君之匡扶教益,本社同人固不敢自必也。"① 在《本志的第二个十年》中也讲:"以上的几件事,固然不一定都做得到,但是我们总想尽着所有的力量做去。我们只是一种的尝试;至于这种尝试的能不能够成功,却全靠国内著作家的帮助,和读者界的指导了。"②

除了"读者论坛"栏目,还有"编辑室杂话"这一栏目,能使读者知晓编者的意图何在,可以更好地促进读者和编者形成良好的对话关系。另外,我们也注意到,《东方杂志》所针对的读者群的转变:从当初创刊时针对的是官吏和上层知识分子,后来经过改版,虽然读者群逐渐扩大,但主要还是精英知识分子。而在这次转型后,杂志诸多内容力求浅显易懂,也从一个侧面说明了《东方杂志》对于读者群体的设定有所变化。

所以,改版后的《东方杂志》很重要的一个变化就是努力反映出读者的精神,能够倾听读者的声音,读者和编者可以平等地互动。有意味的是,《东方杂志》"读者论坛"栏目的设立很可能是借鉴了《新青年》在第2卷第1号设置的"读者论坛"的栏目,而《新青年》这一栏目又是从《甲寅》杂志那里学习而来的。可见这些现代杂志处在一个共同的言论空间,他们有时候也许是"敌对的",立场和见解都有所不同,但是能够互相学习其他杂志的优点,也是颇为可贵的。

3. 推出更多专栏或专号

《东方杂志》1920年改版后出版了很多专栏或专号。转型后的《东方杂志》已经不满足于以单篇文章为单位进行时事或学术文章的刊登,而是用专栏或专号的形式集中多篇文章对某一学术问题或事件进行专门介绍。专栏指的是杂志上专门登载某类稿件的栏目。如

---

① 坚瓠:《本志之希望》,《东方杂志》1920年第17卷第1号。
② 坚瓠:《本志的第二十年》,《东方杂志》1923年第20卷第1号。

在1922年第19卷第10号的"甘地与新印度"专栏，包含《甘地的略传》《甘地与印度社会改造》《非协同运动》《甘地在法庭的自白》《真理把持与甘地的根本思想》《甘地给孟买人民的两封信》《亲见的甘地》等7篇文章。此外还有第19卷第15号的"国际语运动"专栏、第19卷第18号的"女权运动"专栏等，这些专栏涉及各个方面，种类十分丰富。值得注意的是，有的时候虽然没有注明是"专栏"，但是却集中发表了某类文章，如第18卷第4号的"新思想与新文艺"就集中登载了克鲁泡特金关于无治主义、道德观、艺术观等内容，这也是另一种不列入专栏的专栏。

专号是以某项内容为中心而编成的一期报刊。"专号"比"专栏"更加凸显重要性，使人们能够更加及时广泛地了解重大事件的发生。如1921年第18卷的第18、19号是太平洋会议号、1922年第19卷第16号的"农业及农民运动号"、第19卷第21、22号是宪法研究号、1922年第19卷第24号的爱因斯坦号等。专号的推出多与现实紧密相关，如为了迎接物理学家爱因斯坦来华讲学，《东方杂志》出版"爱因斯坦号"，共发表6篇文章来介绍爱因斯坦的传记、主要理论、科学精神等，同时还在杂志的东方画报栏配发爱因斯坦及其夫人的照片。

4. 学科比重的变化

杜亚泉主编时期，十分推崇科学，努力传播科学知识和培养科学思维，因此杂志中自然科学的比重很大。那时，除了"科学杂俎"这个专栏外，杂志常常还有许多篇科学类的专文，而且篇幅很大。例如，《东方杂志》在第8卷第1期就登载了《空中飞行器之略说》《制万国通用地图新法》等科学知识类文章6篇，这还不包括"科学杂俎"里的3篇短文，且《空中飞行器之略说》图文并茂，篇幅长达20页。另外插图《最近之世界大飞行家》放在杂志的最前面，也体现出对科学知识的重视，期冀人们去了解。这些内容前文已有介绍，在此不赘。

在1919年第16卷第12期发表的《东方杂志变更体例豫告》中，介绍新门类时提到："学识：凡关于学术思想之文字，皆入此栏。以伦理社会及文学上之新思潮为主，亦酌采物质科学。科学杂俎：科学上之新发明，有零篇断简，足以资博识供实用者，依次汇录，惟长篇文字，则让之专门杂志。"从这简要的介绍中我们可以发现，《东方杂志》在刊载新知识的内容上，学科比重悄悄发生了变化。

比较一下，我们可以看到，在1920年《东方杂志》再转型后的第17卷第1号，发表了关于沈雁冰的《巴苦宁和无强权主义》、胡愈之的《近代文学上的写实主义》、心瞑的《海格尔说一斑》，分别涉猎了政治学、文学和哲学，这些都偏重于社会科学，而自然科学则被收录到"科学杂俎"专栏里，篇幅很小，与之前杜亚泉主编时期侧重于科学知识的介绍有很大的差别。在1921年第18卷第3号，钱智修在《编辑室杂话》中对周昌寿的《量子说的梗概》进行了肯定，同时也在最后进行了说明："本志登载的顺序，是关于现实问题的文字居先，关于学术思想的文字居后；学术上的文字又以文科居先，理科居后；在此任便声明一下。"① 从登载顺序及篇幅的变化就可以看出，《东方杂志》原来注重介绍西方先进的科学技术，到了1920年，关于科技发展的内容相对减少了许多，篇幅也有了改变。编者更注重对国际问题的评论和研究，更侧重对社会科学的传播，因此对国内外哲学、社会学、文艺学以及政治学等相关论文逐渐增多。

5. 新文学的主要阵地

《东方杂志》上有关文学的内容，在翻译方面1920年以前林纾的译作占了相当大的比重；创作方面以文言为主，如"言情小说"《碎琴楼》、"科学小说"《元素大会》、"外交新剧"《假亲王》和散文《五十故事》等；理论学术方面主要是古代诗论或文学史的内容，如陈衍的《石遗室诗话》和王国维的《宋元戏曲史》等。

---

① 坚瓠：《编辑室杂话》，《东方杂志》1921年第18卷第3号。

第四章　中西文化论争与中国文化转型

1920年，钱智修在《东方杂志》第17卷第1号发表《本志之希望》一文，谈到文学方面的内容时说："又本志以为能描写自然之美趣，感通社会之情志者，莫如文学，而国人之治西洋文学者尚鲜，即为少数译籍，亦往往不能脱古文词赋之结习，其于西洋文学将弥失其真。故今后拟以能传达真恉之白话文，迻译名家之代表著作，且叙述文学之派别，纂辑各家之批评，使国人知文学之果为何物。"①从这段话可以看出，《东方杂志》将把刊登白话文作品，译介外国文学作品、文学派别和文学批评作为杂志的主要目标。

从钱智修的文章中我们获知改版后的《东方杂志》将把文学放在十分重要的位置。事实也是如此。从1920年改版开始，《东方杂志》中的白话文翻译全面代替了文言文翻译，翻译文学呈现出新的面貌。但是，1920年的杂志中还保留着"文苑"栏目，其中的创作内容也是旧体诗词或文言文的。如在1920年第17卷第4号上（1920年2月25日出版）中有袁希涛的两篇文言文作品《大同云冈石窟佛像记》和《游北岳恒山记》。另外1922年之前《东方杂志》上大多是翻译的作品，很少涉及陶惺存在预告中所提的"白话短篇"。

但是这种情况到1922年发生了很大改变。第19卷第5号登载了落华生的小说《慕》；第19卷第9号和第10号分别刊发了叶绍钧的小说《啼声》和《小蚬的回家》；第19卷第11和第12号连载了孙梦雷的小说《微声》等十几部新文学作品。有趣的是，以前这些白话短篇小说几乎都放在翻译文学之后，如在1920年第17卷第23号，愈之翻译的俄国小说《丧事承办人》排在了雪村创作的《私逃的女儿》之前，但是到了1922年原创的作品却提到了前面，尤其是到了第13号刊登了鲁迅先生的《白光》，并且在括号内直接标注出是"创作小说"。其实这与钱智修在1923年第20卷第1号的《本志的第二十年》中对文艺的总结和希望有所对应："我们在最近的三年内，于输入西洋文艺一方面，总算有了相当的成绩。我们更希望国

---

①　坚瓠：《本志之希望》，《东方杂志》1920年第17卷第1号。

内的创作家,常常把快心的作品供给我们。像这一期所登的是洪深君的戏剧——赵阎王,我们以为是创作界所不可多得的。"① 可见《东方杂志》在经历短暂的过渡后,越来越注重新文学的创作,并且已经不止于小说的发表,对于戏剧也十分欢迎。

除了翻译文学和创作外,还有一些西方的文学理论和文学批评也得到了关注。如第 17 卷第 1 号胡愈之就介绍了《近代文学上的写实主义》,在第 18 卷第 1 号他又发表了《文学批评——其意义及方法》。这些都有利于指导中国的新文学创作,促进新文学的发展。

另外,《东方杂志》的其他栏目也对文学十分关心,如第 17 卷第 1 号的"读者论坛"就登载了《现在文学家的责任是什么?》。专号和专栏也为文学的集中介绍提供了平台,如在第 18 卷第 15 号有"但丁六百年纪念"专栏,讨论了但丁的诗及其政治理想。另外,杂志还聚焦诺贝尔文学奖,关注世界文坛的新动向。比如在 1922 年 1 月 10 日出版的《东方杂志》上,胡愈之就介绍了获得 1921 年诺贝尔奖的文学家安那都尔·佛朗西。

(二)对"再转型"的评价

《东方杂志》在 1920 年的再转型过程中,发生了很大变化。但《东方杂志》宗旨并未彻底改变,其一贯的理性、宽容、客观的精神也没有变,所以我们在这些变化之中看到的不是断裂,不是激进地否定以前的内容,而是在原有的基础上进行革新,稳步前进。《东方杂志》在变与不变之中,与时代同步前行,为中国的文化发展奠定坚实的基础。

1. "宗旨无甚改变"

《东方杂志》创刊号明确提出,以"启导国民,联络东亚"为宗旨,这就以清晰明了的方式确定了其办刊的思想与方针。虽然这一宗旨被许多学者认为只适用于一段时期,但笔者认为,虽然《东方杂志》经过多次转型,但其最初的思想精神一直没有变。"启导国

---

① 坚瓠:《本志的第二十年》,《东方杂志》1923 年第 20 卷第 1 号。

民"只不过在不同的时期有不同的表现而已，从刚开始时的选报内容到立宪运动时对法治思想的宣传，再到杜亚泉主编后致力于新文化知识的传播，办刊宗旨一直以传播知识、启导国民为己任。无论世事如何变化，"启导国民"一直是主旋律。因此在1919年末的改版预告中提到："本杂志创刊十六年，向以介绍新知识汇记国内外大事为重要职志"[1]，又说本志"今后之言论，亦将以促社会之自觉者居大部分"[2]，说明杂志一直是以传播新知识，介绍西方先进科技和文化成果为重要职责，希望以此助力"社会之自觉"，以使民族走向富强文明之路。所以1920年转型后的《东方杂志》依旧是沿着以前的路子，只不过之前的做法是新知和旧学都有介绍，而后来的《东方杂志》则减少了旧学的内容，以介绍新文化为主，重心转向社会科学方面，特别是在扶植新文学方面投入了很大力量。

后半句是"联络东亚"，那个时候由于商务印书馆与日本合作，再加上当时的日俄战争，所以这句话体现了《东方杂志》的一个政治立场。但是也表现了《东方杂志》从刚创刊就十分关注现实事件，是紧跟世界潮流的。虽然日后其逐渐演变为学术性的期刊，以介绍最新的思想文化为己任，但仍没有放弃对当下社会问题的关注。钱智修曾提到："本志之内容，向本以记述世界大事为一大宗，今后将益努力于此途。务期以最经济之方法，将世界新发生之事实，为有统系之叙述。故于《外国大事记》外，复增开《世界新潮》一门。"[3]其实，《东方杂志》在1920年的转型就是随着社会的变化而变化的，并且时刻保持着对当下社会的敏锐感悟——将月刊改为半月刊使其更具有时效性，变文言为白话使其更符合时代潮流，而且国内外大事件和新思想文化的评述与介绍，都使得《东方杂志》具有紧跟社会发展的变化的特征。

---

[1] 《东方杂志变更体例豫告》，《东方杂志》1919年第16卷第12号。
[2] 坚瓠：《本志之希望》，《东方杂志》1920年第17卷第1号。
[3] 坚瓠：《本志之希望》，《东方杂志》1920年第17卷第1号。

2. "为舆论的顾问者"

钱智修在《本志的第二十年》中提到:"据我们的意思,欲对于现代的任何问题下一个公平确当的批判,其有待于知识之积储与事实之观察者,其种类和数量,皆至为繁赜;而逞臆悬谈,凭空立论,尤其是中国人传统的惯习,所以我们与其以感情的言论,刺激读者之神经,毋宁以有用的知识,开拓读者之心胸;与其发表未成熟的主张,使读者跟着走错路,毋宁提供事实的真相,给读者做自下主张的底子。换句话说:我们是希望为舆论的顾问者,而不敢自居为舆论的指导者的。"① 通常有许多学者把最后这句话单独摘出来,作为此转型时期《东方杂志》宗旨转变的证据。

的确是这样,如果以前的"启导国民"证明《东方杂志》是想要扮演一个启蒙者的角色,从而发挥指导的作用。那么现在的《东方杂志》却想成为一个舆论的顾问者,成为能够辩论商量的机关。然而即使是知识的顾问者,其在知识方面仍居于普通民众之上,从指导者转变为顾问者,丝毫没有改变《东方杂志》在知识上的优势,说到底,启导国民的宗旨还是没有改变,只不过在启蒙的姿态和立场上有所改变,更追求"公平"和"提供事实的真相"的客观精神。正如钱智修所说:"故本志于世界之学术思想社会运动,均将以公正之眼光,忠实之手段,介绍于读者。然本志仍不敢揭一派之旗帜以自限域,有时且故列两派相反之学说以资比较","凡吾人有所主张,其仅凭主观之理想者,断不如凭客观之事实者之真切"②。钱智修后又在有关"大事记"的内容中谈道:"除时事述评外,在每一桩大事终结以后,我们更有专篇的记载——例如去年的奉直战争记,黎元洪复职记,今年的青岛接受及其交涉之经过。袁枢创'纪事本末'一体,论者以为是良史;我们固然不必比附古人。但是我们的纪事,是以客观的态度采辑各方面的材料而成的,较诸政府的档案

---

① 坚瓠:《本志的第二十年》,《东方杂志》1923 年第 20 卷第 1 号。
② 坚瓠:《本志之希望》,《东方杂志》1920 年第 17 卷第 1 号。

和一党派的宣传,似乎比较可靠一些。"①

因此,从以上的表述可以看出,《东方杂志》从未放弃以客观、稳妥的方式去对待所编写的内容。这种客观的立场,是《东方杂志》一贯的编辑策略,而且这种理性客观的精神构成了《东方杂志》一直延续的文化传统,虽不能致力于引领潮流,但却脚踏实地做事。

综上所述,在这场轰轰烈烈的五四大变局中,《东方杂志》尽管迫于压力被迫改革,但它能够审时度势,积极调整办刊方针,对杂志进行改革,以更加主动的姿态去拥抱新知,努力投身于对新文化的传播。事实证明,《东方杂志》经受住了时代潮流的冲击,不仅没有被打退凋落,反而以崭新的姿态承担起了宣传新文化及新文学的重任。《东方杂志》就像涅槃重生的凤凰,重新散发出了极大的生命活力。

---

① 坚瓠:《本志的第二十年》,《东方杂志》1923年第20卷第1号。

第五章　中国现代文化的扎实推动者

前几章我们主要探讨了《东方杂志》具体的转型过程，经过十几年的努力，到1920年《东方杂志》已经完成了它的转型，所以后两章我们将探讨《东方杂志》转型完成后，在发展新文化和新文学方面所做的贡献。

一　探讨五四后中国新文化的发展路径

五四运动之后，中国新文化该如何发展？应该朝什么方向发展？它应该有什么样的内容和性质？这些问题都很值得人们去探讨，《东方杂志》在这方面也做了不少的工作。

（一）文化与新文化的界定

在五四新文化运动前后，"文化"一词得到了更广泛使用，但是在此前，人们探讨的文化问题大多与"文明""思想""精神""道德"等词语的内涵有很大程度的混用和交叉。时人对于文化问题的阐释及这类词语的厘定也是做模糊处理。黄远生于1916年2月发表的《新旧思想之冲突》中说："自西方文化输入以来，新旧之冲突，莫甚于今日……吾人须知新旧异同，其要点本不在枪炮工艺以及政法制度等等……本源所在，在其思想，夫思想者，乃凡百事物所从出之原也。"[①] 此处"文化"与"思想"是混用的，并且"思想"的

[①] 远生：《新旧思想之冲突》，《东方杂志》第13卷第2号。

内涵并不包括枪炮工艺和政治制度。而杜亚泉在其《再论新旧思想之冲突》中所使用的词语是"精神"和"思想"。

据笔者粗略统计，《东方杂志》1920年以前所刊发的文章中，标题带有"文明"二字的有22篇，如《论中国民族文明之起源》（第2卷第4号）、《论模仿文明之弊》（第2卷第1号）、《论文明潮流之循环》（第2卷第9号）、《论文明先女子》（第4卷第10号）、《论以奢侈模仿文明之弊害》（第4卷第10号）、《论文明之名义》（第4卷第12号）、《论日人干涉嘉兴文明戏园事》（第6卷第11号）、《联合中西各国保存国粹提倡精神文明意见书》（第9卷第12号）、《现代文明之弱点》（第9卷第11号）、《文明国下之秘密岛》（第10卷第9号）、《地理与文明之关系》（第10卷第8号）、《时间缩短之与文明》（第10卷第12号）、《从文明史国际史上观察欧洲战争》（第11卷第5、6号）、《文明与道德》（第12卷第12号）、《静的文明与动的文明》（第13卷第10号）、《战后东西文明之调和》（第14卷第4号）、《文明之消化》（第14卷第2号）、《交通发达与文明之关系》（第15卷第1号）、《汉以前中国本部文明传播之次第》（第15卷第1号）、《现代文明与都市计划》（第15卷第12号）、《中西文明之评判》（第15卷第6号）、《新欧洲文明思潮之归趋及基础》（第16卷第5号）。而标题中使用"文化"一词的，则相对较少，只有7篇，如《论日本沿唐人文化》（第1卷第4号）、《论影戏与文化之关系》（第9卷第3号）、《中国文化之发源地》（第10卷第12号）、《伍廷芳君之中西文化观》（第12卷第1号）、《余之文化促进观》（第13卷第7号）、《东西文化论衡》（第14卷第4号）、《西方文化源流略》（第16卷第9号）。此外，标题带有"精神"者有8篇，标题带有"思想"一词者有16篇。

改版之后的《东方杂志》开始大面积使用"文化"的说法，从1920年至1927年间，文章标题中使用"文化"一词的有45篇，例如《文化运动与大学移殖事业》《国际的文化运动》《文化的国家主义》等，而使用"文明"一词者则有19篇，从这两个词在词频使用上的变化可以看出时代的发展趋向和社会心理的变化。陈独秀认为"文化是对军事、政治（是指实际政治而言，至于政治哲学仍应该归到文化。）、产业而言，新文化是对旧文化而言。文化底内容，是包含着科学、宗教、道德、美术、文学、音乐这几样"①。可见，陈独秀对于文化的解读基本上属于广义上的文化，这与《东方杂志》对文化一词的使用是相同的。对于文明和文化的区别，君实在《新文化之内容》中作出了很明确的区分："通常所谓文明，盖指制度文物风俗习惯等外的状态而言，至于文化，则兼有内的精神的之意味。"②

陈独秀第一次使用"新文化运动"一词是在1919年《新青年》第7卷第1号。陈独秀认为文化的新旧只是相对而言，"新文化运动，是觉得旧的文化还有不足的地方，更加上新的科学、宗教、道德、文学、美术、音乐等运动"，并提出："一、新文化运动要注重团体的活动"，"二、新文化运动要注重创造的精神"，"三、新文化运动要影响到别的运动上面"③。

胡适最初并未使用"新文化"而是用了"新思潮"。胡适最初主张以"新思潮"来命名五四以来的文化新气象，他认为"新文化"或"新思潮"只是一种新态度，这种新态度可叫作"评判的态度"。"评判的态度，简单说来，只是凡事要重新分别一个好与不好"④。胡适所说的"思潮"也含有文化的意味，只不过后来这种说法逐渐被陈独秀宣扬的"文化"一词所替代。君实在《新文化之内容》一文中描述了这个事实："一年以前，'新思想'之名词，颇流行于吾国之一般社会，以其意义之广漠，内容之不易确定，颇惹起各方之疑惑辩难。迄于最近，则新思想三字，已鲜有人道及，而

---

① 陈独秀：《新文化运动是什么》，《新青年》第7卷第5号。
② 君实：《新文化之内容》，《东方杂志》第17卷第19号。
③ 陈独秀：《新文化运动是什么》，《新青年》第7卷第5号。
④ 胡适：《新思潮的意义》，《新青年》第7卷第1号。

'新文化'之一语，乃代之而兴。"①经陈独秀等人的努力和造势，"文化"和"新文化运动"逐渐变为当时的流行说法。

那么新文化的内容应该是什么？似乎也没有一个统一的说法。君实在《新文化之内容》一文中说"欲诠释其内容，仍觉甚难，即叩诸倡言'新文化运动''新文化主义'者，亦未易得简单明确之解答也"②。她既表达了对陈独秀等人论及新文化内容时的不满，同时也表达了自己对新文化内容的深切关注与思考。她在文章中将新文化定义为"十九世纪文明之反抗"，认为20世纪的新文化应该不同于19世纪，作者站在"时代精神"的高度上来探讨新文化，并指出了她所认为的新文化应包含的内容：

> 十九世纪之文明，殆可称为唯物主义或物质主义之文明。世界大战，即此唯物主义之结局也。今后之新文化，与实际的经济生活，固非全相矛盾，且亦必以经济生活为基础，然新文化既在矫正从前之缺点，则自不能不注重于开发较高尚之精神文明与抑制唯物主义之跋扈。故由精神力之根本的开发，以完成物质文明，乃新文化内容之一也。
>
> 个性之自由进步，为十九世纪思想史上最贵重之事迹。因极端主张个性，而权利思想遂特为发达，然其结果，乃发生孤立主义之倾向，甚且因主张自己之权利，不恤以他人为牺牲，驯致酿成人类互相攘夺互相残杀之惨祸。循此不变，则人类必有灭亡之虑。故主张个人之正当自由，同时要求社会生活全人类生活，以努力于新人道主义之发达，又新文化内容之一也。
>
> 科学的知识，亦为十九世纪文明之生命。在20世纪，自当仍望其进步发达。然当知科学的知识，并非吾人人格之全部，而仅为其一部。苟欲求其完成，更不能不有赖于艺术活动。所

---

① 君实：《新文化之内容》，《东方杂志》第17卷第19号。
② 君实：《新文化之内容》，《东方杂志》第17卷第19号。

谓艺术活动者，决非如普通所想像无意味之空想或游戏，实可视为一切精神活动中之生命，而为最普遍的最具体的之创造活动。故新文化之内容，舍科学的知识外，此种精神力之创造活动，实尤关重要也。

最后当知新文化者，乃多数民众之文化，非少数特殊阶级或少数社会之文化也。十九世纪之文化，非不高且美也。特其文化，仅为知识阶级中产阶级之文化，于一般民众无与，故不免为偏瘫的不具的。然所谓民众文化者，并非低降文化以迁就民众之谓，乃谓多数民众，咸皆趋向于高尚文化，咸皆具有产出高尚之文化之能力，非是者，决不足以言新文化也。①

君实对新文化内容从四个方面进行了概括，抓住了20世纪新文化的特点，所以文字尽管稍长，这里也还是多多引用。我们认为，"君实谈新文化内容的角度很新颖，与众不同，在一定程度上填补了陈独秀等人关于新文化运动内容表述上的空白，这对于新文化运动来说，是很大的贡献"②。

君实后来又在《文化的国家主义》一文中精辟地概括出了新文化的性质，提出了"文化的国家主义"的概念，她说："在此过渡时代中，吾人固宜向国际主义世界主义而进行，然仍不宜放弃国家主义。特吾人之所当提倡者，非旧日之武力的国家主义，而为文化的国家主义耳。"提倡文化的国家主义的目的，在于"增高文化上之国家地位，使国民不致为世界文明人类之落伍者"。对于君实这篇文章的意义，笔者在《〈东方杂志〉与现代中国文学》一书做过如下的评价：

我们认为，作者提出的"文化的国家主义"概念非常精准在概括出了新文化运动的性质，因为五四新文化运动从本质上

---

① 君实：《新文化之内容》，《东方杂志》第17卷第19号。
② 王勇：《〈东方杂志〉与现代中国文学》，中国社会科学出版社2014年版，第111页。

就是一场"企求中国现代化的思想启蒙运动",其根本目的在于挽救国家危亡,实现富国强兵,提高国家地位,并最终使中国成为一个像西方社会那样的现代化国家。作者所提出的"文化的国家主义"的建设主张,如实行思想自由、广泛引进世界各国学说、致力于各项文化事业建设等,不仅是对新文化运动以来文化发展现状的概括,也对中国新文化运动的发展具有指导性意义。①

(二)探讨新的理论和实践

《东方杂志》自创刊开始,始终没有停止过对中国新文化发展出路问题的探讨,一直致力于向国民介绍新文化,传播新思想。从杂志成立之初,就以张元济为代表,聚集了一批怀有改良主义抱负的知识分子,《东方杂志》的作者群也不断灌注新鲜血液,在杜亚泉时期,杂志的稳定作者共有十位,包括胡愈之、君实、王云五、章锡琛、许家庆、钱智修、甘永龙、杨锦森等人,同时也适时地加入新成员以完成新老交替的转变。从第13卷开始,新作者如傅斯年、钱基博、梁漱溟、雁冰、瞿秋白等人先后加入,作者的参与面更加广泛。据统计,1920年到1923年,《东方杂志》的作者共计约510人次。更为可贵的是,在1920年杂志改版之后,增设了"读者论坛"一栏,"读者论坛"评述新思潮的文章共有16篇,其中包括管豹《新旧之冲突与调和》、高瞻的《论禁白话文》、王水公的《新和旧》、朱调孙《研究新旧思想调和之必要及其方法论》《学生自治与人格发展》、徐民谋《通俗文与白话文》、张禄《理科救国》、华林《真善美与近代思潮》、蒋善国《我的新旧文学观》、新盟《文化的活动之时代》、戴岳《说美术之真价值及革新中国美术之根本方法》、金兆梓《我之社会改造观》、罗敦伟《我国学术思想的解放》

---

① 王勇:《〈东方杂志〉与现代中国文学》,中国社会科学出版社2014年版,第111—112页。

等，这些文章将社会各界的意见进行发表，广纳言论的同时，也矫正着杂志某些有缺失的观点，有利于形成文化探讨的共同场域。

李怡曾提出"五四文化圈"的概念，他说所谓"五四文化圈"，指的是"这样一个同时存在于五四时期，共同关心新文化问题的由不同观念和价值理想所组成的知识分子群落，他们各自属于不同的同人群体，具有不同的知识背景，占据不同的出版传播媒介，拥有不同的读者队伍，在如何建设新文化，如何对待传统文化与西方文化方面产生了不同程度的意见分歧，甚至出现了激烈的论争，但是，所有这一切，都不能否定他们同样作为现代知识分子关注民族文化的现代命运这一基本的事实，不能否认他们在现代世界的巨大背景上面对'中国问题'的基本倾向，这都从根本的意义上将他们与前朝旧臣、乡村遗老严格区别开来，这些现代中国的知识分子不管观点还有多大的差异，都一同站在了五四历史的起跑线上，组成了色彩斑斓的'五四文化圈'"。[①] 他认为"五四"并非小范围的属于几个人的"五四"，而是一个不同立场的文人群体共同讨论的公共平台，其中也不乏观点相左的人。《东方杂志》的知识分子群体自然也是这个文化圈的重要部分，而且《东方杂志》从来也不是一言堂，而是"商量辩论之机关"。

1920年改版后的《东方杂志》成为探讨新文化的重镇，是五四运动后中国新文化建设的重要推动者。那么，相较于五四前，《东方杂志》又传播了哪些新文化呢？下面将从两个方面对此进行探讨。

第一，提出文化互助论与"第四种文化"。

《东方杂志》1919年的第16卷第5至第10号连载了李石曾翻译的"互助论"。文化互助论来源于克鲁泡特金。在正文之前，译者写有"弁言"：

> 数十年来，进化学说普遍于世界，吾国自亦同受其影响，

[①] 李怡：《谁的五四——论五四文化圈》，《中国现代文学研究丛刊》2009年第3期。

第五章　中国现代文化的扎实推动者

今国人无不知天演论之名词者，天演与进化，名异而谊同也。

进化学说初创于法之陆谟克，大成于英之达尔文。陆氏言境遇与遗传，达氏言物竞与天择，至达氏进化学说乃定，故其言益彰，而物竞天择之说，亦遂风行世界，且已成为通俗之名词，于是引用之者，不独以为物象之观察，与进化之一因，而且视为人生之模范，与唯一之真理也。

后人过信竞争，达氏亦未及自料。赫胥黎赫智尔辈于传达进化学说虽大有功，而于此误点则不能不谓为无过。逮俄之学者开斯来柯伯坚 Kropotkine（亦作克洛包得金）继起，乃明进化不独有竞争为之一因，而互助尤其大者。今之互助论，即柯氏之名著也。

吾于十二年前从事于互助论之译述，曾节录其前部大意于巴黎之新世纪周报，后更详译全书，附以图解。惟以奔走时多，尚未完全脱稿，而朋辈以及寄书催问者，常常有之。今将有欧洲之行，其全书之刊布，又暂延置，良用歉然。兹特先将未毕之稿，揭录于《东方杂志》。其文字之未及修正，名词之未及划一，以及种种错误，自皆难免，惟此不过略表大意，至完全之译解，仍当待诸专刊。今译者非仅欲以此谢责于朋辈之前，实以欧战之教训，足以证明互助与竞争之实验，及其优劣之分，而互助一书，不可为国人所忽，读者其将赞同此意，而谅其刊行之草率乎？民国八年一月秒李煜瀛志。[1]

从这篇"弁言"可知，李石曾认为互助论是对达尔文进化竞争学说的补充与校正，此次欧战让国人看清了互助与竞争学说的优劣，他翻译此文的目的正在于传播互助论，让国人明白互助理论及其价值。

《互助论》是克鲁泡特金的代表作，发表于1902年。他从生物学的角度，以蚁、蜂、鸟等多个物种的生活习性为例，证明了团结

---

[1]　李石曾：《互助论·译者弁言》，《东方杂志》第16卷第5号。

互助是"众生安全体智德俱进之良道也"。后来又从人类的发展中证明了互助合作的重要性。这种理论是对达尔文进化论中"弱肉强食"竞争观念的一种削弱和修正,文中克氏引用开思力教授的说法:"吾非排生存竞争之说,然吾以为动物之发展,赖互助而促进者较互竞多多,于人类为尤甚。一切生物之所需有二:曰谋食,曰传种。其一则恒须竞争,其二则恒需协助。总之吾深信互助益于生物之进化较竞争为重也。"这差不多也是克氏的主张。

《东方杂志》用了6期的篇幅连载《互助论》,可见对这一理论的重视。杜亚泉等人坚持的是调和论的文化观,并在五四时期受到了陈独秀等人的批判,后来钱智修在《东方杂志》第20卷第4号发表的《欧化的中国》一文中,也批评了调和论的弊端:

> 在这种假欧化的社会里,最时髦的,自然是"八面锋"式的调和论者。他们的主张,是轻而易举,不必经过打破现状的危险的。他们以为:改造的事业,一面要顺应世界潮流,一面要适合本国国情;而能够担任改造的事业的,又莫过于在社会上已经握有权力的人。所以他们的议论,与贪图省力的中国人非常合拍,尤其与有权力的人容易接近;而他们的地位,也就因而增高。我所不敢断定的,不过西洋文明,究竟可不可以这样廉价的贩卖罢了。①

《互助论》的发表标志着《东方杂志》的文化观由调和论向互助论转型的开始。随后在第20卷第6号钱智修又发表了《互助的文化观》,文章批评了现实中的有些言论后,明确提出了文化互助论的主张:

> 大战以后,忽然有许多西洋学者,恭维起中国文化来,如

---

① 坚瓠:《欧化的中国》,《东方杂志》第20卷第4号。

罗素就是最显著的一个。这正合着梁任公先生的话:"大海对岸那边,有好几万万人喊救命,要等中国人去超拔他们"了。

本来文化这件东西,是为适应人生的需要而起的;而人类的天性,对于固有的环境发生不满,必设想一相反的境界来矫正他。所以西洋学者的羡慕中国文化,我们尽可以说他们出于诚意;中国文化的优点,我们尽可以说能补救西洋文化的破绽。但是西洋人所处是一种境界,中国人所处又是一种境界;补救西洋文化是一件事,保持固有文化又是一件事。换句话说:我们不能因西洋文化的发见破绽,就关起大门,矜中国文化为独得之秘。

我们可以举几个最浅近的例,来证明上述的提言:

譬如西洋的物质文明,是被一部分人所呪(通"咒")诅的。可是我们要提高生活状态,是不是应该开发天然的富源,供给物质的便利?这是"囚首垢面而谈诗书",玩弄那精神文明的光景?

又如西洋的工业革命,是已经促成阶级分裂的恶现象的。可是我们要安顿国内的无业阶级,抵抗外来的经济侵略,是不是应该采用大规模的工业制度?还是依着甘地的教训,用手摇车去抵制洋布的输入?

反过来说,如中国人的爱和平,能容忍,都是被西洋人称为美德的。可是我们因为太和平了,所以只好听武人横行;因为太容忍了,所以永没有彻底的改革。我们还是用西洋人的奋斗精神来改造我们的环境?还是保持委心任运的旧道德来慰安我们的痛苦?

我的结论:以为文化是可以互相补足的。我们应该认清我们的病源,对症下药;不应该听了隔壁人家的医案,就认为自己家内早已有了秘传的良方。[①]

---

① 坚瓠:《互助的文化观》,《东方杂志》第20卷第6号。

在文章中，钱智修针对西方人对中国文化的赞美导致国人盲目自大的现象进行了合情入理的批驳，提醒国人应该清楚自己的处境，不要盲目自大，特别是在当时的处境下，应该从互助的文化观出发，多采西方文明之长以补中国文明之不足。可以说，此文的发表标志着继杜亚泉的"文化调和论"之后，《东方杂志》互助的新型文化观正式形成。如果说"文化调和论"强调中国的特殊国情，主张在中国文化的基础上进行中西文化调和的话，那么"互助的文化观"则强调中国社会发展的阶段性现实定位，主张中西文化的相互补充应立足于现实需要而非抽象的理念，换句话说，"文化调和论"往往基于对中国文化的自信，强调以己之长补他人之短，而"互助的文化观"更务实，更强调以他人之长补己之短，两者虽有相通，但更有差异。

钱智修在"文化的互助观"之前还提出过"第四种文化"的理论，其发表在第18卷第2号的《文化发展之径路》一文明确指出："彼西方文化，经欧战之试验，与社会革命之震撼，其破绽尤不难概见。然其起而代之者，必为更适于新时代之第四种文化，而与旧日任何人种之文化决非同物。"他认为中国文化发展的新的出路在于这"第四种文化"。这"第四种文化"是什么呢？文章中曾转述陈文中的话说："陈君于篇末引某西人之说，谓二十世纪之文明，已非条顿人种之文明，而为斯拉夫人种之文明，继其后者，当为通古斯人种之文明。"按这样的说法来算，前三种文明应是中国文明、条顿人所代表的西方现代文明、斯拉夫人所代表的苏联社会主义文明。那么第四种文明也即所谓的"通古斯文明"应该指的是苏联的社会主义文明与中国文明融合后而生的新文明。至于钱氏心目中的"第四种文化"，他在文章中并没有说出来，只是期待着一种新型文化的出现。

第二，在文化实践层面，《东方杂志》主要在平民化方面做了不少工作。

陈独秀发起的新文化运动在社会上掀起一股热潮，但对于中国新文化走向何处、如何走的问题思考得并不深入，很多都停留在理论层面，正如寿毅成在《小图书馆与大文化运动》中指出的"文化运动四字，仅常见于报纸，出于学者之口，而未尝入于大多数国民之耳之目之心。……盖自文化运动方面观之，则空言多，事实少，知识界之饥馑，虽已兆其端，而赈灾备荒之实行家，尚寥寥若晨星"。对于这些缺点，他认为可以从小处着手，一步步推进，"以最经济之方法办小图书馆，则今日一般社会所视为装饰品之图书馆，将一变而为供给知识之无尽藏，今日所悬于少数学者口头上之小文化运动，亦将一变而为普及全国普及各界之大文化运动"。① 在这篇文章中，作者提到了两个问题，一是文化的实践，二是普及化的问题。《东方杂志》第18卷第2号发表署名"说难"的短文《简易教育与补习教育》，认为"国中青年之欲求学而不得学，或学而不得竟者，有日增之势"，而"正式教育之扩张及改良，断非朝夕间事"，在这种情况下，作者提出"吾谓中国今日简易教育与补习教育，当在正式教育之上"，"故为今之计，莫如多开夜学，多办巡回讲演，多设图书馆及通信贷书所，而通俗书报之传播与编纂，尤为切要之事"。②

正是有感于五四运动后文化普及的不足，所以《东方杂志》在文化的平民化普及方面做了不少努力，并付诸实践，为新文化的发展贡献了自己的力量。如主张普及科学知识提高国民知识，破除迷信③；主张文化平民化与精英化共举的方针，"盖文化运动之任务有二，其第一方面在横的方面扩大文化之领域，其第二步在纵的方面提高文化之程度。将欲破除学术专制之锢习，而引起一般人对于新思想之欲求，第一步之功夫必不可少，而欲为新文化植深厚之基础，使其有健全之出产物，以解慰思想界之饥渴，不至常藉半生不熟之名词，为聊以充饥之具，则尤非有少数人从事于第二步之功夫不

---

① 寿毅成：《小图书馆与大文化运动》，《东方杂志》第18卷第2号。
② 说难：《简易教育与补习教育》，《东方杂志》第18卷第2号。
③ 坚瓠：《国民之精神病》，《东方杂志》第18卷第4号。

可"①；探讨通俗图书的编辑出版②；探讨大学移植事业以及图书馆建设等。

从以上的分析中可以看出，面对"如何发展中国新文化"这样一个宏大的历史命题，《东方杂志》作为一个综合性杂志，默默地承担起了自己的使命，积极探讨中国文化的发展之路，并成为新文化运动的扎实推动者，为五四以来中国文化的发展提供了可行的方案，同时他们的探索也对当下文化发展和以文化自信构建人类命运共同体的新文化建设提供了具有借鉴意义的启示，值得我们深入思考与体味。

当然，新文化的发展也离不开对传统文化的整理与重新发现，离不开以新的科学方法和理论研究中国传统文化。所以《东方杂志》在1920年改版后，在重视新文化传播的同时，也不忘对传统文化的关注，刊载了很多古籍整理和阐发传统文学文化的文章，如梁启超的《明清之交中国思想界及其代表人物》《支那内学院精校本玄奘书后》《清代学者整理旧学之总成绩》、陈延杰《朗诵法之研究》《论唐人七绝》《论唐人七言歌行》《读文心雕龙》、姚大荣《木兰从军时地表微》《风怀诗本事表微》、徐中舒《木兰歌再考》、任二北《散曲之研究》等。对传统文化的再度关注也表明了《东方杂志》在探讨"新文化"之时没有摒弃传统文化的精华部分，毕竟新与旧并不是决然对立的。

二 出版"东方文库"，总结新文化的发展历程

（一）出版"东方文库"，展现文化传播的伟大成就

时间进入到1923年，为了纪念《东方杂志》创刊20周年，《东方杂志》搞了两项纪念活动，一是"东方杂志二十周年纪念征文"，二是"东方杂志二十周年纪念刊物东方文库出版"。这两项活动分别在《东方杂志》上刊发了广告，进行声势浩大的宣传。

---

① 坚瓠：《文化运动之第二步》，《东方杂志》第17卷第19号。
② 说难：《简易教育与补习教育》，《东方杂志》第18卷第2号。

1923年第20卷第18号上刊登的征文广告如下：

东方杂志二十周年纪念征文启事

本志创刊以来，已届二十周年。除本年辑刊东方文库百种，廉价发售，迅将出版外，并拟以民国十三年第二十一卷第一号为二十周年纪念号。一面函约专家，分门撰述，一面举行征文，期以爱读诸君之策励，为本志进行之指针。征文条例如左：

一、纪念论文　以关于政治，学术，及社会问题之重要论文为限，在纪念号内发表。

二、地方调查　凡各省及重要城镇之政治，军事，实业，教育及社会状况等，或分门纪述或分地为篇，于寄到后随时发表。

三、文艺小品　小说，戏剧之创作，及有文学趣味之小品文字，均甚欢迎，亦于寄到后随时发表。

四、读者意见　本志内容有应改良之处，望读者诸君随时赐教，本志除量力实行外，并当列一专栏，择尤刊布。

五、征文报酬　一、二、三三项均酬现金，四项酌酬书券或本志。

六、收稿日期　一项收稿期，以民国十二年十二月十日为止，其余不限日期。

上海宝山路商务印书馆编译所内
东方杂志社谨启

"东方文库"的出版预告从1923年的第20卷第1号就开始刊登，可见这项活动的策划比征文更早，预告文字如下：

东方杂志二十周年纪念刊物东方文库出版预告

《东方杂志》创刊于一九〇三年，到今年已经是第二十年了。国内现存的定期出版物，除日报以外，年代没有比《东方杂志》更久长的了。我们虽不敢以杂志界的老大哥自居。但这几十年来，国内外的政治社会情状，学术思想潮流，不知经过多少变迁。我们不愿自命为站在文化战争的前线，但也时刻努力进取，决不至落在时代的后面。

《东方杂志》是批评政治社会事情，介绍新学术新知识的杂志。在十年前，中国人还不曾留心到世界局势，还不知道有西洋文化，《东方杂志》却早就以纪述国际时事，介绍欧美思想自任；在七八年前新文化运动还没有发生，《东方杂志》对于现代哲学现代思想却早已有过系统的介绍。所以从前本志所刊载的材料，直到现在还有许多是很新而且很为一般社会所爱读的。我们征求读者的意见，大都希望把这些材料重新印刷出版，以供参考和阅读的资料。因此我们趁着创刊二十年纪念的机会，把第一卷到第二十卷的《东方杂志》重新估定一下，选择其中最有价值最为一般读者所需要的文字，仿丛书体例，辑成"东方文库"。凡政治，法律，经济，历史，地理，宗教，哲学，文艺，科学，实业各方面无不兼收并蓄。其在现在已失却价值的文字，我们都严加淘汰。选入各篇，也都经过严格的审查和修改。所以说"东方文库"是《东方杂志》二十卷的结晶，固然是对的，便说他是一部一九二三年新刊的丛书，也未始不可。

近年国内出版的丛书很多，但是大抵有两个缺点：（一）太专门化，一般读者不甚需要；（二）选择的种类偏于一二方面，如关于社会问题及文学的丛书太多，此外则付之阙如。所以要找寻一部介绍各方面的常识的，普遍需要的丛书，至今还是没有。本志同人因此便想把二十年来存贮在仓库中的一些粮食，提供出来，以振济目前的知识的饥荒，这是我们发刊"东方文库"的唯一目的了。《东方杂志》向来以提高国民常识为其任务，现在又得到机会，发行一种廉价的常识丛书，对于一般读者为系统的贡献，这是我们所深自喜幸的。

第五章　中国现代文化的扎实推动者

"东方文库"这套丛书，原计划出版65种80册，最后实际出版数量为82种100册。内容上共分为六大类：第一类为现代历史、现代地理；第二类为政治、法律、经济、社会问题；第三类为哲学与宗教；第四类为科学与工业；第五类为文学及艺术；第六类为小说及戏剧。以上内容除了科学与工业的第四类之外，我们再划分为社会文化和精神文化两大类，下面将分别对这两大类内容进行介绍。

1. 社会文化知识方面

早期《东方杂志》一度被认为是清政府宪政运动的宣传阵地，做了大量有关君主立宪的宣传，辛亥以后《东方杂志》对辛亥革命给予极大关注。"东方文库"出版了《辛亥革命史》《帝制运动始末记》《戊戌政变记》等三种内容，记述了辛亥革命的发生、进行、失败以及失败之后中国国内军阀混战的混乱局面。这是"东方文库"向读者展现中国的革命历史，也是《东方杂志》寻找自身的文化起点，表明自己在民国建立之初就坚定地站在民主共和一边，始终关注着中国社会的民主进程，这是向内的一边。在向外的一方面，"东方文库"关注了第一次世界大战的进行，并对战后的诸多新兴国家进行了详细的分析和介绍，如《欧战发生史》《大战杂话》《战后新兴国研究》《华盛顿会议》等，同时还对俄国、蒙古、西藏、日本等国家和地区进行了细致的介绍和研究。如在《日本民族性底研究》中，著者从日本民族性中的阶级思想、模范性、叛逆性、自杀心理、宗教思想等方面进行了介绍，并极具远见地指出："日人性质中最危险，最可怕，而且于人于己都很不利的一点，就是彼族的侵略性"，"日本民族，有好欺善邻的天性"[①] 这种对于日本民族性的深入分析和清醒认识在当时看来也许不为人所重视，但在后世看来却让人警醒。"东方文库"重点、集中介绍的国家皆为中国的邻国，旨在让国人对中国周边有细致清楚的了解。

"东方文库"中在政治方面的内容有《中国改造问题》，探讨了

---

① 谢晋青：《东方文库·日本民族性研究》，商务印书馆1923年版，第69、70页。

中国改造的方法和途径以及理想中的中国宪法,《代议政治》则探讨了代议政治的演变过程和改善过程,并记述了议会主义者和非议会主义者的不同看法。法律方面的相关内容还有《欧洲新宪法评述》《领事裁判权》,对各国的法律制度进行了详细的介绍。

"东方文库"还涉及社会生活的其他方面,如《新村市》详细介绍了英国的新村市,并指出这才是真正的生活形式,人们应过上互助的生活:"……这就是'人的生活'。因为我们感受了世界新潮的影响,觉得我们从前几千年的生活都不免多少带些'兽性的生活',所以争夺残忍的行为不一而足,现在却当'改弦易辙',向'互助'的大道上走。"①

除了以上的具体内容,"东方文库"也在理论上详细而系统地介绍了社会主义,涉及的部分有《近代社会主义》《马克思主义与唯物史观》《社会主义神髓》。"东方文库"出版的内容大到关注社会制度发展,小到关注妇女家庭婚姻问题、新闻事业问题等,林林总总,都带有极强的民主色彩,关心社会生活的各个方面,希望人民能够拥有更为民主和幸福的生活。

2. 精神文化知识方面

"东方文库"中对于精神文化知识的介绍主要是第3类、第5类和第6类,包含的内容主要是宗教和哲学、文学及艺术、小说及戏剧。"东方文库"极为重视对现代文化的传播和介绍,不仅对哲学理论派别进行了介绍,还对具有代表性的哲学家及其思想进行了系统的介绍。《哲学问题》《近代哲学家》《柏格逊与欧根》《克鲁泡特金》《甘地主义》等,这些是对西方哲学知识的系统介绍,能够使读者获得比较客观的认知。不只是这些相对高深的哲学理论,"东方文库"还为读者提供了更具有实用性的哲学知识。在《处世哲学》中,从人格、财产、名誉和年龄等四个方面向读者提供了指导和建议。《东西文化批评》中,包含东西方对文化的不同态度和学说,其中上

---

① 潘公展:《东方文库·新村市》,商务印书馆1923年版,第1—2页。

册包含了伦父的四篇文章《静的文明与动的文明》《精神救国论》《战后东西文明之调和》《对于未来世界之准备如何》，这四篇文章体现了杜亚泉对于东西文化的最主要观点。"东方文库"的结集出版，是希望人们在五四落潮后的新背景下再回过头来重新审视这场论争。此外，"东方文库"也有关于中国传统哲学的内容，如《名学稽古》即从历史的角度介绍了"名学"的历史及"他辨"的哲学。

除哲学问题，文学与艺术也是"东方文库"的重要内容，尤其是文学部分，更是"东方文库"重点宣传的。在第五类文学及艺术中，编者对文学与各种外在因素的复杂联系进行了分析，也对具体的文学基础知识进行了介绍，如《近代文学概观》《文学批评与批评家》《写实主义与浪漫主义》《近代文学与社会改造》。还有对文学艺术方面代表人物的详细介绍，如《近代戏剧家论》中介绍了滋德曼、郝卜特曼、梅德林克和邓南遮，《近代俄国文学家论》中介绍了都介涅夫、驼斯妥以夫斯基、安得列夫等五位俄国作家，还有《但底与歌德》《莫伯三传》介绍了三位作家的生平及创作。此外，还有涉及艺术、美术、西洋绘画、国际语、考古学等方面的内容。这些内容对西方的现代文学艺术进行了广泛的介绍，为读者开阔眼界提供了最好的参考。

文学在"东方文库"的地位尤其突出。第五类文学及艺术总共有15种内容，其中8种涉及文学，而第六类则完全是文学作品的集合，共9种，全部是小说和戏剧作品。第六类的内容有《东方创作集》《近代英美小说集》《近代法国小说集》《近代俄国小说集》《欧洲大陆小说集》《近代日本小说集》《太戈尔短篇小说集》《枯叶杂记》《现代独幕剧》。仅从作品来说，"东方文库"选取创作17篇，译作89篇，约占《东方杂志》在1920到1923年刊登的文学作品的二分之一。在这些作品中，"东方文库"对俄国文学的重视和推广十分明显，对俄国作品选取的数量最多，对俄国作家的介绍也最为详尽，其次是法国、日本、印度太戈尔（今译泰戈尔），最后是英美。

从这种选择倾向中，我们可以看出，中国文学的发展重心已经向俄、日、印转移，不似从前那般以介绍欧美文学为重点。

"东方文库"的出版是《东方杂志》在新文化传播方面作出的巨大贡献之一，这些作品的挑选、修改和再宣传，顺应了社会历史的发展潮流，引起了社会和民众的广泛重视，满足了民众的现实需要，实现了启导国民和知识启蒙的文化意义。同时，我们也必须认识到，"东方文库"作为在1923年结集出版的"新"作品，在一个相对特殊的时间节点上，具有更为丰富的深层含义。

（二）借"东方文库"出版，为自我正名

"东方文库"出版于1923年，此时不仅是《东方杂志》创刊二十周年之际，也是五四东西文化论战后的五周年。在当年与《新青年》的论战中，《东方杂志》居于下风，杂志销量大幅度下滑，不得已进行了改版转型，撤换主编。此时推出了这样一套丛书，就不仅仅是为了纪念创刊20周年那么简单了，因此，我们不得不思考这一行动背后的深层含义。

前文我们已经全文转引了《东方杂志二十周年纪念刊物东方文库出版预告》。将这预告的第一、二段仔细梳理，我们可以得出这样几个结论：第一，《东方杂志》创刊时间最长，但从不以老大哥自居；第二，《东方杂志》不愿站在文化战争的前线，但也决不落在时代后面；第三，新文化运动之前，《东方杂志》最早留心世界局势，介绍西洋文化，对西方现代哲学的介绍也最为系统；第四，《东方杂志》以前刊载的有些材料，到现在许多还是新的，且为大众爱读。

在五四时期的东西文化论战中，《新青年》《新潮》批评《东方杂志》政治上复辟、思想上不新不旧、刊物编辑上毫无特色毫无主张，是"杂乱派"和"上下古今派"的代表：

杂乱派：这派大都毫无主张，毫无选择，只要是稿子就登。一期之中，"上至天文，下至地理，古今中外，诸子百家"，无一不有。这派的名称，举不胜举，最可以做代表的，就是商务印书馆的《东方杂志》。这个上下古今派的杂志，忽而工业，忽而政论，忽而农商，忽而灵学，真是五花八门，无奇不有。你说他旧吗？他又象新。你说他新吗？他实在不配。民国二三年黄远生先生在主持的时候，还好一点，现在我看了半天，真有莫名其妙的感想。这样毫无主张，毫无特色，毫无统系的办法，真可以说对于社会不发生一点影响，也不能尽一点灌输新智识的责任。我诚心盼望主持这个杂志的人，从速改变方针。须知人人可看，等于一人不看，无所不包，等于一无所包。我希望社会上不必多有这样不愧为"杂"志的杂志。①

但在"东方文库"编者的表述中，《东方杂志》则完全是另一种样态：不仅从来没有落后于时代，而且还具有超前的意识，十几年前介绍的材料现在还是新的，特别是在介绍国际时事、西洋文化和现代哲学方面贡献最为突出。再如胡愈之在《追悼杜亚泉先生》一文中说："当时中国杂志界还是十分幼稚，普通刊物都以论述政治法令，兼载文艺诗词为限。先生主编《东方》后，改为大本，增加插图，并从东西文杂志报章，撷取材料，凡世界最新政治经济社会变象，学术思想潮流，无不在《东方》译述介绍"②，还说"到了先生主编《东方》的时候，虽提倡精神文明，发扬东方思想，因此与五四时期的《新青年》杂志，曾有过一次论战，但是先生始终没有放弃科学的立场。其对于人生观和社会观，始终以理知支配欲望，为最高的理想，以使西方科学与东方传统文化结合，为最后的目标。所以从思想方面说，先生实不失为中国启业时期的一个典型学者"③。

《东方杂志》显然对当年《新青年》对它的批评念念不忘，所

---

① 罗家伦：《今日中国之杂志界》，《新潮》第1卷第4号。
② 胡愈之：《追悼杜亚泉先生》，《东方杂志》第34卷第1号。
③ 胡愈之：《追悼杜亚泉先生》，《东方杂志》第34卷第1号。

以借纪念创刊二十周年的特殊活动来为自己正名，为自己辩护。如钱智修在《本志的第二十年》一文中回应了罗家伦三年前的指责，他说：

> 杂志的本义是"仓库"，本来可以容纳复杂的材料的；而本志则尤其自始以来，是一种普通社会的读物。所以有许多人，说我们内容的不统一，说我们不能多发表政治问题的主张，我们是不能任咎的。据我们的意思，欲对于现代的任何问题下一个公平确当的批判，其有待于知识之积储与事实之观察者，其种类和数量，皆至为繁赜；而逞臆悬谈，凭空立论……刺激读者之神经，毋宁以有用的知识，开拓读者之心胸；与其发表未成熟的主张，使读者跟着走错路，毋宁提供事实的真相，给读者做自下主张的底子。换一句话说：我们是希望为舆论的顾问者，而不敢自居为舆论的指导者的。
>
> 本志虽涵有多方面的内容，但这并不是说我们预备做一个上下古今无所不包的杂拌；也不是说我们只想做牛溲马勃兼收并蓄的栈房。我们所占着的时间，既然是被科学精神和民治主义两大潮流所支配的二十世纪，则我们估定一切言论和知识的价值，当然以对于这两大潮流的向背为标准；断没有依违两可，在时间轨道上打旋子的。而且我们以为，杂志的最大职务，是纪录现代的思想；是为欲追求世界知识而无暇阅读专书的人，做一种简明的报告。所以杂志所供给的知识，不但应该是最新的，而且应该是最精粹、最简要的。这是我们为读者的时间经济起见所不敢不勉力的。[①]

正名的方式除了在预告中宣称自己的"努力进取，决不至落在时代的后面"之外，更主要的是用实际的成果来证明，这最后 82 种

---

① 钱智修：《本志的第二十年》，《东方杂志》第 20 卷第 1 号。

100册的"东方文库"就是最好的成果。"东方文库"虽说是《东方杂志》创刊二十周年的精品结晶,荟萃了杂志二十年来介绍的先进西方思想文化学说,但实际上几乎都是民国成立之后的内容,而且大部分的内容又是1920年改版后的。文库用事实向民众展示了《东方杂志》在新文化传播方面作出的巨大贡献,因此它既是《东方杂志》创刊二十周年的一次纪念活动,又是对《新青年》当年的批评做出的有力回应和自我辩白。正如编者在《东方杂志二十周年纪念刊物东方文库出版预告》中所说:"我们不愿自命为站在文化战争的前线,但也时刻努力进取,决不至落在时代的后面。"对此,笔者在《〈东方杂志〉与现代中国文学》一书中曾评价说:

> 事实上,当人们走出了五四那个激情燃烧的年代之后,以理性的眼光来重新审视《新青年》和《东方杂志》这两个刊物时,就会发现,《新青年》虽然引领了一时代之风尚,提出了一些激进的主张,但在文化建设方面其实并没有做多少实际的工作,相反《东方杂志》却在这方面用力最勤。就《新青年》宣传的新思想新文化而言,在民国初年也并不是世界最新潮的。《新青年》之所以出名,不是因为"思想",而是因为"态度"……而《东方杂志》不以激烈的态度取胜,相反是以默默无闻地从事思想传播和文化建设而赢得世人的尊重。……1923年出版的《东方文库》就是这种成绩的证明。[①]

(三)借"东方文库"出版,扩大新文化的社会影响

编者在《东方杂志二十周年纪念刊物东方文库出版预告》中向读者阐明了出版《东方杂志》的目的。他们应读者的需求,挑选出现在看来仍然很新鲜,"而且为一般社会所爱读的"的内容并进行修改,选择其中最有价值的部分重新展现给社会大众。在编者看来,

---

① 王勇:《〈东方杂志〉与现代中国文学》,中国社会科学出版社2014年版,第52—53页。

近年来国内出版的丛书"大抵有两个缺点：（一）太专门化，一般读者不甚需要；（二）选择的种类偏于一二方面，如关于社会问题及文学的丛书太多，此外则付之阙如"。所以，"东方文库"的出版就是杂志想为公众提供"一部介绍各方面的常识的，普遍需要的丛书"，达到"赈济目前的知识的饥荒"的目的。

在编者的表述中，"东方文库"还具有极强的平民化倾向。《东方杂志》早期的宣传对象主要是官吏和士人阶层，但是，当新文化运动后，新文化传播呈现出了向下走的趋势，普通的社会民众成为亟待启蒙的对象，所以迫切需要出版一套能够向民众普及新思想新文化的丛书。坚瓠在《本志的二十年》中指出："杂志的本义是'仓库'，本来可以容纳复杂的材料的；而本志则尤其自始以来，是一种普遍社会的读物"，由此可见"东方文库"延续了《东方杂志》一贯的普及文化和知识启蒙的宗旨。

另外，该文库的出版也与当时进行的"新图书馆运动"具有不可分割的联系。新图书馆运动大致开始于20世纪20年代初。新图书馆运动的主要目的是抨击传统旧式藏书楼，希望效仿美国的公共图书馆，建设出属于中国自己的新式群众性图书馆。中国传统藏书楼"只藏不用"，并且只为少数人服务，这不符合当时新文化发展的实际需求。新图书馆运动以沈祖荣、戴志骞、胡庆生为代表，形成了北京、南京和武汉三个中心，并辐射了中国大部分省份。新图书馆运动的发展促进了中国新式教育的发展，也呼唤着中国出版事业为新图书馆运动出版适合的图书。"东方文库"正是商务印书馆适应时代需求而出版的一套面向普通民众、以普及知识为宗旨、大型廉价的常识性丛书。

"东方文库"作为商务印书馆在客观上践行新图书馆运动理念而出版的一套丛书，在内容和形式上都做了精心的策划。内容上经过精心选择，形式上采用了小开本（相当于32开的一半），并且定价十分低廉，每册仅一角，既可整套购买，也可以单册订阅，还对订阅《东方杂志》半年以上的读者赠送一张半价券。低廉的定价和丰富的内容能让民众在最大程度上获取最新的知识思想，对促进民众的知识启蒙，推动中国的新文化传播与发展产生了巨大的作用，同时商务印书馆也在其中获得巨大收益，在社会上扩大了自己的影响。

从中尝到甜头的商务印书馆后来又出版了"东方文库续编""万有文库"等大型丛书。从规模上看，"万有文库"可谓是集丛书之大成，第一集正编1010种2000册，另附参考书10种12册；第二集正编700种2300余册，另附参考书28册；1939年，又于香港出版"万有文库第一二集简编"，共计1200册，是中华人民共和国成立前规模最大的一套出版物，也是20世纪上半叶最有影响的大型现代丛书，其目的是"使得任何一个个人或者家庭乃至新建的图书馆，都可以通过最经济、最系统的方式，方便地建立其基本收藏"①。

（四）对"东方文库"出版的评价

作为汇集《东方杂志》创刊二十年来学说精华的"东方文库"，在内容上精心选择，既向读者介绍了西方各国的革命状况，也介绍了辛亥革命从开始到失败的全部过程；既向读者介绍了西方先进的思想文化，也追溯中国历史发展过程；既介绍西方先进的科学知识，也对中国社会因袭已久的封建问题作出一个说明。"东方文库"的内容繁复，阅读时难免让人感觉杂乱无章，但是这种表层的混乱之下蕴含着一个深层的目的，那就是通过这种愚公移山式的知识启蒙，让国人有一个知识积累的过程。"东方文库"依然秉持着《东方杂志》"启导国民"的办刊宗旨，奉行着做"舆论的顾问者"的原则，遵循着客观、公正、理性、宽容的态度，不对读者做倾向上的引导，让读者和国人对不同的知识学说有一个较为全面的把握和认识。

《东方杂志》的编者在第20卷第3号所刊登的《东方杂志二十周年纪念刊物东方文库出版预告》中，曾对"东方文库"的出版内容作出如下描述："……说'东方文库'是《东方杂志》二十卷的

---

① 俞晓群：《蓬蒿人书话》，岳麓书社2011年版，第32页。

结晶，固然是对的，便说他是一部一九二三年新刊的丛书，也未始不可。"的确，"东方文库"作为在1923年出版的一套纪念性丛书，其对《东方杂志》二十年来的精华学说进行了挑选和总结，但是其作为一部"新"出版的丛书，不可避免地带有1923年的新的时代特征，表征着《东方杂志》在新的时代情况下所持有的态度和办刊理念，并且通过内容重新编排的方式引起人们的关注与重视，使这些作品的传播范围更广泛，影响更深远。

"东方文库"是一代中国优秀知识分子的心血结晶，他们致力于传播新文化，改良旧中国。"东方文库"的编者作为新文化的先觉者，在传播新文化的同时，更是通过新知识的选择，实现了对未来知识分子的塑形，使中国的知识分子具有更开阔的眼光和向西方学习的精神，为培养具有更高水平的中国知识分子提供了可能。

"东方文库"不仅是《东方杂志》的纪念之作，也是《东方杂志》二十年来学术精华的总结。《东方杂志》不仅通过文库的出版，为自己在五四中的落后形象正名，而且通过文库的出版助力中国的新图书馆运动；不仅通过文库的出版传播新文化，扩大了社会影响，提高了知名度，而且也在文库出版中获得了可观的经济效益。《东方杂志》通过创刊二十周年的纪念活动和"东方文库"的出版，彻底改变了自己在五四运动前后的被动局面，开始真正以崭新面貌出现在世人面前，而且更加自信、更加壮大，成为五四后传播新文化的最重要、影响最大的一块阵地。所以无论从哪个角度看，"东方文库"的出版，都是非常成功的。

三 打造文化传播的公共平台

当《东方杂志》和激进的《新青年》在五四时期遭遇，并被卷入激烈的中西文化论争中时，便发生了"奇妙的化学反应"，促成了《东方杂志》的再转型。诚然，论争的确给《东方杂志》带来了极大的冲击，但也给其带来了新的契机，《东方杂志》从此走上了扶持新文化的道路，成为致力于新文化传播的公共平台。

当然，《东方杂志》在改版公告中从来没有使用"公共空间"或"公共平台"的名词，而是用了一个"发表言论商量学术之公共机关"的说法。我们现在所说的"公共空间"一词来自哈贝马斯。哈贝马斯曾提出"公共领域"理论，特指以18世纪欧洲——主要是法国、英国和德国的历史为背景，在资产阶级社会中出现的俱乐部、咖啡馆、沙龙、杂志和报纸形成了一个公众讨论公共问题、自由交往的公共领域[①]。通过哈贝马斯的论述可以看出，所谓"公共领域"或称"公共空间"应具备以下特点：即人群聚集的地方、拥有庞杂的信息量、具有讨论性、辩论性。杂志作为一种具有新闻性质的定期出版物，一般是可以被称作"公共空间"的，但从严格意义上来讲，并不是所有的杂志都称得上是公共空间。一般来说，除了要有足够的信息量形成公共话题或内容，还要有争辩性，同时我们不应忘记杂志的倾向性。

（一）丰富的内容

我们判断一个杂志能否成为"发表言论商量学术之公共机关"，或者"公共空间"，首先要看该杂志上的内容是否丰富。如果一个杂志只刊发某种材料或内容，那么它只能算是专门刊物，无论如何也不能称为"公共机关"或公共空间。所以说，作为传播领域的公共空间，第一位的要件应该是内容的丰富性。就此来衡量，《东方杂志》无疑具备了这个条件。

《东方杂志》作为一个大型的综合性刊物，其创刊之日起，内容就包含政治、经济、文化、军事、外交、交通、实业、法制、伦理、教育、文学等多个门类，几乎社会的各方面内容都有所涉及，真可以说是一个包罗万象的"大仓库"，有人也因其刊载内容繁杂而称其为"杂货店"，批评者则讽刺它是无所不包的"上下古今派""杂乱

---

① [德]哈贝马斯：《公共领域的结构转型》，曹卫东等译，学林出版社1999年版，第32页。

派"。确实,从初创期的粗糙选报,到民国后的多次改版,《东方杂志》一直不变的就是其刊载内容的"杂",也曾因它的"杂"而饱受诟病。

但不可否认的是,也正是因为《东方杂志》的"杂",才为它成为真正意义上的面向大众敞开的公共空间提供了可能性。因为它的"杂"本身就代表了一种敞开的姿态,具有一种无所不包的公共性。这种敞开的姿态使它不仅向各种思想开放,更向广大读者开放,成为一个商量学术的机关,自由发表言论的平台。

1920年改版后的《东方杂志》依然坚持了这种"杂"的特性,只不过与前期稍有不同的是,在内容的选择和编排上更注重系统性、知识性和学术性。前文我们曾提到为庆祝《东方杂志》创刊20周年出版的"东方文库",涉及6大类内容,有现代历史、地理、政治、经济、法律、社会问题、哲学、宗教、科学、工业、文学、艺术以及小说、戏剧等,共82种100册,内容非常丰富。该文库发行之后,销量极广,受到各界好评,尤其满足了新兴的图书馆运动的需要。正如编者在"东方文库出版预告"中所说:

> 近年国内出版的丛书很多,但是大抵有两个缺点:(一)太专门化,一般读者不甚需要;(二)选择的种类偏于一二方面,如关于社会问题及文学的丛书太多,此外则付之阙如。所以要找寻一部介绍各方面的常识的,普遍需要的丛书,至今还是没有。本志同人因此便想把二十年来存贮在仓库中的一些粮食,提供出来,以振济目前的知识的饥荒,这是我们发刊"东方文库"的唯一目的了。《东方杂志》向来以提高国民常识为其任务,现在又得到机会,发行一种廉价的常识丛书,对于一般读者为系统的贡献,这是我们所深自喜幸的[①]

[①]《东方杂志二十周年纪念刊物东方文库出版预告》,《东方杂志》第20卷第1号。

从这段引文可以看出,"东方文库"追求的是知识的非专门性、内容的丰富性、编排的系统性,目的是满足读者对于知识的多方面需求。这也正是《东方杂志》创刊以来一贯的追求,通过丰富的知识"以提高国民常识"。

这种丰富的内容,我们还可以通过《东方杂志》多样的栏目设置来考察。创刊之始的栏目设置依据政府的机关而定,栏目很多。即使在 1920 年改版公告中,也列出了 13 个栏目:评论、专论、世界新潮、学识、科学杂俎、读者论坛、文苑、小说、时论介绍、中国大事记、外国大事记、法令、附录。到该刊 20 周年之际,钱智修在《本志的第二十年》中提到刊物所注重的门类也有 10 项:时事述评、大事记、人物志、经济和实业、哲学和宗教、科学、问题讨论、书评、评论之评论、文艺。这些多样的栏目保证了该刊内容的丰富性,而这种丰富性也使《东方杂志》具备了文化思想上公共空间的特性。

(二) 真实的材料

期刊杂志上的材料应以真实性为基础,真实应是杂志生命力的源泉。作为中国杂志界最年长的老大哥,向来重视材料的真实性。其创刊之初,《东方杂志》就有"大事记"这个栏目,并且一直保留到杂志的终刊,这里既有中国大事记,又有世界大事记,再后来栏目改名为"时事日志",仍是记载国内外的大事。仅就《东方杂志》做中外历史记录员这一项工作来说,事虽不大,但能够坚持始终,其精神可嘉可敬。另外该杂志还曾设立"调查"栏,发表了大量的调查记、调查报告,如《日本铁路调查记》(第 4 卷第 1 号)、《丙午上海商业调查记》(第 4 卷第 4 号)、《日本新增银行调查记》(第 4 卷第 9 号)、《青岛调查记》(第 5 卷第 8 号)、《越南调查记》(第 6 卷第 13 号)、《蒙古调查记》(第 5 卷第 7 号)、《山东草辫调查记》(第 8 卷第 2 号)、《爱德华满洲煤矿调查记》(第 9 卷第 5 号)、《四川宁远土司调查记》(第 9 卷第 4 号)、《上海煤业调查记》(第 9

卷第6号)、《炉东垦务调查记》(第10卷第6号)、《西藏社会调查记》(第11卷第2号)、《上海学校调查记》(第12卷第8号、9号)、《中国产业调查记》(第15卷第6号)、《法国华货销场调查记》(第16卷第5号)、《法国高等专门学校调查记》(第16卷第3号)、《缅甸经济状况调查记》(第16卷第3号)、《新郑古物出土调查记》(第21卷第2号)、《琼崖调查记》(第20卷第23号)、《北票煤矿调查记》(第21卷第20号)、《最近新疆迪化调查记略》(第26卷第3号)等。这些都是以事实和真实的数据说话的，最讲究真实性，这是毋庸置疑的。

除了这些大事记和调查之外，《东方杂志》的其他言论也追求真实性。钱智修在《本志之希望》中说，"言论固以事实为归宿，然言论之托为根据者何物乎？则亦事实而已。凡吾人有所主张，其仅凭主观之理想者，断不如凭客观之事实者之真切。……本志之内容，向本以记述世界大事为一大宗，今后将益努力于此途。务期以最经济之方法，将世界新发生之事实，为有统系之叙述"。[①] 这段话中，钱氏强调了四次"事实"，可见其非常注重言论的真实性。他同时还说：

> 故本志于世界之学术思想社会运动，均将以公平之眼光，忠实之手段，介绍于读者。然本志仍不敢揭一派之旗帜以自限域，有时且故列两派相反之学说以资比较，此非本志欲托于调停两可间，以为藏身之固也。调停两可者，于甲说取其半，于乙说亦取其半，其结果必至甲说乙说皆失其真相。而本志不然，其介绍甲说也，务存甲说之真相，其介绍乙说也，亦务存乙说之真相，两方面之真相既存，则吾人欲为最后之从违抉择，亦庶几不大背乎事实。惟当其寻求真相以为从违抉择之预备之时，则甲说乙说，必俱作平等观而后可。科学家之立断案也，必搜集各种证据，以验其有无反对之理由，不敢有先入之见，偏倚

[①] 坚瓠：《本志之希望》，《东方杂志》第17卷第1号。

之心也，今日则正吾人搜集各种证据之时也，此本志所为不敢以一派之学说为定论也①。

在这短短的三百字中，出现了五次"真相"，并不断出现"公平""忠实""事实""证据"等字眼，足以体现钱智修对本刊所介绍之言论的求真求实的强调，既体现其言之必有据的严谨态度，也表明其中立"不偏倚"的立场。另外，在谈到"时事述评"栏时，他还强调把"事实的真相毫不隐讳的"写出来，谈到"大事记"，强调"客观的态度"，这些都是在强调真实性。

我们也可以举例来说明，比如景藏在《文告与事实》一文中提到，俄国广义派（日本称为过激派）革命成功之后，欧美人都视布尔什维克为"洪水猛兽"，有"波及吞噬之惧"。但看到广义派的文告之后觉得"尚为有条理有目的"。因此，作者认为"凡观察政象者，当不于文告而于事实"，"故吾人不可但闻欧美所传广义派之凶恶，而一味忧惧，亦不可见其文告之灿然，而遽表同情，要当于其事实详细考察，平心研究"②。可见景藏作为当时《东方杂志》的实际主编，非常看重事实，非常讲究真实性，以真实性作为评判的标准，正如有句俗话所说"不看广告，看疗效"。

没有了真实性，杂志就没了信誉，没了信誉也就没了生命，所以说真实性是杂志的生命线。杂志只有成为大家可信赖可依靠的传播媒介，它才有可能成为文化传播的公共空间。

（三）对话的属性

现代化的公共空间应该是开放的，应该能够容纳多种声音，应该能够看到各种观点之间的互动，因此，对话性也是现代传播媒体成为公共空间的一个重要条件。

坚瓠在《本志之希望》中说："本志既不敢专主一派之学说，尤

---

① 坚瓠：《本志之希望》，《东方杂志》第17卷第1号。
② 景藏：《文告与事实》，《东方杂志》第17卷第2号。

不敢据区区之言论机关为私有，故既为'时论介绍'，以网罗当代通人之名言伟论，又辟'读者论坛'，冀读者诸君，对于学术社会诸问题，各抒其所见，而以本志为商量辩论之机关"，"不敢以一派之学说为定论也"①。编者反复强调的就是内容和观点上的对话性、争辩性。

再从栏目的设置上，也可以看出编者试图把《东方杂志》营造成一个对话性公共空间。在改版预告中，谈到"读者论坛"时说："此栏专收读本志者所发表之意见，近来新思潮勃兴，苟有特识，虽持论互殊，正不妨兼收并蓄，以为切磋之助"，谈到"时论介绍"时说："凡在他处发表之文字，择优选录，并缀小序，以当题解。其对于同一问题，有互相发明之作，则汇列一处，以资比较"，谈到"评论"栏时则说其重在"标示宗旨"。由此可见，这三个栏目之间就构成了一种对话性和争辩性，"评论"栏是编者的声音，"时论介绍"栏是当代通人之名言伟论，"读者论坛"是读者的声音，这样编者、读者、名流的三种声音在杂志上共同存在，位置不同、地位不同、见识不同，各自的功能也不相同。"评论"栏的编者的声音在于确定论题，阐明思想，进而引导舆论，"时论介绍"栏中名流的言论在于提供言论参考和言说依据，而"读者论坛"中读者的声音在于与前面形成呼应关系，产生影响，形成共振。三者共同作用，形成对话性和争辩性的公共空间，把杂志变成"商量辩论"的机关。

我们也可以某一期具体的杂志为例来说明这种争辩性和对话性的事实。比如就以《东方杂志》改版后的第17卷第1号为例。这期杂志中发表了几篇文章："评论"栏有坚瓠的《本志之希望》，"读者论坛"栏有管豹的《新旧之冲突与调和》和佩韦的《现在文学家的责任是什么?》，其他栏有景藏的《感情论》以及愈之的《近代文学上的写实主义》，把这几篇文章结合起来看，就会发现它们之间构成了很好的对话关系。《本志之希望》中谈到"不承认特别国情说"，反对"国粹派之笃时拘墟"，反对"调停两可"的调和派。景藏在

---

① 坚瓠:《本志之希望》,《东方杂志》第17卷第1号。

《感情论》中认为"大抵感情之流弊,乃在过度,即不由中道,不能到恰好地步",因此反对感情的滥用。这两篇文章大概可算作编者的声音和杂志的立场。而管豹的《新旧之冲突与调和》则是从读者的角度表达了对国粹派、过激派和调和派的批评态度。作者认为"吾国新旧之争,实犹是欧化派与国粹派之争",然后详细分析了新旧两派的"区别点"和"共通点"。

> 与其以不满足于现在为新旧两派之区别点,毋宁视为两派之共通点。惟新派以改宗西洋最新之学术文化,为求满足之手段,旧派则以发挥光大吾国固有之学术文化,为求满足之手段,而两方之冲突,始于是乎生。加以新派之偏激者,视吾国古来之学术文字,莫非老废死灭,欲一一摧毁之以为快。旧派之顽固者,更视由外输入之学术文化,莫非洪水猛兽,惟不能抵拒之是惧。各执成见,互相诋诽,不知吾人生于此世,纵则受历史之支配,横则受环境之支配。二者与吾人有密接之关系,不容切离其一。故两派唯一之谬误点,即一则蔑视历史的关系,一则蔑视环境的关系而已①。

对于居于新旧派之间的调和派,作者批评其"自身没有权衡",是一种"盲目的之调和",换句俗话说,就是无目的性的瞎调和。

> 于是有执中者,见新旧之各是其所是而非其所非,思欲调和于两者之间,以为新者因应容纳,旧者亦宜保存,旧者固不必全非,新者亦求尝尽是。是当取新之所长,补旧之所短,萃旧之所优良,救新之所偏缺,庶冲突以免而进化可期。顾为此说者,其自身初无适当之权衡,而惟徘徊追逐于新旧之间,欲以舍本逐末之手段,达其排难解纷之目的,如此而言调和,则

---

① 管豹:《新旧之冲突与调和》,《东方杂志》第17卷第1号。

所谓盲目的之调和也。①

于是编者、读者的声音在这里汇合、碰撞、交融，这两种声音与时代语境中新旧的争论调和构成了多声部的共振，既指涉了现实，又表达了各方的观点。

愈之的《近代文学上的写实主义》与佩韦的《现在文学家的责任是什么?》也构成了一种互动对话关系。愈之说："翻译文艺和本国文艺思潮的发展，关系最大。……所以翻译西洋重要的文艺作品，是现在的一件要事。二三十年来我国翻译西洋文学的成绩，是不必说起；但从今以后，我国的一般文艺翻译家，也该觉悟了。今后最要紧的，便是翻译近代写实主义的代表著作。"② 胡愈之是《东方杂志》的编者，而佩韦作为读者在文章中也说："我以为现在文学家的责任是在将西洋的东西一毫不变动的介绍过来。"③ 两人之间互动对话非常明显。

除了某期杂志内部的对话关系，杂志的上下期之间有时也可以构成对话关系，如第17卷第1、2、3、4、5期，它们的"读者论坛"和"时论介绍"之间也构成一种对话关系，这几期杂志都围绕着思想的新与旧，以及语言的新旧问题展开讨论。我们把这几期相关的文章题目列在这里就可以看出。第17卷第1号有《新旧之冲突与调和》《现在文学家的责任是什么?》，第17卷第2号有《论禁白话文》《新思潮与调和》《何谓新思想》，第17卷第3号有《新和旧》《文学革命的商量》，第17卷第4号有《研究新旧思想调和之必要及其方法论》，第17卷第5号有《通俗文与白话文》。

另外杂志与杂志之间也可以构成对话性。对于《东方杂志》来说，早期的"内外时报"，后来的"时论介绍"，都是通过选录其他报刊的文章来构成这种对话性，形成一种或赞同或反对的姿态。比

---

① 管豹：《新旧之冲突与调和》，《东方杂志》第17卷第1号。
② 愈之：《近代文学上的写实主义》，《东方杂志》第17卷第1号。
③ 佩韦：《现在文学家的责任是什么?》，《东方杂志》第17卷第1号。

如《东方杂志》第17卷第3号,在"时论介绍"一栏中,从《时事新报》选录了《文学革命的商量》一文,并且编者在正文之前还加了编者按:"近一年来,白话文忽盛行于世,虽于达理传真方面,较旧文学为胜,然以处草创试验之时代,其不能尽满人意,要亦无可讳言。永嘉贞晦君投书于《时事新报》,以方言之不能统一,与文学之当重精神,为白话文之缺点,颇足备提倡新文学者之参考。贞晦君谓'求进步的事业,多商量一下,该多妥当一点'。本志之介绍此文,亦此意也。"《东方杂志》说得很明白,介绍此文的目的是"商量",提供参考。这种明显的对话性不言而喻。

《东方杂志》不仅明确标举要把杂志打造成"商量辩论的机关",而且通过切实的行动来实现之,既在某期杂志内部,也在该杂志的上下期之间,更在杂志与杂志之间构建对话性,从而在实践层面上真正把商量辩论的对话属性贯彻到底,使之成为真正的传播文化学术的公共空间。

(四)杂志的倾向性

前面我们谈了《东方杂志》作为文化传播公共空间的几个特性,但还有一个问题值得我们注意,那就是所谓公共空间的倾向性问题。有人可能说,公共空间既然属于公众的、开放的,怎么还有倾向性问题呢?而这里正是笔者要提醒大家的。

任何新闻媒体,不管标榜得多么宽容,多么公正,多么开放,事实上都是有倾向性的,就像20世纪30年代施蛰存主编的《现代》杂志一样,不管它最初创刊时怎么标榜得"并不预备造成任何一种文学上的思潮、主义或党派",但事实上它却形成了颇具现代主义倾向的现代诗派和新感觉派小说两个在文学史颇有影响力的文学派别。同理,当我们看待《东方杂志》时也必须注意它的倾向性。那么该杂志的倾向性是什么呢?表现在哪些方面?笔者认为《东方杂志》的倾向性表现在下列几个方面。

第一,与政治的有意疏离。《东方杂志》是商务印书馆创办的商业刊物，自然是以追求经济利益为第一位的目的，但有时也与政治有着混杂不清的关系，例如在清末的立宪运动中，《东方杂志》就与政治走得很近，以至于被人们认为《东方杂志》是官办的杂志。因为与政治贴得太近，再加上内容枯燥狭窄，使得杂志的销量受到一定程度的影响，并且很容易随着政治与人事变动造成刊物的短命。民国后，《东方杂志》吸取了教训，致力于文化学术的传播，影响力日增，销量也达到一万份以上，成为国内首屈一指的大刊。五四改版后的《东方杂志》仍有意保持着与政治的距离，这在钱智修的《本志之希望》中即可看到相关的表述："故今后之言论，亦将以促进社会之自觉者居大部分，而不偏于政论之一方"，还说要"注重切实可行的具体问题"。可以看出《东方杂志》愿多做与社会启蒙有关的事情，且注重具体的问题。

"不偏于政论"就是要尽量少写空洞的政论文章，有意与政治疏离，并保持一定的安全距离。1932年胡愈之任《东方杂志》主编时，因为"新年的梦想"征文触碰到了政治敏感话题，《东方杂志》遭到政府的警告，杂志社解除了与胡愈之的编辑合同。与政治有意疏离就是与政府保持距离，务使刊物的编辑行为及内容不碰触政府的红线，从而得以少受政治干扰，保持刊物的稳定运行，获得更大的经济收益和较大的社会影响。

当然，与政治有意疏离并不是不关心政治，也不是失去政治节操。例如五卅运动期间，面临有关民族情感和尊严的问题时，《东方杂志》充分展现出爱国情和正义心，通过具体的行动支持民众的爱国行为。

第二，广阔的国际视野。广阔的国际视野也是《东方杂志》的一贯追求。该杂志创刊于日俄战争期间，所以从一开始就站在广阔的视野上来看待这场战争，认为这是一场立宪与专制之争，更是黄白人种之战，并且看到了这场战争对中国发展的影响。民国之后，《东方杂志》又对第一次世界大战做了全方位的深入报道，这是国内其他刊物无法替代的。1920年以后，在传播世界知识方面更加用心。如钱智修在《本志之希望》中说："本志之内容，向本以记述世界大事为一大宗，今后将益努力于此途。务期以最经济之方法，将世界新发生之事实，为有统系之叙述。故于'外国大事记'外，复增辟'世界新潮'一门。凡以为吾人言论主张之根据也，凡以为吾人定立身处世之方针之借镜也。"① 在钱氏的表述中，我们可以看出他是把世界知识的传播看成"言论主张之根据"和"吾人立身处世之方针"，希望国人能够"开拓心胸，旷观域外"，具备宽广的国际视野，杂志亦应"顺应世界之潮流"。如果我们对《本志之希望》这篇文章做个词频统计就会发现，这里面用得最多的一个词就是"世界"，这足以说明杂志的世界视野。在《东方杂志》第18卷第12号的"编辑室杂话"中，钱智修也提到："本志自改革体例以后，颇蒙读者嘉许，但也有人以为太偏于学理的。自下一号起，拟多载讨论问题及关于世界大势的论著，希望读者多赐投稿。"② 这里也提到拟多载"世界大势"的论著。从《东方杂志》新设的栏目如"世界新潮""新思想与新文艺"等也可以看出它的世界意识。

正因为有了这样宽广的世界意识，《东方杂志》才能够持续不断地为国人提供新思想和新文化，正如坚瓠在《本志的二十周年纪念》中说："本志在这新生时代的思想战中，自愧不能为冲锋陷阵的先登者；但本志从不敢自弛其忠实的介绍的责任。如各派的社会主义，本志在十余年前，即已有系统的译述，柏格逊和欧根的哲学说，也由本志最先翻译……至于物质科学方面，因科学界的老宿杜亚泉先生曾主编本志十年，所以对于世界的新发明和新发见，从来不曾忽视。"③《东方杂志》在改版后的相当长时间里也是这样坚持做的。正是有了这样的国际视野，《东方杂志》才会反对调和论，才会有更

---

① 坚瓠：《本志之希望》，《东方杂志》第17卷第1号。
② 坚瓠：《编辑室杂话》，《东方杂志》第18卷第12号。
③ 坚瓠：《本志的二十周年纪念》，《东方杂志》第21卷第1号。

开放的心态，才会成为新文化的坚定传播者。

第三，互助的文化立场。在文化倾向上，《东方杂志》曾主张中西文化调和，但这种倾向在五四时受到持续的批判之后，该杂志转而提倡互助的文化观。这种文化观是站在宽广的国际视野中，以实际生活为主要导向，在西洋文明的基础上进行中西文化的互助。这种互助的文化观反对激进派的全盘西化，也反对温和派的中西调和，更反对"国粹派之笃时拘墟"，它以一种开放的姿态来对待中西文化，正如管豹在《新旧之冲突与调和》一文中所说："吾人以为学术文化，但有适应与不适应之分，不当有古今中外之别。吾人之要求学术文化，惟在适应于吾人之实际生活。"只有经过现实生活的"消化作用"，"始得成为吾人之所有，此之谓根本上之调和。非然者，纵日日言容纳欧化，日日言保存国粹，日日言调和新旧，仍与吾人之实际生活，漠不相关而已"[①]。正因为有了这种以实际生活为导向的互助的文化观，《东方杂志》才能面对文化思潮中的各种倾向采取不偏不倚的态度，也正因为有了文化立场的转变，《东方杂志》才成为五四后传播新文化的重要阵地。

以上我们从四个方面考察了《东方杂志》在五四后致力于打造传播新文化的公共空间和重要平台时所坚持的几个原则性问题。总之，五四后在传播新文化方面，《东方杂志》是做得十分出色的，甚至比新文化运动阵地的《新青年》做得更好、更精细、更全面，并且也更持久。《东方杂志》充分发挥了自身公共空间、公共平台的作用，它既作为一个窗口向外打开，将外国的新文学、新思想、艺术理论与科学知识介绍进来，让国人能够看到更为广阔的知识世界；它又甘当舆论的顾问者，使杂志成为编者读者表达见解、互相讨论的公共空间。这样不仅使新文化得到了更广泛的传播，而且还产生了深远的影响。从这个意义上讲，《东方杂志》是个合格的现代杂志，是一个成功的文化传播平台。

---

① 管豹:《新旧之冲突与调和》,《东方杂志》第17卷第1号。

第六章 《东方杂志》与20世纪初中国文学的转型

文学是文化中最重要的内容,所以探讨20世纪初中国文化的现代转型,自然也必须考察此时段的文学经历了怎样的转型。本章将以《东方杂志》上所刊登的文学作品为例,考察文学是如何转型与发展的。

一 文学语言从文言向白话转化

文言是中国自古以来的正统文字书写系统,它以先秦口语为基础,以秦汉经典著作为范式,随着封建主流意识形态的不断强化,确立了它无法撼动的正统地位。当然文言作为正统语言,也创造了属于它的辉煌成就,中国古代优秀的文学作品和历史典籍都是用文言写就的。在上千年的文化发展中,文言形成了它独特的文统。但是,随着时代的发展,文言已经与口语相分离,且分离的时间已经超出了一般所能理解的程度:"文字语言之离,其在汉之中叶乎?迄今距汉又二千年矣。……语言不啻百变,而文字迄未一变,其以今之言求古之文,宜乎?识字之民视五洲为独少矣"[1],因此,言文分离已经在一定程度上阻碍了中国文化的普及。

这种言文脱节的问题在鸦片战争后越来越引起知识分子的关注,从黄遵宪的"我手写我口",到裘廷梁的"白话为维新之本"的主

---

[1] 《语言文字宜合为一说》,《东方杂志》第2年第6期。

张,再到 1917 年文学革命中胡适的"以今世历史进化的眼光观之,则白话文学之为中国文学之正宗,又为将来文学必用之利器,可断言也"①,废文言崇白话的呼声与要求越来越强烈,并汇成一股汹涌的时代潮流,白话最终代替文言,彻底改变了中国语言发展的路径。从文言到白话的语言变革是中国现代化进程中最显见的成就。当然,从文言到白话的转变需要一个过程,它发生在清末民初,经历了大约三十余年的时间才完成了这场转变。而在这个过程中,《东方杂志》不仅见证了这场中国语言的变革,而且亲身参与其中,具体而言,大致表现在以下三个方面。

(一)杂志语言从用文言到用白话

在救亡与启蒙的背景下,言文分离的弊端显得益发严峻,晚清知识分子在语言上的觉悟是从黄遵宪开始的。1868 年黄遵宪引俗话入诗,反对崇古,写出诗歌:"我手写我口,古岂能拘牵?即今流俗语,我若登简编,五千年后人,惊为古烂斑!"并提出了"言文相合"的主张,成为文体解放的开路先锋。之后在戊戌变法期间,裘廷梁在《中国官音白话报》上发表了《论白话为维新之本》一文,裘氏从八个方面列举了白话益处:省日力、除骄气、免枉读、保圣教、便幼学、炼心力、少弃才、便贫民,表明了"愚天下之具,莫文言若,智天下之具,莫白话若"②的态度,鲜明地提出了"崇白话而废文言"的改革口号。1899 年,陈荣衮在《论报章宜改用浅说》一文中,也将文言认定为使民智闭塞的罪魁祸首,"一国中若农、若工、若商、若妇、若孺,徒任其废聪塞明,哑口瞪目,遂养成不痛不痒之世界,彼为文言者曾亦静思之否耶?"③同时他也是第一个明确主张报纸应该改用白话文的人。1902 年,梁启超在介绍严

---

① 胡适:《文学改良刍议》,《新青年》第 2 卷第 5 号。
② 裘廷梁:《论白话为维新之本》,《中国近代文论选》(上),人民文学出版社 1981 年版,第 180 页。
③ 陈荣衮:《论报章宜改用浅说》,《中国历代文论选》第四册,上海古籍出版社 1980 年版,第 177 页。

第六章 《东方杂志》与 20 世纪初中国文学的转型

复所翻译的英国亚当·斯密的《原富》时，批评严复"文笔太务渊雅，刻意模仿先秦文体。非多读古书之人，一翻殆难索解"，并认为"文界之宜革命久矣"①。

在戊戌变法前后，出于启蒙和救亡的需要，晚清知识分子从多方面研究和探讨"言文合一"的语言改革问题。从实践层面来看，首先是白话书报在各地涌现，日渐兴盛，如 1897 年的《演义白话报》和《蒙学报》、1898 年的《无锡白话报》、1901 年的《杭州白话报》和《苏州白话报》、1903 年的《智群白话报》《宁波白话报》《中国白话报》《新白话报》等，1904 年陈独秀也创办主编了《安徽俗话报》。正如阿英所说："1904 年前后，出现了好多种宣传革命的'白话报'……真是万口传诵，风行一时，如半阕《西江月》所咏：'爱国痴顽肠热，读书豪侠心坚。莫笑俺顺口谈天，白话报章一卷。'"②可见，当时白话报刊蜂拥的壮观景象。

面对这场声势浩大的语言变革，1904 年创刊的《东方杂志》也作出了自己的回应。《东方杂志》主要从报纸杂志的传播和教育的普及两个方面刊登了一些文章，关注了这场语言变革。《东方杂志》在第 1 卷第 8 期发表《改良风俗论下》一文，文章从改良风俗的角度，认为要去除中国风俗中"五经毒""鸦片毒""迷信毒"，其中在谈到去除"迷信毒"的方法时提到要"广白话报"的主张。

> 今之谈进化者，动欲取泰西文明，托之弹词小说，输入于下流社会，然而言者谆谆，听者藐藐，何也？下流社会之识字少也。吾以为白话报之扩充，当与女学并进。盖女子之向学者众，则其所生之子女，识字之数亦多，识字之数多，白话报乃可通行矣。③

---

① 梁启超：《绍介新著〈原富〉》，《新民丛报》第 1 号。
② 阿英：《白话报——辛亥革命文谈三》，《人民日报》1961 年 10 月 16 日。
③ 可权：《改良风俗论下》，《东方杂志》第 1 年第 8 期。

《东方杂志》第2卷第1期刊登《论中国书报不能发达之故》一文指出:"吾谓今之书籍,除国文教科外,宜多用白话,而以科学书为尤要",因此要"借白话以明之"①,要求报纸采用白话,以更方便地普及知识、传播新思想。第2卷第8期节录《顺天时报》的文章《论政府宜利用报馆并推广白话演说》认为:面对"社会中识字之人通文者不过什一,则文言之报有时而穷"的现象,指出白话能够解决文言报纸的弊端,"济报纸之穷,端有赖于白话焉,白话者,报纸之先锋也",要求政府利用报馆广开民智,同时指出"普通社会之人识字者什不得一,白话报纸之在社会得其一而失其九,遗憾犹多。济白话之穷,舍演说莫为力也。演说者,为白话之先锋也",主张"利用白话演说,……而使新知得以普及"②,促使广大普通民众明晓事理。作者还在文章中提到了推广白话的方法。以上几篇文章从不同的方面强调了白话报纸杂志在传播知识,启发国民方面的重要作用,但目的是启蒙民众。

在普及教育方面,《东方杂志》也发表了多篇文章。第2卷第3期中节录了《新闻报》中刊登的文章《论教育普及宜注重初等小学及变通语言文字》。在这篇文章中,强调了小学教育的重要性,提到"今日救亡之道,莫急于教育国民,而教育国民,莫急于初等小学",作者认为中国教育不普及的原因之一是"语言文字之障碍","大凡一国之言文分者,其国家之教育,人民之进化,必不能普及于全国上下。欧美各国,无地无校,无人不学,赖有此言文合一之习惯。中国言与文分,寻常之人,能通之于语言,不能达之于文字。此识字者之所以少,而教育之所以不普及也"。为了解决这一问题,中国应借镜日本,"夫著国语以求实用,设文科以保国粹","将各省师范学校所授科目,悉用京话指授,小学课本,又仿言文合一之例,将文语改为京语"。如是,"语言文字为一国精神所寄,必出之浅显,

---

① 鹤谷:《论中国书报不能发达之故》,《东方杂志》第2年第1期。
② 《论政府宜利用报馆并推广白话演说》,《东方杂志》第2年第8期。

第六章 《东方杂志》与20世纪初中国文学的转型

便于记诵，夫而后一览了然，教育有普及之一日"①。

另一篇文章《语言文字宜合为一说》（节录乙巳年三月十一日《汉口日报》），针对自汉以来言文分离现象导致"识字之民"数量少的问题，文章认为"欲使吾国多数之人群能受教育、能读书，必自语言文字合一始"，作者还对未来言文合一表示自信："窃谓不出数十年，其间必有起肩作者之任者，文极而以质代之，亦天演自然之理。"② 五四白话文运动正是这个预言的证明材料。

在民国成立之前，《东方杂志》发表的最重要的一篇有关教育与白话关系的文章是《全国初等小学均宜改用通俗文以统一国语议》，文章开篇从语言文字对国家的重要性谈起：

> 一国之民所以能结合为一国家者，果何故乎？曰种族相同也，或宗教相同也，风俗相同也，语言文字相同也。而结合之力，尤以语言文字为最大。盖语言文字相同，则国民之感情，因之而亲洽，一国之文化，缘此而获调和，虽种族宗教风俗或有不同，而其结果，自能泯合于无形也。

作者将中国的语言文字分为古文、普通文、通俗文三种，指出通俗文"如向来通行之白话小说及近人所刊之白话书报是也。其名词句法，多与今日之语言吻合"，认为小学教育"若改用通俗文，则师教徒受，皆易于为力，疲精劳神以求通国文之时间少，则博求知识道德之时间自多，而学生卒业以后，亦可自读书阅报，以补学校教育之所不逮"③，文章建议把通俗文作为普及教育和国语统一的基础。

上述文章都是《东方杂志》从其他报纸杂志选录而来，虽然在

---

① 《论教育普及宜注重初等小学及变通语言文字》，《东方杂志》第2年第3期。
② 《语言文字宜合为一说》，《东方杂志》第2年第6期。
③ 博山：《全国初等小学均宜改用通俗文以统一国语议》，《东方杂志》第8卷第3号。

促进幼学发展及报纸杂志文字通俗化方面进行了宣传，成为晚清"语言觉醒"的一部分。但是，上述文章都不足以代表《东方杂志》的语言观点，在《东方杂志》上真正有分量的文章是以下几篇。

一篇是高凤谦的《论偏重文字之害》，高氏首先将文字分为"应用之文"和"美术之文"，二者各承担不同的用处：

> 应用之文字，所以代记忆，代语言。苟名为人者，无不当习知之，犹饥之需食，寒之需衣，不可一人不学，不能一日或缺也。美术之文字，则以典雅高古为贵，实为一科专门学，不特非人人所必学，即号为学者，亦可以不学，犹习工业者，不必兼农事，习理化者，不必兼政法也。

高氏将我国识字人少的原因归结为"以应用之文字，与美术之文字混而为一故"，因此，作者提出"欲文化之普及，必自分应用之文字与美术之文字始"的主张。高氏的文章从功能上对文字进行区分，强调应用文字的价值在于文化普及，而在中国长期的文化传统中，美术之文受到推崇，但"文字偏于美术，其害甚大"，因此他提倡推广应用之文。高氏所说的应用之文与上文所说通俗文相类。

杜亚泉对胡适、陈独秀等人掀起的新文化运动甚为关注，但对胡适等人全面推翻文言文表示了极大的不满和强烈的批判，因此刊登了一些文章，对新文化运动及其提倡者进行批判。在第16卷第3号上刊登胡先骕的文章《中国文学改良论上》开篇提到"自陈独秀、胡适之创中国文学革命之说，而盲从者风靡一时。在陈胡所言，固不无精到可采之处，然过于偏激，遂不免因噎废食之讥"，提出"今日而言创造新文学，必以古文学为根基，而发扬光大之，则前途当未可限量，否则徒自苦耳"[①]。第16卷第9号刊登李浩然的《新旧文学之冲突》，指出"今之倡导新文学者，固不乏绩学之士，然亦有

---

① 胡先骕：《中国文学改良论上》，《东方杂志》第16卷第3号。

第六章 《东方杂志》与20世纪初中国文学的转型

矜奇炫异好为过甚之词者。对于旧学,无所不诋,直谓数千年文物无一可存,甚且并语言文字,皆欲废弃,岂非奇谈",提出文言可以和白话共存,"各尽其用,未可取一而废其余也"① 的观点。还有第16卷第11号章行严的文章《新时代之青年》批评胡适说:"友人胡君适之,提倡白话,反对古典文学,在一定范围以内,其说无可驳者。惟其所标主义,有曰说话须说现在的话,不可说古人的话,听者不可以辞害意。若以辞害意,则须知不说古人的话,现在即无话可说。"他指出文言文是古人遗留给我们的宝贵财富,"文字者,祖宗所贻流我辈之宝藏也",如果我们一味摒弃文言,则"学问知识上,立见穷无立锥"。我们可以使用古人之意思,表达自己的观点,所以"愚见观之,不说古人的话,不必一定是新文字的规律"②。

杜亚泉的《论通俗文》一文是其个人语言观的总结,因其主编身份,在一定程度上也可以说代表了《东方杂志》清末至五四时期的语言立场。他在文章中首先区分了通俗文和白话文的差别:

> 白话文以白话为标准,乃白话而记之以文字者;通俗文以普通文为标准,乃普通文而演之以语言者。以白话为标准者,其能事在确合语调,记某程度人之白话,则用某种程度之语调。若老人若青年若妇孺、若官吏若乡民若市侩若盗贼,其语调可一一随其人之程度而异。此种文体,可以为显示真相之记事文,可以为添加兴趣之美术文,用之于小说为宜。以普通文为标准者,所用名动状词及古典成语之类,既与普通文相同,惟改变其语助词,使合于语调,其不能变改者仍沿用之。此种文体,可以作新闻,可以为讲义,演之于口,则可谓之为高等之白话。详言之,即通俗文者,不以一般人之白话为标准,而以新闻记者在报纸上演讲时事之白话,与学校教师在讲坛上讲授科学之

---

① 李浩然:《新旧文学之冲突》,《东方杂志》第16卷第9号。
② 章行严:《新时代之青年》,《东方杂志》第16卷第11号。

> 白话为标准。此等白话，非一般的白话，除少数之记者教师以外，现时殆无人应用此白话者。故与其谓标准于白话，毋宁谓其标准于普通文。其中除一部分之语助词外，余实与普通文无异也。予对于通俗文与白话文之区别，其见解如此。①

杜氏出于生活的经验和学理的分析，指出二者在语言标准以及语用上的差别，是非常有道理的，也是非常必要的。

其次，杜氏对五四白话文运动及白话文学表达了不满。

> 抑今日之提倡通俗文者，往往抱有一种偏狭之见。以为吾国今后文学上，当专用此种文体，而其余之文体，当一切革除而摈弃之。此种意见，实与增进文化之目的不合。社会文化，愈进步则愈趋于复杂，况以吾国文学范围之广泛，决不宜专行一种文体以狭其范围。……故吾谓杂多之文体，在文学之范围中，当兼收并蓄。惟应用之文体，则当然以普通文及通俗文二种为适宜。现时二者并行，须演讲宣读者，宜用通俗文，须研究考证者，宜用普通文，将来通俗文习用以后，语助词之解释确定，规则严密，则当专以通俗文为应用文。……所谓革新文学者，或转有灭除文学之虑矣。至现时以通俗文所著之文学文，即所称为新体诗者，既系长短句，且不押韵，全然与诗体不同。其与通俗文略异者，仅因其有文学之性质，有文学文之性质者，岂必名之曰诗？既非诗体，何妨另立一名，何必袭诗之名而用之乎？②

杜氏对新文学运动表达了极度不满，认为提倡新文学者"往往抱有一种偏狭之见"，有"灭除文学"的危险，批评其所谓"新体诗"

---

① 伧父：《论通俗文》，《东方杂志》第16卷第12号。
② 伧父：《论通俗文》，《东方杂志》第16卷第12号。

全然没有诗味，根本算不上诗体。这大概是杜亚泉对新文学运动最直接、最严厉的批评了。此时杜氏的主编已被撤换，不甘失败的杜亚泉一定对陈独秀、胡适等提倡新文化和新文学运动颇有怨言，无端地被引入论争，无端地受到批评，无端地失去主编的位置，所以在他发表的最后一篇"社说"性质的文章中毫不留情地表达出了自己的愤怒。作为竞争场的失败者，杜亚泉含恨离开了自己主编了十年的《东方杂志》，除1923年在《东方杂志》第20卷第24号上刊载《马将推原》之外，别无他文发表。

当然，杜亚泉并不是反对白话文，他只是反对激进的态度，主张以渐进的方式推进他所谓的通俗文的变革，这是他一贯的态度。这种态度早在《东方杂志》第8卷第1号发表《中国文字之将来》这篇译文中已经确定下来。文章译自日本山木宪，杜氏在文前有较长的"译者云"，明确地阐明了自己对于中国文字的意见，其中就提到：

> 文字语言，不能强归一致。语言发于口而感于耳，文字作于手而触于目，器官既异，作用自殊，强令一致，则便于口者不便于手，利于耳者不利于目，无两全之道也。夫言语传以声音，过而不留，简短者易于忽略含浑；文字则有迹象可求，不虑其忽略含浑。惟冗长繁缛，则写作诵读，均为不便。故理想上之文字，必简略于语言，但能有一定之规则与语言相对照斯可矣。且欲语言与文字，有对照之规则，亦惟有改变言语以就文字，使言语渐归于统一，不能改变文字以就语言，致文字日即于纷歧。①

这里的说法与《论通俗文》的说法很有相像之处。所以说杜氏的语言思想是一致的，它建立在对中国语言文字自信的基础之上，不主张废除文言，但也不排斥白话，就像他说的那样，普通文和通俗文

---

① 山木宪：《中国文字之将来》，杜亚泉译，《东方杂志》第8卷第1号。

可以并行不悖，各有不同的适应对象，各有其不同的功用，不必强求统一。

1920年《东方杂志》改版后，就放弃了杜氏坚持的语言观，皈依到白话阵营。所以改版后的《东方杂志》虽也发表了几篇有关语言的文章，如《论禁白话文》《通俗文与白话文》，但其主旨都是倡导白话的，反对文言的。

（二）文学作品由文言到白话

《东方杂志》从一创刊就刊登小说，后来一直发表文学作品，是20世纪上半叶一个重要的文学园地。小说本是通俗文体，一向被认为是街谈巷议的小道末技，其原因之一就在于小说语言的通俗性，近于白话。梁启超虽然把小说提升到国民之魂的高度，称其为文学之最上乘，但主要还是在思想方面提升小说的价值，小说语言方面的变化不大。后来翻译小说盛行，虽有林译小说的古雅，但还是有些西语无法翻译成雅训的文言，于是翻译小说中白话越来越多，成为文学翻译的主流。

《东方杂志》最初刊载的都是翻译小说，用的差不多也都是通俗文字。如最早刊登的《毒美人》一篇，其绝大部分主体是浅近文言，但也时常会出现一些白话的句子，如"学塾在镇极南山坡上"。到该刊第二篇译作《邮贼》，语言更通俗了，白话的成分也更多了，如小说的开头一段：

> 当今地球上西半球有一个美利坚国。国中有一地方。名叫西卡哥。离西卡哥二十余里有个乡村。在二十年前的时候。有个富商。名叫赫斯德。那人是个财主。既有资本。又善经营。他生平尝有一句话。道是以兵立国。总不如以商立国的好。这句说话，当时没一个人不佩服他。大凡一国要想图强。必定先要富。若是不能富。那强字从那里说起呢。我们中国。怯怯犯了这个病。和赫氏的话正闹了个反对。闲话休提。赫氏既怀着

这样大经济。他又疏财仗义。豪爽非凡。生了一子。取名劳尔飞。年方十四岁。出落得一表英才。他父母就爱得如同珍宝。那劳尔飞年纪虽轻，却是天性聪明，峥嵘头角，更有一种异乎寻常的。他脑筋里生来就含有着一副义侠的性质。可算是赤胆热肠。真是令人又可敬。又可爱。他自小就将世界英雄豪杰自许。最爱的是名家小说。后来出去做那些惊天动地可泣可歌的事业。要算得力在小说书上居多。如此看来。小说这件东西，岂不是最可贵的吗？①

但总体来看，《东方杂志》早期像这样的白话作品并不多，笔者对《东方杂志》1920年前刊登的小说作品进行了统计，发现大多数为文言翻译，其中只有《邮贼》《侠黑奴》《美人烟草》《忧患余生》《新飞艇》《绛带记》几篇用的是白话，这其中主要进行白话翻译的是吴梼和天游两位翻译家。另外胡愈之以"蠢才"的笔名翻译了《太贵了》，按译者所说，此文原为"法国毛柏霜"（今译莫泊桑）所作，"俄国托尔斯泰改作"。译者从俄文中转译而来，是用白话文翻译的，行文极为流畅。胡愈之是著名的翻译家，在《东方杂志》上翻译了很多作品②。总之，"在五四新文学运动之前，《东方杂志》上已经出现了较为成熟的白话翻译文学，只不过这种白话翻译文学与林纾等人的文言翻译文学同时存在，在数量上还不足以与文言翻译文学相抗衡，还没有成为文坛的主流，但白话在表现日常生活语态、情趣以及通俗性方面的优势已经非常明显了，是文言所不可比拟的。正是有了这样一批白话翻译文学作品的存在，所以到五四时期，胡适提倡白话文学才会顺理成章"③。

除了文学翻译大部分采用文言之外，早期的《东方杂志》还是

---

① 《邮贼》，《东方杂志》第1年第8期。
② 详见王勇《胡愈之在〈东方杂志〉上的文学翻译》，《海南师范大学学报》2013年第3期。
③ 王勇：《〈东方杂志〉与现代中国文学》，中国社会科学出版社2014年版，第138页。

古体诗和宋诗派的一个重要阵地，先后有"文苑""海内诗录""诗选"等栏目，发表古体诗文约 2000 首。总体来看，《东方杂志》早期在文学方面是以文言为主，白话文学只在翻译上有一定比例，白话还不足以和文言抗衡，但白话的优势和发展势头已经不可阻挡。

《东方杂志》在 1919 年的变更体例预告中提到，小说"选登白话短篇，最长者亦以三期登毕为度，间用文言，亦力求浅显爽豁"，在坚瓠的《本志之希望》中，申明"今后拟以能传达真恉之白话文，迻译名家之代表著作"。1920 年《东方杂志》所刊载的翻译文学作品全部改为白话，但仍有"文苑"栏，登载古体的诗文，所以 1920 年的《东方杂志》在文学上呈现出文言、白话共存的景观。1921 年开始，"文苑"栏撤销，坚瓠在《编辑室杂话》中说"中国的旧文学，其势不能够不改革了；所以本志从今年起，决计把文苑废掉，另设新思想与新文艺一栏，当作介绍西洋文学的引子；所有诗古文辞一类的投稿，从此就一概不收"，文言彻底离开了《东方杂志》，在文学上彻底走上白话文学的轨道。白话文的运用使《东方杂志》的语言风格一扫以往陈朽晦涩面貌，恢复了生气，很好地融入社会变迁的大潮中，拓宽了自己的读者群，发行量与日俱增。

《东方杂志》由晚清时期的"语言觉醒"，到杜亚泉时期渐进改革并提倡通俗文，到 1920 年转型后全面实行白话文，这是一个漫长的过程。《东方杂志》顺应了思想变化的潮流，最终放弃文言，加入白话文的行列中，与《新青年》《新潮》等杂志一道共同推动了白话文运动的发展。

（三）语言转型的评价

《东方杂志》作为清末民初的一份重要杂志，全方位见证了从近代开始的文言到白话的语言变革过程，记录下社会巨变所蕴含的丰富的语言资源，如《东方杂志》的词汇材料能够呈现出现代汉语初期新词语、新词义的出现及发展变化，展现由文言文向白话文转型的过程中古语词的存用和隐退状况，反映出西学东渐过程中出现的新词语、新词义及丰富的词语过渡现象。

《东方杂志》创刊初期秉持着"启导国民,联络东亚"的办刊宗旨,积极宣传晚清的政治改良,重视报纸和教育对民众的启发作用,因之对白话文的应用、国语的统一和汉字的注音进行了热烈的讨论。《东方杂志》的这些工作实际上为五四白话文运动的开展做了充分的准备。

五四时期的白话文运动是中国历史上一场轰轰烈烈的语言变革运动,《东方杂志》作为贯穿这一过程的重要期刊,在文言到白话的转变过程中发挥着重要的作用。以胡适为代表的新青年派认定文言是"死文字",白话是"活文字",主张以激进的方式毫不犹豫地摒除文言,推行白话,并将"国语的文学"与"文学的国语"两场运动结合起来。而《东方杂志》在语言变革上追求客观温和,主张在文言和白话之间寻找一个调和点,即主张通俗文。《东方杂志》对新文化运动虽不无批评之辞,但并没有根本上加以反对。《东方杂志》并不反对白话文,但也不主张废弃文言。从表面上看,它与五四时期的主流语言观念是相悖的,但是它始终用温和稳健的方式参与并推动着由文言文到白话文的语言变革进程,最终在1920年后全面加入白话文的行列。《东方杂志》在普及教育、启蒙民众,以及推动语言从文言到白话的变革,保存变革过程中的语言面貌,有着非常重要的意义,是推动中国白话文运动的一支重要力量。

二 从钟情小说到文体的多样化

为了说明1904到1927年《东方杂志》文学作品的发表情况,笔者做了粗略统计,情况如下。

1904—1919年共发表作品34部。其中译作29部,全部为小说,创作小说3部,戏剧2部。

1920年共发表作品53篇。创作作品5篇,译作48篇,其中小说41篇,剧本6篇,散文4篇,寓言2篇;发表古体诗词418首。

1921年共发表作品56篇。创作小说2篇,译作54篇;从文体上分,小说41篇,剧本8篇,散文诗1篇,寓言故事5篇,童话1篇。

1922年共发表作品53篇。原创作品15篇,其中小说14篇,剧本1篇;译作38部,其中小说26篇,剧本7篇,诗歌1篇,其他4篇。

1923年共发表作品48篇。原创作品15篇,其中剧本1篇,小说14篇;译作33篇,其中剧本6篇,小说25篇,散文随笔1篇,诗歌1篇。

1924年共发表作品44篇。创作作品25篇,其中小说22篇,散文2篇,剧本1篇;翻译作品19篇,其中小说14篇,剧本5篇。

1925年共发表作品41篇。创作作品22篇,其中小说20篇,剧本2篇;译作19篇,其中小说16篇,剧本3篇。

1926年共发表作品46篇。创作作品23篇,其中原创小说20篇,剧本2篇,改译剧本1篇;翻译作品23篇,其中小说16篇,剧本7篇。

1927年共发表作品31篇。其中创作小说16篇,翻译小说15篇。

累计共发表小说332篇,剧本52部,诗歌作品以古代诗词为主,新诗作品极少,散文作品因统计标准难以确定,因而不在统计范围之内。

(一) 对小说情有独钟

在《东方杂志》第1年第1期的《新出东方杂志简要章程》中列举了杂志的十五个栏目,依次是:"一社说,二论旨,三内务,四军事,五外交,六教育,七财政,八实业,九交通,十商务,十一宗教,十二杂俎,十三小说,十四丛谈,十五新书介绍。"从中可以看出"小说"位列十三,地位仅仅略高于"丛谈"和"新书介绍"。四年之后的1908年,《东方杂志》第一次改版,小说依然是"彰瘅美刺托之稗官,言者无罪,闻者足戒"。但是,值得我们注意的是,在创刊之初,《东方杂志》并未设立除了"小说"之外的其他文学的栏目,直到第一次改版,才设立了"文苑"一栏,"小说"位列"文苑"之后,只排在第八位,但是,"小说"依然是作为一个独立

第六章 《东方杂志》与20世纪初中国文学的转型

的栏目而存在。《东方杂志》是一个综合性刊物，作为"稗官之言"的小说，其重要性自然不能和政治、经济等相比，自然在地位上也不能与传统的文学正宗"诗文"相比，但其作为一个独立的栏目，能够长期存在，能够与政治经济以及诗文同在一个刊物上出现，说明"小说"还是很受重视，也是深受读者欢迎的。1911年第8卷第1号起，小说开始排在"诗选"栏之前，这更说明了小说地位的变化。

《东方杂志》从1904年3月11日出版第1卷第1期到1908年8月21日的第5卷第7期的首次改版，总共出版了55期。在这55期当中，"小说"从未中断过：第1卷第1期到第7期连载美国乐林司朗治的侦探小说《毒美人》，第1卷第8期到第12期连载侦探小说《邮贼》；第2卷第1期到第5期连载英国培福台兰拿的侦探小说《双指印》，第2卷第6期到第12期连载侦探小说《天方夜谭》之《苹果酿命记》《荒塔仙术记》《墨继城大会记》；第3卷第1期到第3期连载日本尾绮红叶的短篇小说《侠黑奴》，第3卷第4期到第7期连载日本广津柳浪的立志小说《美人烟草》，第3卷第8期到第13期连载《空谷佳人》；第4卷第1期到第4期连载俄国戈厉机的种族小说《忧患余生》，第4卷第5期、第6期、第7期刊登的分别是美国加撒林克罗女史的笔记小说《陶人案》、《数缕发》和《黑幻像》，第4卷第8期到第11期连载的是美国加撒林克罗女史的笔记小说《车中语》，第4卷第12期是美国加撒林克罗女史的笔记小说《拯三厄》；第5卷第1期到第3期连载的是社会小说《鸩毒媒》，第5卷第4期到第6期是阿戈罗的笔记小说《英雄骨》。

我们发现，《东方杂志》从创刊开始，杂志的其他栏目多有变动，但"小说"栏目几乎从未中断，每卷每期必有一篇小说，或为短篇，或为长篇连载。可见，"小说"栏的地位是不可撼动的，也可以说《东方杂志》对小说情有独钟。

早期的小说以文言翻译为主，仅有数量有限的几篇是用白话翻译的，1920年以后的翻译小说都采用了白话翻译。创作小说中，早期数量极少，只有《碎琴楼》《绿波传》《元素大会》几篇。1920年后，创作小说的数量经历了一个由少而多的过程，大约"从1922年以后，各种文学社团纷纷涌现，作品数量急剧增加，到1924—1926年形成一个小高潮，每年发表创作小说在20篇以上"①。

在翻译小说方面，《东方杂志》注重登载名家的翻译。如早期的译者中林纾、吴梼、天游、甘作霖是最重要的译家，其中林纾的翻译约占《东方杂志》早期翻译版面的1/3，"从篇目数量上看，林纾的译作占了总数的近1/4，从期数上看，《东方杂志》从1904年创刊到1919年12月，共出170多期，其中58期上有林纾的译作，占了1/3，林纾在《东方杂志》上发表的译作的总字数约在40万字左右，所以说1919年前的《东方杂志》是林纾译作发表的重要阵地，林纾的译作支撑起了早期《东方杂志》的文学世界"②。吴梼先生是日俄文学的翻译大家，他的翻译在清末算得上独树一帜，他不仅能够熟练运用白话进行翻译，而且还大量运用了问号、叹号、省略号、顿号等新式标点，这在当时是非常难能可贵的。他在中国翻译界上的这种开创精神是令人敬佩的，也受到翻译学界的高度评价："他使用的是通俗的白话文，这在当时还是并不多见的"，"在当时的译界中，涉及作家之多，题材之广，除林纾以外，似乎少有出其右者"③。吴梼发表在《东方杂志》上的《忧患余生》，是从日本长谷川二叶亭的《犹太人之浮生》转译而来的高尔基的《该隐与阿尔乔姆》，这是最早翻译成中文的高尔基的作品，因而在翻译史上具有重要价值，"它虽不是高尔基的代表作，但中国人民却通过这部译作首先认识了高尔基，其首介之功还是不能抹煞的"④。

---

① 王勇：《〈东方杂志〉与现代中国文学》，中国社会科学出版社2014年版，第232页。
② 王勇：《〈东方杂志〉与现代中国文学》，中国社会科学出版社2014年版，第137页。
③ 连燕堂：《二十世纪中国翻译文学史·近代卷》，百花文艺出版社2010年版，第284、286页。
④ 郭延礼：《文学经典的翻译与解读：西方先哲的文化之旅》，山东教育出版社2007年版，第114页。

第六章 《东方杂志》与20世纪初中国文学的转型

与《东方杂志》早期的小说翻译不同，五四后的小说翻译更注重短篇的译介，一般以三期为限。这时的小说多是俄国和法国的作品，还有一些东欧国家的作品，从作家来看，莫泊桑、契诃夫、高尔基、屠格涅夫的作品最多。此时期翻译小说中影响最大的当属夏丏尊先生翻译的《爱的教育》。该作品连载于《东方杂志》1924年的第21卷上，后又出版了单行本，在中国翻译史及儿童文学教育中占有非常重要的地位。夏译《爱的教育》出版后非常畅销，新中国成立前发行量已达一百多版次，在社会上产生了良好反响，几乎成为学校、家长和学生的必读书目。可以说，"是《东方杂志》成就了夏丏尊翻译家的盛名，是《爱的教育》奠定了他在中国翻译文学史上的地位，而刊登《爱的教育》也成为《东方杂志》对于中国翻译文学事业的一大贡献"[1]。

在创作小说方面，值得一提的首先是何诹的《碎琴楼》，这是《东方杂志》发表的第一部长篇创作小说，它的发表标志着《东方杂志》的小说从侦探小说向言情小说的转变，也标志着由翻译小说向创作小说的转变，被称为"清末最早的长篇文言哀情小说，是民初鸳蝴派小说繁荣的先声"[2]。另一篇《元素大会》是《东方杂志》发表的第一部短篇创作小说，而且内容也极其新颖，作者将化学元素周期表中有关元素的特性以小说的形式来进行宣传，颇富创新性。将枯燥的科学知识和化学元素通过文学的方式进行介绍，这应该是中国人的第一次科普尝试，也应该是中国人自己创作的第一部科普小说。这部小说的价值不在于艺术水平，而在其创新性。

五四后的创作小说始于1920年雪村的两部作品《风》《私逃的女儿》，之后《东方杂志》还刊登了很多的名篇名作，如鲁迅的《祝福》《白光》、郭沫若的《喀尔美罗姑娘》《行路难》《落叶》、巴金的《新生》《雾》《雨》、王统照的《湖畔儿语》、叶绍钧的《外

---

[1] 王勇:《〈东方杂志〉与现代中国文学》，中国社会科学出版社2014年版，第199页。
[2] 王勇:《〈东方杂志〉与现代中国文学》，中国社会科学出版社2014年版，第220页。

国旗》、许杰的《赌徒吉顺》、蹇先艾的《在贵州道上》、沈从文的《刽子手》、王鲁彦的《阿卓呆子》等几十部,这里只是列举了部分跟本论题相关的作品。

《东方杂志》因为坚持开放包容的态度,所以很多流派如文学研究会、创造社以及左翼的作品都能够在上面发表,在上面我们可以看到问题小说、乡土小说、以及浪漫抒情小说等小说流派的影子。《东方杂志》从创刊就钟爱小说,二十多年中取得了令人骄傲的成绩。

(二)宋诗派的重要阵地和少量新诗

《东方杂志》先后创办了多个用于发表古诗文的栏目,如 1908 年第 5 卷第 7 期《东方杂志》改版后,新增加"文苑"栏目,以登载文言诗文为主,"这一栏目从 1908 年第 5 年第 7 期至 1911 年第 7 年第 12 期终止,共有 21 期;后此栏于 1916 年第 13 卷开始恢复,直至 1920 年第 17 卷第 24 号止,又出版了共 70 期,加起来,这一栏目共刊发了 91 期"[①]。"文苑"栏中断期间,又有"诗选"和"海内诗录"栏目先后创办。"诗选"栏出现于 1911 年第 8 卷第 1 号至第 7 号,共刊发了 4 期。"海内诗录"出现于从 1915 年第 12 卷第 7 号至第 12 号,共刊出 6 期。这几个栏目都是以刊登文言的古体诗文为主,根据笔者和其他学者的统计,在这几个栏目中累计发表的文言诗词约 2000 首[②]。这个数量是相当可观的,此时的《东方杂志》成为民初宋诗派的主要阵地,从"期刊和宋诗派文人群体的关系来看,民初(1912—1917)明显是宋诗派影响最著的时期。1917 年以后,随着新文学力量的出现,宋诗派的生存空间开始受到挤压,但并未如人们想象的那样脆弱,直到 20 世纪 20 年代以《学衡》,20 世纪

---

① 王勇:《〈东方杂志〉与现代中国文学》,中国社会科学出版社 2014 年版,第 37 页。
② 杨萌芽:《〈东方杂志〉与清末民初宋诗派文人群体》,《复旦学报》2007 年第 5 期。该文认为,1915—1920 年的《东方杂志》是这一群体发表诗作的重要阵地。该文梳理了《东方杂志》上 1915—1920 年 5 年间发表的 1700 余首诗。笔者又将 1915 年之前《东方杂志》发表的诗作进行了统计,有 250 余首,两者相加,总共 2000 首左右。

第六章 《东方杂志》与20世纪初中国文学的转型

30年代以《青鹤》为主要阵地来发表一些宋诗派的作品。从《庸言》—《东方杂志》—《学衡》—《青鹤》可以看出民国时期宋诗派诗人群体始终有自己的刊物作为阵地"[①]。可见，《东方杂志》在民初成就了一个诗派，其功不可低估。

1908年《东方杂志》"文苑"栏的增加，意味着该杂志独尊小说时代的结束，同时也意味着该杂志文学视域更加宽广，古典诗文的大量出现也意味着《东方杂志》文学取向的变化，诗文成为其鼓吹东亚大陆文明的重要内容。1921年"文苑"栏退出《东方杂志》，宋诗派失去了这个阵地，同时也意味着传统诗文作为"显学"和文学盟主的时代过去了。

《东方杂志》对传统诗文的一往情深，导致它对新诗的冷漠，所以在该杂志长达40多年的历程中，发表的新诗总共也不过十几首。译诗在1921年、1922年、1923年各1篇，创作新诗于1932年才登上《东方杂志》的版面。最早的译诗是松山翻译的俄国都介涅夫（今译屠格涅夫）的《老妇人》，刊物上标明这是一首散文诗，还不是真正意义上的现代诗。真正意义的现代译诗是俄国盲诗人爱罗先珂的一首《失望的心》[②]，胡愈之翻译，诗如下：

> 我踏遍了地球，寻遍了世界，
> 我想找寻那爱的兄弟们哟，
> 但是我却找到了妖精们和野兽们，
> 再不然，也不过是些戏弄万物的狡狯的猴子哟。

> 他们以爪牙报答兄弟的敬礼，
> 以凶噬报答兄弟的握手，
> 兄弟的真心的接吻以唾吐报之，

[①] 杨萌芽：《〈东方杂志〉与清末民初宋诗派文人群体》，《复旦学报》2007年第5期。
[②] 爱罗先珂：《失望的心》，愈之译，《东方杂志》第19卷第15号。

友爱的拥抱以老拳答之。

  我用了温暖的兄弟的手,
热烈而又至诚的心去找寻朋友,
但是徒然的,我只找得了狡恶的妖精的
生着长爪的有毛的腿罢了。

  如今我是倦了哟,我要去安息了,
深深地安息在那爱的地球母亲的心坎里,
在深眠里我将要永远梦着,
梦见兄弟朋友到处是在找我哩。

译者在诗后注明,"此诗系爱罗先珂君在北京时之所作,未在别处发表。原文为世界语,曾刊载《绿光杂志》"。另外的译诗是檗黄翻译的英国诗人丹尼孙(今译丹尼生)的两首诗《吃落拓枣的人们》《优黎瑟士》,都是丹尼生的名作。

  创作诗歌共发表了俞平伯、老舍、施蛰存、卞之琳、臧克家、徐訏、番草、甘运衡8位诗人的11篇作品。第一篇诗歌是愈平伯的《他是一块洪炉的赤铁——呓语之三十四》,诗如下:

  他是一块洪炉的赤铁,
匠人丁丁的锤子,一下又一下,
打动他那一往的狂热;
他是一股峭壁的飞泉,
碰在无论什么泥块土块石块瓦块上,
总磅礴着他那无穷的泡沫。

  感情一蓬火,思想一只针,

他的怀抱倒是什么也不像，
只有点像秋日的天空和水，
天的明，水的清。

抵抗一切，可以用我们的热烈，
忍耐一切，可以借重我们的定力；
惟有映照那一切，
谁敢说："我有这样的胸襟。"

此诗发表在《东方杂志》第 29 卷第 5 号，1932 年的"一·二八"事变，日本炸毁了商务印书馆的印刷厂，致使该杂志停刊八个半月，"对商务印书馆和《东方杂志》来说，这既是国难，也是馆难、刊难。面对灾难，商务印书馆提出了'为国难而牺牲，为文化而奋斗'的口号，在最短的时间内，恢复了《东方杂志》的出版，这是商务印书馆所出刊物中最先复刊的"[①] 杂志。第 29 卷第 5 号是复刊后的第二期杂志。这首诗就是在歌颂商务印书馆面对灾难而表现出来的顽强不屈的生存意志和宽广的胸怀。

（三）话剧的重要阵地

话剧是在 19 世纪末 20 世纪初传入中国的，最初称为"新剧"或"文明戏"，1906 年冬，受日本"新派"剧的启示，中国留学生曾孝谷、李叔同等人在东京组织建立了一个以话剧为主的综合性艺术团体——春柳社。之后，"春阳社""进化团""南开新剧团""新剧同志会"等各种新剧团体纷纷成立，在这些团体的共同努力之下，话剧这种新的文学形式在中国慢慢发展起来。

1911 年第 8 卷第 2 期的《东方杂志》上曾经刊载了一部陆恩煦的"传奇"剧《朝鲜李范晋殉国传奇》，篇幅不长，主要讲的是朝鲜皇族李范晋奉命驻使俄国，在日本侵占朝鲜后，李范晋组织义军

[①] 王勇：《〈东方杂志〉与现代中国文学》，中国社会科学出版社 2014 年版，第 24 页。

抗日，失败后自刎殉国的故事。虽然这是一部戏剧，但却不是真正意义上的现代话剧，因为这部作品依然采用的是中国传统戏曲的写作方法。比如，作品开头就写道"（恋芳春）大地沧桑，故宫禾黍，忍看衰草斜阳，只恨国防不密。亲昵豺狼，便把江山轻让。猛回首热潮膨胀，雄心壮，愿做个汉代张良，报我韩王"。作品主要用文言写成，运用了像"恋芳春""六奏宫调""北江梅令""前调""尾声"等曲牌，可见，这一时期《东方杂志》的戏剧创作还没有摆脱传统文学观念的樊篱。但对于尊崇小说、重视诗文的《东方杂志》来说，它的出现标志着一种新文体开始受到杂志的重视。随后，在第9卷第10号《东方杂志》开始连载王国维的《宋元戏剧史》，这说明，此时的《东方杂志》开始关注到戏剧这一文体了。

在1915年第12卷第6—8期的《东方杂志》上，连载了伧父（杜亚泉）的一部六幕剧作《假亲王》。杜亚泉在序中写道"此剧系演清季时剃发匠假扮醇亲王出使德国故事，就德人埃普华勃所著现代秘史，略加点缀而成。事之真伪不可知，传信传疑，还当询之埃氏，予不负责焉"。这是在1920年《东方杂志》改版之前的第一部也是唯一一部具有话剧性质的作品。当然，这部作品在文学艺术方面还显得很粗糙，塑造的人物性格并不鲜明，在情节安排上，也没有激烈的冲突。剧作有很强烈的文化倾向，可视作杜亚泉中西文化调和论的传声筒。如第一幕"桃花会"，皮那关于中法文化的一段表述："我们法兰西文学，虽为欧洲之冠，若能把中国文学的趣味，添在法兰西文学中，必然更放光彩……桃花是中国名花，可以代表中国文学的。我们学会，用这个名称，就是要把中国名花，种在法兰西花园里的意思。"虽然《假亲王》在艺术上还存在着诸多需要商榷的地方，但是我们无法否认的是，杜亚泉虽然并非剧作家，但他创作的《假亲王》已经初具话剧剧本的形式，《假亲王》的出现表明杜亚泉初步接受了现代话剧观念，有意引进西方话剧形式，并亲自尝试创作。从这个意义上看，这是一个具有标志性意义的事件，标志着《东方杂志》已经开始了现代话剧的实验,从话剧史上来看,杜亚泉的《假亲王》也具有开创之功。

1920年改版后,《东方杂志》对于戏剧的兴趣更加浓厚,发表的数量也更多。《东方杂志》从1920年第17卷第1号到1948年第44卷第12号,创作的剧本就有37部,尤其在1936年到1937年间,每年有五、六部剧本,这种繁荣的创作现象得益于1936年的国防戏剧运动。

虽然《东方杂志》上的话剧发表数量远远比不上小说,但同样刊登了一些在戏剧史上有重要影响的作品。欧阳予倩的《回家之后》发表于《东方杂志》第21卷第20号,后来被洪深收入《中国新文学大系·戏剧篇》(1917—1927)之中,并且洪深高度评价这部作品:"《回家之后》,是一部反映湖南乡间'书香人家'的生活的喜剧;在那时候的中国,这样轻松的喜剧,还算是首创呀。戏中这种不负责任的恋爱行为,无论在哪一种社会里,都是不对的;本可以成为悲剧;但作者是从吴自芳的观点描写的;她会这样聪明地对付,观众们便不难相信剧本所暗示的自芳底胜利,所以成为一个喜剧了。"① 除此之外,还在第34卷第18、19号合刊上刊载了欧阳予倩的《讨渔税》《曙光》两部作品。洪深作为中国话剧的三大开山祖之一,也在《东方杂志》上发表了多部作品,其中就包括他的成名作《赵阎王》,发表于1923年1月的第20卷第1、2号,这是他在回国之后发表的第一部剧作,也是他早期的代表作品。此后,《东方杂志》又相继发表了《少奶奶的扇子》(第21卷第2—5号)、《申屠氏》(第22卷第1—4号)、《第二梦》(第22卷第9—11号)、《汉宫秋》(第33卷第1号)、《夜长梦多》(第34卷第1、2号)、《风雨同舟》(第34卷第22—24号)等六部作品,其中《申屠氏》《夜长梦多》《风雨同舟》是电影文学剧本,《夜长梦多》于1937年由明星公司拍成电影。

---

① 洪深:《中国新文学大系·戏剧集导言》,上海良友图书印刷公司1935年版,第70页。

改版后《东方杂志》发表的第一部剧本是胡愈之创作的短剧，题为《最短的剧本》（美国实行禁酒后的事情）①：

第一幕（即末幕）
剧中人物　一个俱乐部里的堂倌　一个嗜酒如命的俱乐部员
堂倌进来，手上托着盘，盘上放一个白兰地酒瓶，瓶中满盛黄色的饮料。部员很馋嘴似的注视他。
部员　我想这东西是从私藏人家弄来的罢？
堂倌　为什么？不是的呀！先生。
部员　天呀！那么从什么地方弄来的呢？
堂倌　为什么这是刚才从酒店里买来的。
部员（附着耳说）　那么你怎样向他们买的呢？
堂倌　我说要香橙汁。
部员（仍旧附着耳说）　你得了些什么？
堂倌　香橙汁！
部员倒在地上……（闭幕）

本剧旨在讽刺美国实行禁酒后的荒唐事情，颇具讽刺效果。此剧的意义在于，第一，它是《东方杂志》改版后发表的第一部剧本，同时也是五四后该杂志上第一部创作剧本。第二，它是由杂志的编辑亲自编写的短剧。前面已经有杜亚泉创作的《假亲王》，这次又由胡愈之创作《最短的剧本》，如果再加上前面提到的雪邨的小说，都是编辑亲自操刀，都是非专业创作，可见《东方杂志》的编辑也都是很拼的，为了繁荣文艺不惜亲自上手，开风气之先。第三，从形式上看，这个剧本首开"短剧"之风。这可以说是五四后中国最早，同时也是篇幅最短的一部短剧。因此，在笔者看来，这部剧完全可以在戏剧史上写上一笔。

---

① 愈之：《最短的剧本》，《东方杂志》第17卷第5号。

第六章 《东方杂志》与20世纪初中国文学的转型

改版后发表的第一部译作是沈雁冰翻译的美国佩克（James M. Beck）的剧本《和平会议》（原名《这也许如此》），剧本讽刺了巴黎和会上美、法、意等国私下交易，但又伪善的嘴脸。1920至1922年，《东方杂志》发表的剧本最多，这可能跟1921年沈雁冰等发起成立上海民众剧社有关。

《东方杂志》在戏剧上另一个值得一提的是，它在1921年第18卷第13号推出了四种未来派戏剧《换个丈夫罢》《月色》《朝秦暮楚》《只有一条狗》，译者宋春舫在前言中说："未来派的学说，以及他们对于戏剧改良的表示，完全是一种'狂人'的学说。他们所刊的剧本，也是'狂人'的剧本。我们脑筋里，向来是没有这种东西。所以一定先要看了剧本，然后可以下几个评语，不然，就是'盲人骑瞎马'了。"① 剧本之后，译者还写了很长的后记，对未来派戏剧进行了总结概括，"第一，未来派的戏曲，完全是一种'没理由'的滑稽剧"；"第二，未来派的戏曲，除了麦呢来梯的几种剧本以外，都是单幕短剧。……有时短的简直不成样子"；"第三，未来派的戏曲，同神秘派是没有丝毫关系的"；"第四，未来派的戏曲，是完全意大利的一种出产品"。作者之所以介绍未来派戏剧是希望能对中国的戏剧改革提供借鉴，"尽管宋春舫并不造成未来主义的无政府主义、反结构等倾向，但他高度赞扬未来主义戏剧反传统的意义，并认为由于意大利与中国政治历史背景相仿，这个流派能够对中国戏剧的革新起到很好的作用"②。

除了发表戏剧作品，《东方杂志》此时期还发表了大量的有关戏剧的文章，向国人全面介绍国外戏剧发展情况和剧场的新变化，为中国的戏剧改革提供借鉴，这其中宋春舫在这方面用力最勤，发表了多篇有价值的文章，如《戏曲上德模克拉西之倾向》（第17卷第3号）、《近世浪漫派戏剧之沿革》（第17卷第4号）、《小戏院的意

---

① 宋春舫：《未来派戏剧四种》，《东方杂志》第18卷第13号。
② 邹红等：《百年中国戏剧史（1900—2000）》，岳麓书社2014年版，第239页。

义由来及现状》(第 17 卷第 8 号)、《德国之表现派戏剧》(第 18 卷第 16 号)、《现代意大利戏剧之特点》(第 18 卷第 20 号)、《法兰西战时之戏曲及今后之趋势》(第 18 卷第 21 号)等。宋春舫是我国研究西洋戏剧的专家,中国话剧运动的先驱,曾任北京大学和清华大学教授,教授戏剧史,1920 年他赴欧洲考察战后文艺发展情况,这些文章应该是他欧洲考察的成果。这些文章的发表对于五四时期国人了解外国戏剧的发展潮流,促进中国戏剧改革具有非常重要的意义。

总之,我们可以看到,话剧虽然没有达到小说的地位,但是《东方杂志》秉持"开放""中立"的文学态度,容纳新的文学形式,大胆进行文学尝试、文学创新,对于中国话剧艺术的发展起到了一定的推动作用。

《东方杂志》在散文方面发表的数量并不多。1920 年之前,在"文苑"栏中刊登过几篇文言体文章,在文学史上并没有什么影响力,这里不再多说。1920 年之后,在散文史上产生重大影响的是朱自清和俞平伯的《桨声灯影里的秦淮河》。两篇文章同时登载在《东方杂志》第 21 卷第 2 号上,两人同游一地,各有感而发,又同名在《东方杂志》"纪念号"上同时发表,"两篇文章像一对孪生的兄弟一样,珠联璧合,相映成趣,成就了中国现代散文史上的一桩佳话"[1]。

以上我们主要从文体的角度考察了《东方杂志》的文学发表情况,通过考察,我们可以得出以下几个结论。第一,从文体上看,《东方杂志》上的文体呈逐渐丰富的态势。最初只有小说,1908 年开始有诗歌和古文,1911 年后开始出现戏剧,1920 年后,文体更加完备,呈现出百花齐放的景观。第二,在四大文体中,《东方杂志》对小说可谓情有独钟,发表的数量最多,持续时间也最长,其次为戏剧,戏剧的兴盛在 1920 年改版之后。散文和诗歌实力较弱。第

---

[1] 王勇:《〈东方杂志〉与现代中国文学》,中国社会科学出版社 2014 年版,第 241 页。

三，《东方杂志》在小说戏剧的创新方面用力甚多，用心良苦。杜亚泉的剧本《假亲王》、端生的小说《元素大会》、雪邨的创作小说，胡愈之的《最短的剧本》等，这些作者都是《东方杂志》的编辑人员，为了开风气之先，不惜亲自动手，哪怕创作并非自己的专长，也勇于尝试，敢于作为，其精神可嘉。总之，《东方杂志》在中国文学的现代转型方面做了大量的工作，作出了自己的突出贡献，特别是它作为一个综合性刊物能够做出如此的成就，更显得难能可贵。兹引笔者在《〈东方杂志〉与现代中国文学》一书的一段话来结束本节：

> 《东方杂志》不仅为新文学作品提供了发表阵地，而且通过译者、编者以及批评家的共同努力，为新文学在创作主题、题材、艺术方法、文学思潮等方面提供正确的引导和扶持，使新文学能够尽快走出贫弱，健康茁壮地成长。1920—1924年是中国新文学建设的关键时刻，在这几年中，《东方杂志》拿出大量的版面支持新文学，取得了骄人的成绩，文学成为此时期《东方杂志》的重心。难怪《东方杂志》编者1924年在纪念《东方杂志》刊行二十周年的文章中自豪地说："第十七卷以后，本志更努力于新文艺的输入；国内创作家，亦常常以新作品见饷。计自十七卷至二十卷的四年间，本志所曾经刊载的短篇小说和独幕剧，已经可编成十二册的单行本，可谓'以附庸而蔚为大国'了。"由附庸而蔚为大国，正概括出了《东方杂志》在新文学发生期所取得的成就，也是它支持新文学的有力见证[①]。

三　从侦探言情到人的文学的转化

20世纪初中国社会正处于转型过渡时期，日俄战争、辛亥革命、

---

① 王勇：《〈东方杂志〉与现代中国文学》，中国社会科学出版社2014年版，第304页。

第一次世界大战、五四运动等重大社会事件相继发生,在这一社会历史进程中,中国文学也正在实现由传统旧文学向新文学的现代转型,并在不断变革发展着。将20世纪初中国文学的转型放到《东方杂志》这一综合性杂志中来考察,可以发现在1904到1927年间文学的内容经历了从侦探言情到人的文学的转化,而这一转化与中国文学的整体历程又是相契合的,由此可以得出《东方杂志》参与了20世纪初中国文学的转型,并且是这一转型的积极推动者。

(一)《东方杂志》与侦探言情小说

"侦探小说是一种运用逻辑推理或其他科技手段,解开罪案之谜,描写侦破过程,融情、智、理、趣为一体的独特的叙事文体"[①]。侦探小说是在晚清时期从西方引进的一种全新的小说类型,它与中国原有的公案小说、侠义小说不同,纯粹是西方的舶来品。侦探小说因其新奇而在晚清时期颇为流行,可谓风靡一时。阿英在《晚清小说史》中提到:"当时译家,与侦探小说不发生关系,到后来简直可以说是没有。如果说当时翻译小说有千种,翻译侦探要占五百部上。"[②] 1908年徐念慈在《余之小说观》里描绘说:"默观年来,更有痛心者,则小说销数之类别是也。他肆我不知,即'小说林'之书计之,记侦探者最佳,约十之七八;记艳情者次之,约十之五六,记社会态度,记滑稽事实者又次之,约十之三四;而专写军事、冒险、科学、立志诸书为最下,十仅得一二也。"[③] 由此可见侦探小说的流行程度。

在晚清侦探小说盛行的情况下,《东方杂志》为了吸引读者,自然不能错过这一商机。《东方杂志》1904年创刊后就开始刊登侦探小说,"侦探小说是最早进入《东方杂志》的小说类型,1908年以前几乎是侦探小说的天下"[④]。翻看《东方杂志》,我们可以看

---

① 任翔:《文学的另一道风景——侦探小说史论》,中国青年出版社2001年版,第3页。
② 阿英:《晚清小说史》,作家出版社1958年版,第186页。
③ 徐念慈:《余之小说观》,《小说林》1908年第9、10期。
④ 王勇:《〈东方杂志〉与现代中国文学》,中国社会科学出版社2014年版,第38页。

第六章 《东方杂志》与20世纪初中国文学的转型

到在1909年以前,它刊登的几乎都是侦探小说,在第1卷第1期就连载了《毒美人》《邮贼》两部,在其后的几期里又陆续刊登了《双指印》《陶人案》《数缕发》《黑幻像》《七医士案》《侠女破奸记》等。

  对于《东方杂志》来说,盈利并不是它刊登侦探小说的唯一目的。《东方杂志》在创刊之初就提出了"启导国民"的宗旨,因此侦探小说"从一开始就担负着'新民'和改良政治的重任。它最初受到重视,是因为侦探小说中蕴含着西方的民主制度、自由平等的思想、崇尚科学的精神、严密的逻辑推理能力以及高明的侦探手段等。换句话说,侦探小说在某种程度上包含了当时政治精英们的革命理想和对西方文明社会的想象"[①]。所以侦探小说所包含的启蒙性质,正符合《东方杂志》的创刊宗旨。由此,无论是出于商业利益的目的,还是宣扬启蒙的宗旨,创刊初期的《东方杂志》都成了侦探小说的阵地。

  《东方杂志》的侦探小说到1909年就逐渐减少了,随后该杂志的小说进入到一个多元时代,这其中尤以言情小说影响最大。"通常小说史研究对'言情小说'的认定,是一种题材上的认定,即泛指清末民初出现的以描写男女情爱生活为主要内容的小说创作。"[②] 言情小说大多叙述男女之间悲欢离合的爱情坎坷或极尽浪漫缠绵的爱情故事,一般具有很强的故事性和浓烈的浪漫主义色彩。清末民初,言情小说的数量开始增多,形成了中国近现代小说史上第一次言情高潮。

  《东方杂志》从第8卷第1号开始先后连载了《碎琴楼》《绿波传》《绛带记》《罗刹因果录》等言情小说,这些小说中既有翻译的,又有创作的。这其中具有标志意义的是创作小说《碎琴楼》。小说的作者是何诹,该小说1910年完成写作,1911年在《东方杂志》

[①] 王勇:《〈东方杂志〉与现代中国文学》,中国社会科学出版社2014年版,第39页。
[②] 季桂起:《中国小说体式的现代转型与流变》,山东大学出版社2003年版,第33页。

第 8 卷第 1—9、11、12 号上连载，共连载 11 期。商务印书馆于 1913 年出版了该小说的单行本。该小说共有 34 章，正文前有作者自序。作品讲述的是云郎在读书时，与李乡绅家十五岁的小姐琼花相恋，订立终身。后云郎家道中衰，流落广州街头，身体多病，生活艰难，琼花爱心不改，暗中接济。李父嫌贫爱富，疏远云郎，又不顾琼花意愿，将她许婚于陈家的银生。银生到国外留学后，提出了退婚要求。后来李家经商失败，琼花的母亲和父亲先后病亡。家庭遭遇如此变故后，琼花欲自缢，但被人救下。云郎打听到琼花的消息后，带病从广州回来寻找琼花，但琼花已死，云郎悲伤过度，亦不知所终。

《碎琴楼》虽然仍未摆脱传统的"乱离"模式，但是主人公琼花所遭遇的已不再是宏大的历史事件，而是琐碎的日常化或个人化的一系列悲惨事件，诸如贫富无定、嫌贫爱富、家人亡故、生死无常等。悲剧命运中历史因素有所消减，但个人化情感进一步加强，小说中已经开始呈现出新的质素，实为五四爱情小说之前的一个过渡。

《碎琴楼》在小说的题材、人物、叙事、结构、语言及描写等方面都极富特色，取得了可喜的成就，受到众多学者的肯定。范烟桥认为，清末民初的"散文长篇，以何诹的《碎琴楼》为上"[1]。晏立豪指出，"清末民初，有 3 位文言文小说大师享誉文坛，这就是写《断鸿零雁记》的苏曼殊，译著《茶花女遗事》的林琴南，再有就是长篇小说《碎琴楼》的作者何诹了。《碎琴楼》在民国年间印了数十次，风靡全国，其书脍炙人口，美味无穷，具有很高的思想性和艺术性，是反映清末社会现实的绝妙佳作"[2]。武润婷在《中国近代小说演变史》中将《碎琴楼》看作早期鸳蝴派小说[3]。范伯群先

---

[1] 范烟桥：《中国小说史》，苏州秋叶社 1927 年版，第 227 页。
[2] 晏立豪：《"南方才子"何诹与〈碎琴楼〉》，《文史春秋》1996 年第 1 期。
[3] 武润婷：《中国近代小说演变史》，山东人民出版社 2000 年版，第 206—211 页。

生在《中国近现代通俗文学史》中谈道,"《碎琴楼》因其对'言情'与'文言'的双重精到的把握,在清末民初的言情小说中应占不可忽视的地位,它代表了一种言情小说的正途。它既内应了古典写情小说的传统,又外合世界文学的写实潮流"①。谢庆立在《中国近现代通俗社会言情小说史》一书中,用了一节的篇幅来谈《碎琴楼》在话语模式转型方面的贡献②。除此之外,笔者也在文章中探讨过《碎琴楼》与现代文学的关系③。

学界一般认为1906年吴趼人的《恨海》和符霖的《禽海石》的同时出版,"预示着一个写情小说、甚至是写哀情小说的时期的到来"④,但笔者认为,《碎琴楼》大概是晚清最早用文言文撰写的长篇哀情小说,对民初言情小说的繁盛有先导之功:

徐枕亚的《玉梨魂》、吴双热的《孽冤镜》、李定夷的《賈玉怨》这三部被称为"鼎足而立的哀情骈俪名作"均连载于1912年,比1911年发表的《碎琴楼》晚了整整一年,所以说《碎琴楼》是清末民初最早的长篇文言哀情小说,是民初鸳蝴派小说繁荣的先声应该并不为过。对于《东方杂志》来说,《碎琴楼》的发表是对中国言情小说创作潮流的发现、引导和推动,《碎琴楼》正是借助了《东方杂志》这个重要媒介平台而对中国文学界产生影响⑤。

除了言情小说,这时期《东方杂志》还发表了科学小说《元素大会》、哲学小说《鱼雁抉微》(今译《波斯人信札》)和侦探小说《薄幸女》(原名《恶侦探》)等,这时期虽然并不专崇言情小说,但

---

① 范伯群主编:《中国近现代通俗文学史》,江苏教育出版社1999年版,第256页。
② 谢庆立:《中国近现代通俗社会言情小说史》,群众出版社2002年版,第61—64页。
③ 王勇:《文言长篇言情小说〈碎琴楼〉新论》,《燕赵学术》2012年春之卷。
④ 范伯群:《中国现代通俗文学史》(插图本),北京大学出版社2007年版,第129页。
⑤ 王勇:《文言长篇言情小说〈碎琴楼〉新论》,《燕赵学术》2012年春之卷。

言情小说的影响最大。

(二)《东方杂志》与"人的文学"

"人的文学"这一概念是五四新文化运动期间由周作人率先提出的。1918年12月,《新青年》刊登了周作人的《人的文学》,文章从个性解放的要求出发,充分肯定人道主义,主张一种"利己而利他,利他即是利己"的"理想生活",提出以"人道主义为本,对于人生诸问题,加以纪录研究的文字,便谓之人的文学",认为新文学即人的文学,是"灵肉一致"的文学。"人的文学"是五四新文学的主要指导思想,同时也是五四新文学初期的一个基本主题。"人的文学"是一种兼容了个人主义的人道主义文学,也是中国现代文学的最重要的特征和区别于中国旧文学的显著标志。

《东方杂志》向"人的文学"方向的转变,发生于1920年改版之后。1919年杜亚泉辞去主编职务,由陶惺存和钱智修、胡愈之先后担任主编。改版后的《东方杂志》由月刊改为半月刊,栏目也进行了调整,在内容方面加大了对文学,特别是白话新文学的关注力度。在《本志之希望》一文中,钱智修谈到文学时说:"本志以为能描写自然之美趣,感通社会之情志者,莫如文学,而国人之治西洋文学者尚鲜,即有少数译籍,亦往往不能脱古文词赋之结习,其于西洋文学将弥失其真。故今后拟以能传达真悄之白话文,迻译名家之代表著作,且叙述文学之派别,纂辑各家之批评,使国人知文学之果为何物。"① 这段话表明改版后的《东方杂志》将把白话新文学作为自己的关注重点,同时加大对西洋文学名著的译介以及各种文学派别、文学批评的推介。由此可以看出,1920年之后《东方杂志》在新文化运动的推动下由以前的注重侦探言情小说开始向白话的"人的文学"转化。

1920—1927年,《东方杂志》发表了众多国内外体现"人的文学"精神的作品。就译作来说,对俄国文学的翻译数量最多。新文

---

① 坚瓠:《本志之希望》,《东方杂志》第17卷第1号。

化运动兴起以后，俄国文学的翻译量和覆盖面不断扩大，五四运动后更是蔚为壮观。俄国文学的翻译队伍不断壮大，翻译水平大幅提高，译者不再从日文转译，而是直接从俄文翻译过来。对俄国文学作品的大量译介源于俄国文学所表达的"人道主义精神"与中国新文化运动所提倡的"人的文学"是相契合的，其文学中所表现的人道主义精神、博大的思想、博爱崇高永久的人性等精神，正与中国五四时期所倡导的"人的文学"相呼应，因而对托尔斯泰、屠格涅夫、契诃夫、陀思妥耶夫斯基等俄国作家作品的译介数量最多。

就国人的创作而言，《东方杂志》在这一时期对文学研究会和创造社等新文学作家的创作小说大力支持，多多刊登。如叶绍钧、梦雷、王统照、落华生、郭沫若、张资平、郁达夫等人的作品在《东方杂志》上发表很多。1920—1925年，《东方杂志》几乎是文学研究会的一块主要阵地。翻看这一时期《东方杂志》上文学作品的作者或者译者，发现他们大部分属于文学研究会成员。当然在这期间，也发表了二十多篇创造社作家的作品，有些还是作家的代表性作品，如张资平的《梅岭之春》，郁达夫的《烟影》，郭沫若的《落叶》《行路难》《喀尔美萝姑娘》等。

文学研究会在其成立宣言中宣称："将文艺当作高兴时的游戏或失意时的消遣的时候，现在已经过去了。……我们相信文学是一种工作，而且又是于人生很切要的一种工作。"① 他们关注社会和人生问题，尤其注重对普通平民生活的表现，注重从人道主义出发揭露社会黑暗，诅咒暗淡灰色的人生，表现新旧道德的冲突。在创作方法上主要受19世纪俄国和欧洲的现实主义的影响。文学研究会一成立就把矛头对准了"礼拜六派"的言情、黑幕文学，谋求题材上的创新，摆脱言情侦探等旧文学的窠臼，从人的角度重新审视社会人生，努力表现更广阔的底层社会生活。创造社更是从自己的内心出发，在高扬个性的同时，把自我与时代结合起来，表现小知识分子

---

① 《文学研究会宣言》，《文学运动史料选》第一册，上海教育出版社1979年版，第175页。

在时代转型中的人生困境与情欲冲突。

从题材内容的角度来看,《东方杂志》发表的文学作品注重题材的开拓性。如梦雷的《微波》算是中国新文学中最早反映工人阶级生活的作品。《微波》写纺织女工阿细因为偷拿了工厂的一团废丝,而受到厂方示众三天及开除的处罚,回到家后又先后受到丈夫和父亲的打骂,最终跳井自杀。工友老于、小周、诸深等人目睹了阿细所受的屈辱以及资本家和军阀的骄横后非常气愤,诸深最后只身去行刺军阀。笔者认为:

> 梦雷的《微波》可算是新文学中最早正面描写工厂工人生活的小说。作品对工人生活本身的揭示并不深刻,对造成工人悲剧的根源也挖掘得不够,但毕竟在一定程度上展示了一线工人的自由和人格被抢夺的生活状态。……这篇作品在许多方面与巴金的《灭亡》非常相像,但巴金的《灭亡》写作于1927年,到1929年1月才在《小说月报》上连载,因此,大致相似的题材和内容,梦雷的《微波》比巴金的《灭亡》早了至少六年。因此,我们可以说这篇作品在20年代初期的小说中差不多是第一篇正面描写工人阶级的生活和反抗斗争,以及无政府主义思想的工人题材的作品,填补了中国新文学初期工人题材作品的空白[①]。

其他还有梦雷的《麦收》在农村题材上的开拓,袁敦甫的《避难》在逃难题材上的开拓,王统照的《湖畔儿语》对儿童的关注等。1920年后《东方杂志》所刊发的新文学作品中,无论是表现何种题材,采用何种视角,描写了何种内容,无论是文学研究会的作品,还是创造社的作品,它们都在实践层面上贯彻了周作人的"人

---

① 王勇:《〈东方杂志〉与现代中国文学》,中国社会科学出版社2014年版,第291—292页。

第六章 《东方杂志》与20世纪初中国文学的转型

的文学"的指导思想,都可以纳入人的文学的范畴来考察。这些作家都从自己熟悉的题材出发,写出真切的人生感受,对社会底层民众或知识分子的生活表达深切的同情,呼唤个性解放,宣示个人情怀,批判社会黑暗,表达人生理想。这些作品全都采用白话的语言与平民化的姿态,全然摆脱了五四前文学的那种显得过于板正的贵族化面孔。

(三) 从侦探言情到人的文学转型的意义

以上从内容方面考察了《东方杂志》上的文学转型,下面,我们尝试来考察《东方杂志》文学转型的意义。

第一,由侦探言情到"人的文学"的转型,反映了《东方杂志》感受社会变化、顺应时代潮流、因时而变的自我革新精神。这种因时而变的精神使它走出了生存危机,迎来了新生,获得了更大的发展空间。

《东方杂志》与《新青年》之间的中西文化论争,使《东方杂志》承受着社会舆论的巨大压力,遭遇了创刊以来前所未有的危机。时任《东方杂志》编辑的章锡琛回忆说:"当时高举新文化运动旗帜的刊物,首先向商务出版的杂志进攻。先是陈独秀在《新青年》上抨击《东方杂志》的反对西方文明,提倡东方文明。接着北大学生组织新潮社的《新潮》发表了罗家伦的《今日中国之杂志界》一文,把商务的各种杂志骂得体无完肤。……商务受到这样严重的攻击,在文化教育界多年的声誉顿时一落千丈。"[①] 在新旧思潮激烈交锋、新文化运动呈现星火燎原之势时,《东方杂志》反而由于思想上的保守,销量大减,其长期以来在知识分子阶层中首屈一指的文化地位受到撼动。针对这种危机,《东方杂志》采取了多种措施,而文学上由侦探言情向人的文学的转化,则是其重要举措之一。

由侦探言情小说向人的文学的转化,换一种说法也可以说是由旧文学向新文学的转变。自1904年创刊起,《东方杂志》一直是侦

---

① 章锡琛:《漫谈商务印书馆》,《商务印书馆九十年》,商务印书馆1987年版,第111页。

探言情这类传统小说的主要阵地,虽然杂志一直以"启导国民"来标榜夸大侦探言情小说的作用,但不可否认的是作为商业机构,以盈利为主要目的的《东方杂志》,它在刊载侦探言情小说这类文学时,小说的消遣娱乐性质已经大大超过了它的启蒙功用。虽然侦探言情小说在清末民初还属于新兴文学,但它毕竟和传统的公案侠义小说、才子佳人小说有着千丝万缕的联系,其思想倾向总体上也明显落后于中国快速发展的时代要求,因而其所具有的启蒙功能已逐渐淡化,甚至流于庸俗,因而受到五四新文化的批判。而"人的文学"则代表了新生事物,符合社会发展趋势。

正是有了这场论争,让《东方杂志》认清了社会发展趋势。社会在求新求变,旧的文学已经落伍,而"人的文学"因其代表了五四新文化运动的主要诉求、符合社会的需要而呈现出蓬勃壮大的势头,它如初升的太阳,以不可阻挡的光芒照临中国社会。旧的事物终将被淘汰,新文学必将胜出,这是历史的规律,非人力所能抗衡。《东方杂志》在文学上的转型顺应了历史发展的大势,成为新文学的重要阵地,同时也加快了新文学淘汰旧文学的步伐。

第二,《东方杂志》的文学转型也是 20 世纪初中国文学转型的缩影,从侦探言情到人的文学的转化,其实可以归结为中国文学从家国想象向人的想象的一个转化。从晚清到五四归根结底就是从家国到个人逐渐被发现并深化的过程。

"时人有看不起西方言情小说、社会小说乃至政治小说的,可没有人不称赞西方的侦探小说"[1],人们把它看作救治中国小说弊端的良方。"中国小说之不发达,犹有一因,即喜录陈言,故看一二部,其他可类推,以至终无进步,可慨可慨。然补救之方,必输入政治小说、侦探小说、科学小说始。盖中国小说中,全无此之三者性质,而此三者,尤为小说全体之关键也。"[2] 侦探小说作为翻译小说传入

---

[1] 陈平原:《中国小说叙事模式的转变》,北京大学出版社 2003 年版,第 43 页。
[2] 定一:《小说丛话》,《新小说》1905 年第 15 号。

中国，广受人们欢迎，不仅在于其新鲜的文体，更在于人们心中的英雄情结。清末民初的中国饱受内忧外患，人们心中渴望英雄人物的降临，将深受苦难的人们从水深火热中解救出来。而侦探小说中对于侦探形象的塑造，着重突出了其"神"的方面，恰好满足了人们这种想象，福尔摩斯似的神探满足了国人的英雄想象，更是凝聚了国人对于传统青天大老爷的期待，对于英雄救国的期待，同时也承载着国人对文明、富强、民主、自由的西方世界的憧憬以及对未来中国的国家想象。侦探小说打开了一个人们认识西方社会的窗口，对于当时一些想救国而又无能为力的有志青年来说，他们在阅读西方侦探小说时，完成的不仅是对西方社会的想象，更是对灾难重重的中国走出困境的国家想象。民国后，侦探小说的热度开始逐渐减退，标志其思想启蒙、英雄崇拜和国家想象的功能已经基本完成，甚至民国成立前即有人对侦探小说的启蒙效果表示怀疑，徐念慈认为"夫侦探诸书，恒于法律有密切关系，我国民公民之资格未完备，法律之思想未普及，其乐于观侦探各书，巧诈机械，浸淫心目间，余知其欲得善果，是必不能"[①]。

　　清末民初言情小说的兴起，意味着人们对之前的政治小说、科学小说及侦探小说的厌倦，是审美趣味的转变，同时也是人们借"言情"表达对个人生活的关注以及对新婚姻家庭生活的想象。言情小说写普通人的爱情故事或是才子佳人的故事，"情"的再度出现，既是对传统情爱小说的继承发展，同时也是现代爱情小说的萌芽。清末民初最早的一部长篇文言言情小说《碎琴楼》写琼花与云郎相爱，他们试图冲破传统伦理，虽然最后仍没有迈出与家庭决裂的一步，但是他们已经开始思考个人爱情与传统伦理的关系，个人自由与家庭束缚的关系。个人的成长经历与家庭紧紧捆在一起，个人的爱情婚姻自由总是受到家庭的束缚、父母的反对，传统的家庭伦理成为年轻人爱情婚姻自由的最主要阻碍。所以说，这一时期的言情

---

① 徐念慈：《余之小说观》，《小说林》1908年第9、10期。

小说实际上是凸显了个人与家庭的矛盾,是在对个人爱情追求与对旧家庭批判的双重基础上,展开对未来个人与新家庭的大胆想象。但这时的言情小说虽有这方面的思考,但叛逆性还不强,作者也还试图把这些年轻人的爱情控制在某种合理的范围之内,如《碎琴楼》中琼花尽管有强烈的爱情冲动,也有私下救济和书信往来,但始终也走不出家庭,作者最终让琼花自缢后病死,让云郎不知所终,其根本原因在于作者还找不到解决问题的出路。《玉梨魂》中的爱情的结局也只能让白梨娘与何梦霞的爱情限制在旧的伦理与革命大义之中,所以有学者认为:

> 晚清言情小说创作掀起了一个小高潮,然而其重点不在"儿女之情"本身,而是借儿女言家国"、"借儿女言节义"、"借儿女言自由"。小说家或努力扩大言情小说的表现范围,流露出强烈的社会政治意识;或重新为言情小说的"情"字寻找定位,表现出浓重的道德伦理意识;或大胆抨击旧的婚姻制度,倡言爱情自由与婚姻自主,表现出超前的个体启蒙意识,表现出鲜明的时代特征[①]。

在笔者看来,言情小说并不是要借儿女之情言家国、言节义、言自由,而是表现属于个人层面的爱情要求还无法突破旧家庭和旧伦理的束缚,但儿女之情已经是一股涌动着的革命性力量,它正在形成,正在积蓄,只是还没有强大到突破束缚的程度。这是一种欲发而未发的紧张时刻,是黑夜和光明交会的黎明时分。对个人和新家庭的想象已经在旧的时代开始成形,新的反叛力量已经做好了整装待发的准备。

五四新文化运动就是一个爆发口。个人与家庭矛盾在启蒙精神的召唤下,在五四时期已经到了正面冲突的时刻,新青年们纷纷突

---

① 高玉主编:《中国现当代文学史》上册,浙江大学出版社2013年版,第22页。

破旧家庭和旧伦理的束缚，走向了社会，走向了个人的独立自由，走向了自由恋爱自主婚姻。"人的文学"成为五四文学的核心主题和标识。鲁迅笔下的涓生和子君，是五四新思潮激荡下觉醒的新青年，他们追求个性解放、人格独立、婚姻自主，子君更是喊出了"我是我自己的，他们谁也没有干涉我的权利"的大胆宣言；丁玲的《莎菲女士的日记》中的莎菲走出家庭，一心寻找灵肉一致的真的爱情；茅盾笔下更有许多革命女性的形象，勇敢与家庭决裂，逃脱包办婚姻，实现个人的独立。这一时期的"人的文学"，实现了对人的自由价值的追求，完成了对个人生活的想象，并逐步付诸实践。

由此看来，从侦探言情到人的文学的转化，正是一个从国家想象到家庭的想象再到人的想象的过程，是"人"一点点被发现并最终解放出来的过程。在此过程中个人的价值逐渐得到重视，个人的爱情从被束缚到自由结合，个人从对家庭的依附关系中解放出来，成为自由的人，社会的人，大写的人。从晚清到五四，"人"终于实现了从"群"到个体的转换。

第三，见证并推动了20世纪初中国文学的转型。近代以来，现代报刊出版业的出现为中国文学的发展提供了新的传播平台，为中国近现代文学的发生及发展繁荣提供了必不可少的物质条件，它是文学传播的主要载体，是文学作品发表的园地，也是文学发展的重要推力。作为当时最大的一份大型综合性期刊，《东方杂志》在当时的社会影响是巨大的。从最初的提倡侦探言情小说到向"人的文学"的转化，不管是否出于主动，它都直接参与并推动了20世纪初中国文学由传统样态向五四后"人的文学"为主题的现代样态转化，成为这一文学转型的历史见证者。

《东方杂志》文学转向还进一步促进了中西方文化交流。无论是对侦探小说、言情小说的译介刊载，还是对人的文学的大力扶植，都直接将20世纪初的中国文学汇入到了世界文学的潮流中。它对欧美文学、日本文学、印度文学的译介，促进了中西方之间的文化交流，对俄国文学及中东欧一些弱小国家的具有人道主义精神的文学的译介，使得中国刚刚兴起的新文学可以向世界学习，取长补短。

综上所述，由商务印书馆创办的《东方杂志》，作为当时首屈一指的大型综合性杂志，在中国文学史上的影响是不可忽视的。《东方杂志》1904到1927年间的由侦探言情向人的文学的转化，从文学的内容上看，是实现了由家国想象到人的想象的蜕变，它见证并且直接参与到了20世纪初中国文学转型的进程中来，是20世纪初中国文学转型的切实推动者。

四 推动中国文学批评学的建立

《东方杂志》上的内容无比丰富，可谓包罗万象，它为中国近现代文化研究提供了丰富的思想资源，它所具有的独特的学术价值也为当时和后来的众多研究者所重视，但其在建立中国现代文学批判学方面的功绩却少有人提及，下面笔者试图在这方面做一些考察。

（一）《东方杂志》倡导现代文学批评学的时代语境

1. 古典文学批评的弊端

"文学批评"并不是中国本土的概念，是自西学Literary criticism（包括其他语种）意译而来的，我们今天所沿用的古典文学批评这一定义，也是在西方文学批评引进之后才有的概念，中国在现代之前是缺乏系统的文学批评意识的。胡愈之在《东方杂志》上多次提到这一点，如1920年《东方杂志》第17卷第5号发表陈嘏的《布兰兑司》一文，作为编者的胡愈之在文章后加了一段"识语"："布兰兑司是现存最大的文艺批评家。什么叫批评家（Critic），什么叫文艺批评（Literature Critism），恐怕现在中国人还没有这个概念呢"，紧接着在1921年第18卷第1号他又再一次强调了这一观点："'文学批评'这一个名辞，在西洋已经有过几千年的历史了，可是在我们中国还是第一次说及。"[①] 在当时，有这种看法的并非胡愈之一人，

---

① 愈之：《文学批评——其意义及其方法》，《东方杂志》第18卷第1号。

第六章 《东方杂志》与 20 世纪初中国文学的转型

同为商务印书馆编辑的沈雁冰也有同样的态度，"我国素无所谓批评主义，月旦既无不易之标准，故好恶多成于一人之私见"①。胡、沈两人的言论代表了当时文坛大多数人的观点，这种观点虽然有些极端化，但确实指出了中国古典文学批评没有独立的品格，没有形成广泛的认知。

中国古典文学批评还缺乏相应的理论著作，沈雁冰曾经指出"中国一向没有正式的什么文学批评论著作；有的几部古书如《诗品》、《文心雕龙》之类，其实不是文学批评论，只是诗赋、词赞……等等文体的主观的定义罢了"②。胡愈之也说："中国古来训诂之学，也只是字句的批评（Verbal Criticism），不好算作文学批评。"③ 这些说法虽然有些极端，但也指出了中国古典文学批评的弊端。相较于西方文学批评的系统性以及严密的逻辑推理过程，中国古典文学批评追求的更多的是一种只可意会不可言传的审美体验，但"这种形式过于松散自由，鉴赏过程也多依赖一种妙悟式或印象式的思维方式，具有相当大的直观性和含混性"④，不能够以理性的思维方式深入到文学作品的深处进行缜密的分析和评点。像《文心雕龙》《诗品》这类著作不仅数量极少，而且在"当时的用意还是在论述各体的源流利病与属文的方法，批评不过是附记罢了"⑤，更多的是一种"兴致之为、茶余之谈"，无法使中国的文学批评脱离其他学科的束缚，难以形成自身的独立姿态。除此之外，古典文学批评主要是以诗话、词话和诗文评点等方式介入文学作品，对文本是有一定依赖性的，而一旦离开了传统的文学体裁，古典文学批评也将失去根基。

缺乏独立品格，并且失去依凭的古典文学批评难以适应新的文学潮流，因之逐渐走向衰落。而当时的中国文人也注意到了这一点，

---

① 雁冰：《〈小说月报〉改革宣言》，《小说月报》第 12 卷第 1 号。
② 郎损：《文学批评管见一》，《小说月报》第 13 卷第 5 号。
③ 愈之：《文学批评——其意义及其方法》，《东方杂志》第 18 卷第 1 号。
④ 宋菲：《中国现代文学批评观念发生浅论》，硕士学位论文，河北大学，2006 年。
⑤ 朱自清：《朱自清文集》，中央编译出版社 2010 年版。

因此开始转向西方寻求出路,这也是《东方杂志》在20世纪20年代开始致力于建立中国现代文学批评学的时代语境之一。

2. 新文学创作的呼唤

文学批评应是与创作同步发展的,这是一切文学健康发展的必要条件。"自来一种新思想发生,一定先靠文学家做先锋,借文学的描写手段和批评手段去'发聋振聩'。"① 在新文学发生之初,小说、诗歌、戏剧等文学作品呈现出一派繁荣的景象,但作为新文学的另一翼的文学批评却没有得到应有的关注。文学批评的止步不前,导致了新文学结构的失衡。

处于萌芽阶段的新文学还不够成熟,很多新文学作家是为了反对文言,才去尝试白话写作的,"在20世纪初,文学批评观念的影响范围是非常有限的,无法带动起文学批评乃至整个文学、文化领域的现代变革"②,这也就导致了新文学作品数量大而精品少,作品思想过于浅陋、艺术表现幼稚生硬,有些作品甚至沦为某种"主义"传声筒。文学创作中出现的这一系列问题促使人们去思考解决它们的方法,那就是呼唤建立适应新文学发展需要的现代文学批评学。而《东方杂志》也较早地意识到了这一点,其刊载的多篇文章中都有所涉及。

最早谈到批评和批评家的是君实的文章,他发表于第16卷第1号的文章《谈屑·著作与批评》,从出版的角度强调了批评的重要性,"回顾吾国,此数十年来,不特著作之书,阒焉无闻,即译述外籍者,亦复寥寥可数。此其根本原因,固在国人读书力之薄弱,而批评家之少,亦其一端"③。文章认为批评的作用有四,"一、可以绝劣等出版物之发生。二、可以助优等出版物之普及。三、可以为读者之导师,而鼓舞其读书之兴。四、可以为作者之诤友,而促出

---

① 佩韦:《现在文学家的责任是什么?》,《东方杂志》第17卷第1号。
② 宋菲:《中国现代文学批评观念发生浅论》,硕士学位论文,河北大学,2006年。
③ 君实:《谈屑·著作与批评》,《东方杂志》第16卷第1号。

版界之改进"①。

作为《东方杂志》倡导文学批评主力的胡愈之更是反复强调文学批评之于创作的助益。"批评家的责任，一边是替读书人辨路径，一边又替著作家做向导；所以他的地位是很重要的。中国现在，文艺创作固然要紧，但文艺批评更来得要紧……中国文学在世界文学上没有位置，世界文学对于中国文学，也一点不生影响。这全然是文艺批评不发达的缘故，没有健全的文艺批评，不能把世界思潮引到本国来，就是本国有了几个创作天才，也很容易淹没的"②，"近年新文学运动一日盛似一日，文艺创作，也一日多似一日，但同时要是没有批评文学来做向导，那便像船没有了舵，恐怕进行很困难"③。

胡愈之的观点代表了《东方杂志》整个刊物的态度，这一点从景藏在第16卷第7号发表的《今后杂志界之职务》这篇纲领性文章中能够看出。文章提到："宜理论与方法并重……杂志界于此，或采辑中外人崇论宏议，或自抒己见，总期理论与方法并重。"④ 第17卷第5号发表的《本社投稿简章》中第一条就说明："投寄之稿，或自撰、或翻译、或介绍外国学说而附加意见，其文体不拘文言或白话，均所欢迎。"⑤

《东方杂志》在五四运动爆发之后整个文学领域发生巨大变革之时，敏锐地注意到了新文学畸形发展的问题，并认识到了建立现代文学批评学的必要。随即自1920年始，《东方杂志》开始系统性、有目的性地推介西方文学批评的相关理论。《东方杂志》自觉地承担起了建设现代文学批评学的重任，承担起了现代文学批评"传声筒"的角色。

---

① 君实：《谈屑·著作与批评》，《东方杂志》第16卷第1号。
② 愈之：《布兰兑司·识语》，《东方杂志》第17卷第5号。
③ 愈之：《文学批评——其意义及方法》，《东方杂志》第18卷第1号。
④ 景藏：《今后杂志界之职务》，《东方杂志》第16卷第7号。
⑤ 《本社投稿简章》，《东方杂志》第17卷第5号。

(二) 理论与实践并重

1920 至 1930 年，这十年间《东方杂志》十分密集地发表了一系列关于文学批评的文章，并且在传播文学批评相关知识的过程中，也涉及了各类文学思潮，为亟须理论指导的中国现代文学和处于懵懂状态的国人开启了一片广阔的天地。除此之外，《东方杂志》在传播文学批评相关理论的同时，能够有意识地发表带有文学批评实践性质的文章，使《东方杂志》的文学批评探索摆脱了"尚嫌蹈空"的弊端，成为推动现代文学批评建立过程中引人注目的一极。

1. 《东方杂志》传播文学批评理论的途径

《东方杂志》在试图建立中国现代文学批评学时，首先采取的是向西方学习，如沈雁冰所说："我们现在讲文学批评，无非是把西洋的学说搬过来，向民众宣传"①，"中国文学批评尚极幼稚，吾人苟欲图谋发达，自当以西洋对于此方面之研究为参考"②。《东方杂志》对文学批评理论的传播主要通过两种方式进行：一是直接译介西方文学批评的理论；二是通过介绍西方文艺思潮，间接地助力文学批评学的建立。

从第 17 卷到第 27 卷，《东方杂志》发表了 11 篇有关西方文学批评方法以及批评家的文章，具体包括：陈嘏的《布兰兑司》（第 17 卷第 5 号），冠生的《法国人之法国现代文学批评》（第 17 卷第 16 号），愈之的《托尔斯泰的莎士比亚论》（第 17 卷第 2 号）、《文学批评——其意义及方法》（第 18 卷第 1 号），夒夒的《战后法国新艺术及其批评》（第 19 卷第 5 号），华林一的《安诺德的文学批评原理》（第 19 卷第 23 号）、《表现主义的文学批评论》（第 23 卷第 8 号）、《印象主义的文学批评论》（第 25 卷第 2 号）、《判断主义的文学批评论》（第 25 卷第 7 号），胡梦华的《文艺批评概论》（第 21 卷第 4 号），朱孟实的《欧洲近代三大批评学者》（第 24 卷第 13—15 号）。

---

① 郎损：《文学批评管见一》，《小说月报》第 13 卷第 5 号。
② 华林一：《表现主义的文学批评论》，《东方杂志》第 23 卷第 8 号。

第六章 《东方杂志》与20世纪初中国文学的转型

《东方杂志》在介绍西方文学批评理论时，是依据中国当时的具体情况来进行选择的。当时国人的思想中缺乏系统性的文学批评的概念，甚至对"批评"二字抱有偏见。"寻常的人说起'批评'二字总以为带着攻击的意思，带着'抵瑕蹈隙'的意思"①，"从前不惟文学家，就是一般人，都鄙视批评（Criticism），以为批评不过是些无聊的人，专以寻求别人的过失错误的文字；他的本身，没有什么价值。我们中国，如今还不知有多少人，把'批评'两字，当作全是说人家不好讲，以为批评别人，是一己之败德，是丧人格的行为，是自己'刻薄''不恭'的表现，所以说'罔谈彼短'"②。《东方杂志》中的有识之士敏锐地意识到了当时国内对"文学批评"的偏见，因此，他们认为建立批评学的首要任务就是纠正国人对批评的偏见、轻视和误解。

胡愈之在《东方杂志》上针对人们对批评的误解进行了纠正："我们一说到批评，每以为批评便是批驳，便是攻击，这是一种误解。批评和批驳不同，批驳是对于虚伪的思想智识而发的，批评的对象，恰巧相反，乃是最高尚最良好的。"③ 为了给批评"正名"，胡愈之还引用安诺德的观点，对文学批评进行定义："把世间所知所思最好的东西去学习或传布的一种无偏私的企图"，这才是批评所应该具有的真正的含义，并进一步指出，"文学是批评人生的，批评乃是批评文学的。所以一个是直接的批评人生，一个是间接的批评人生，批评家把作品中的作者个性表现出来，也和文学创作家把小说或戏剧中人物的个性表现出来一般。一本有价值的文学著作，和一件有价值的人生事业，都可以当作文学的题材。艺术的过程，也和人生的活动一般，是繁复和多方面的，所以真的文学批评，在一方面亦是一种文学创作"④。这段话，讲清了文学和文学批评的区别，

---

① 愈之：《布兰兑司·识语》，《东方杂志》第17卷第5号。
② 华林一：《安诺德文学批评原理》，《东方杂志》第19卷第23号。
③ 愈之：《文学批评——其意义及方法》，《东方杂志》第18卷第1号。
④ 愈之：《文学批评——其意义及方法》，《东方杂志》第18卷第1号。

同时也指明了文学批评的性质和任务。

在此基础之上,《东方杂志》对文学批评理论的介绍也就有了稳固的根基。文学期刊对读者和作者是有着重大的引导作用的,《东方杂志》也非常明白这一点,因此在介绍批评方法或者批评家时,注重介绍有代表性的、具有国际影响的批评方法和批评家。如在胡愈之发表的文章中,首先引用莫尔顿的说法对文学批评方法进行分期:"从希腊亚里士多德到文艺复兴之后,这是因袭的批评,到了最近代便是近代的批评",由于"因袭的批评"有许多缺点,因此目前西方是近代的批评所占范围较广,所以胡愈之就主要介绍了近代的批评中最主要的两种方法:"归纳的批评法"和"判断的批评法"。同时指出"归纳的批评法"分为两派,一派是以莫尔顿为代表,一派以圣博甫为代表,其主要的不同这里就不再赘述。"判断的批评法"受两个条件的限制,"(1)除非经过了归纳的批评,不能便下判断;(2)判断批评最重要的是批评家的个性"[1]。胡愈之这种身先士卒的勇气,也为《东方杂志》文学批评的传播打开了良好的局面。

除了胡愈之,华林一和朱孟实也是《东方杂志》推动文学批评过程中的重要人物。华林一在《东方杂志》上发表了三篇译作,分别节译自斯宾加的《新的文学批评》、法郎士的《论人生与文学》、白璧德的《近世法国文学批评大家》,介绍了当时在西方产生较大影响的文学批评方法:表现主义、印象主义和判断主义的文学批评方法,这是对胡愈之《文学批评——其意义及方法》的补充。而朱孟实则是从文学批评家入手,"以圣博甫(判断主义的批评)代表法国批评学者,以克罗齐代表意大利批评学者,安诺德代表英国学者"[2],从生平、著作、思想等方面全方位地介绍这三位批评家。这对于处于萌芽阶段的中国现代文学批评学来说,具有重大的借鉴意义。

---

[1] 愈之:《文学批评——其意义及方法》,《东方杂志》第18卷第1号。
[2] 朱孟实:《欧洲近代三大批评学者(二)》,《东方杂志》第24卷第14号。

第六章 《东方杂志》与20世纪初中国文学的转型

除了发表以上这些有关文学批评的文章，《东方杂志》还注重向大众系统地介绍文学思潮。其实早在1915年，《东方杂志》即以超前的思维发表过雪村的《浪漫主义》，对浪漫主义进行了简单的介绍和评价，认为"放恣浮躁之浪漫主义，亦决非文学之正轨"①。只是由于文学批评未被国人所重视，因此这篇文章并未引起大的反响。1920年改版之后《东方杂志》发表了更多关于文学思潮的文章，如愈之的《近代文学上的写实主义》（第17卷第1号）、昔尘的《现代文学上底新浪漫主义》（第17卷第12号）、雁冰的《〈欧美新文学最近之趋势〉书后》（第17卷第18号）、冠生的《战后文学底新倾向—浪漫主义的复活》（第17卷第24号）、胡愈之的《新思想与新文艺·戏剧上的表现主义运动》（第18卷第3号）、马鹿的《未来派跳舞》（第18卷第9号）、幼雄的《表现主义的艺术》（第18卷第8号）、蠢才（胡愈之）的《新表现主义的艺术》（第19卷第12号）以及俞寄凡的《表现主义的小史》（第20卷第3号）等。

除此之外，《东方杂志》上还有一些关于表象主义和唯美主义的介绍，没有专门的文章，而是散见于其他文章之中，如雁冰在《近代文学的反流——爱尔兰的新文学》中认为夏脱（叶芝）的剧本《沙漏》"是表象主义的剧本……这篇剧本的智叟，即表象理性的知识，愚公即是表象直觉的知识"②。愈之在翻译《莺和蔷薇》时指出"王尔德（Oscar wilde）和美国的亚伦坡（Allen Poe），意国的唐哝遮（D'Annunzio）——就是私带军队占领阜姆的唐哝遮——称为近代唯美派的三大诗人。唯美派（Aesthetes）的文学，也是因近代物质主义而起的一种反动；其主旨在于以美为人生之中心，厌弃物质的平凡的生活，别求生活于人工的诗之世界中"③。这些文章都或多或少地谈论到表象主义、唯美主义等现代主义文学潮流，尽管只是只

---

① 雪村：《浪漫主义》，《东方杂志》第12卷第9号。
② 雁冰：《近代文学的反流——爱尔兰的新文学》，《东方杂志》第17卷第6号。
③ 雁冰：《莺和蔷薇·译序》，《东方杂志》第17卷第8号。

言片语，但对人们了解西方现代主义的文学潮流也有很大的帮助。

而细读这些文章的内容就会发现，《东方杂志》在介绍各种文学思潮时，不是仅仅停留在表面的介绍上，而是能够从背景、特征、优缺点、代表作家作品等方面进行全方位的介绍，而且能够联系中国当时文坛的状况，非常有针对性。如胡愈之的《近代文学上的写实主义》一文，首先是把欧洲文艺思潮分为古典主义时代、浪漫主义时代、写实主义或自然主义时代、新浪漫主义时代四个阶段，并在文章中阐述了写实主义勃兴的原因、写实主义与浪漫主义的区别与共同之处、写实主义的特色以及缺陷。在文章的最后，胡愈之根据我国当时的现状进行呼吁："翻译西洋重要的文艺作品，是现在的一件要事……今后最要紧的是翻译近代写实主义的代表著作……所以像曹拉、莫泊三、斯特林堡（August Stringberg）、哈提（Thomas Harday）等的小说，易卜生、霍德曼、皮龙生（Björson）等的剧本，以及俄国名家的作品，都应该拣要紧的翻译。"①

还有昔尘的《现代文学上底新浪漫主义》，他在文章中并不是孤立地介绍新浪漫主义，而是从新旧浪漫主义的区别出发来介绍的，在阐述新旧浪漫主义的区别时，不是单纯的理论灌输，而是以具体的作家易卜生为例，以他创作的分期以及具体的著作来进行介绍，易卜生前期是旧浪漫主义的，中期"专事描写现社会底缺陷，丑恶的现实生活"，像《社会栋梁》《傀儡家庭》《群鬼》等。等到后期写作《建筑师》《我们从死复活时》时，"大约都有新浪漫派神秘的倾向。"②

胡愈之和昔尘的文章，都不是片面地向国人灌输理论，而是有目的地、系统地、全面地传播文学批评知识。因此，我们从《东方杂志》对文学批评理论的传播上，也可看出其与众不同的风格，并且对当时正在蓬勃发展的新文学所产生的影响也将更深远。

---

① 愈之：《近代文学上的写实主义》，《东方杂志》第17卷第1号。
② 昔尘：《现代文学上底新浪漫主义》，《东方杂志》第17卷第12号。

2. 双管齐下:《东方杂志》文学批评的实践

19世纪20年代,为了推动中国现代文学批评学的建立,《东方杂志》不仅从现代文学批评理论的传播入手,而且积极进行着现代文学批评的实践。《东方杂志》文学批评的实践主要从两方面入手。一是发表大量带有文学批评性质的文章,发挥领头人的作用,为国人和国内尚显稚嫩的批评家作出了示范。就如茅盾所多次强调的那样,"专一从理论方面宣传文学批评论,尚嫌蹈空,常识不备的中国群众,未必要听;还是从实际方面下手,多取近代作品来批评"[①]。

从第17卷开始,《东方杂志》发表了相当一部分的文学批评的实践文章,其中在1920到1922年尤其突出(见表6-1)。

表6-1　1920—1922年《东方杂志》发表的文学批评的实践文章

篇目	作者	卷号
托尔斯泰的莎士比亚论	愈之	17-2
近世浪漫派戏剧之沿革	宋春舫	17-4
都介涅夫	愈之	17-4
近代文学的反流——爱尔兰的新文学	雁冰	17-6
安得列夫	雁冰	17-10
莫泊三传	文榇、冠生	17-11
十九世纪末德国文坛代表者——滋德曼及郝卜特曼	陈嘏	17-15、16
意大利现代第一文家邓南遮	雁冰	17-19
阿采巴希甫与《沙宁》	泽民(茅盾之弟)	17-21
二十世纪法国文坛之新鬼	冠生	17-22
近代英国文学概观	愈之	18-2
梭罗古勃——一个空想的诗人	愈之	18-2
近代法国文学概观	愈之	18-3
南非女文学家须琳娜	愈之	18-6
近代德国文学概观	愈之	18-7
法兰西诗坛的近况	化鲁	18-7

---

① 郎损:《文学批评管见一》,《小说月报》第13卷第8号。

续表

篇目	作者	卷号
俄国文学内所见的俄国国民性	泽民	18-8
英国诗人克次的百年纪念	愈之	18-8
新希腊的新诗人	化鲁	18-9
俄国的自由诗	化鲁	18-11
维新后之日本小说界述概	鸣田	18-13、14
现代英国诗坛的二老	化鲁	18-14
美国的文学——现在与将来	王靖	18-22、23
俄法两大写实小说家	记者（茅盾笔名）	18-23
唐珊南文学作风评	王靖	18-22
黑种文学家马兰及其著作	愈之	19-5
乌克兰农民文学家柯罗涟科	霎聻	19-6
新德意志及其文艺	化鲁	19-6
俄国的革命诗歌	化鲁	19-9
保加利亚国民诗人伏若甫	愈之	19-12
革命德意志之诗人及剧作家	霎聻	19-20
俄国文学与革命	化鲁	19-20

　　《东方杂志》发表的这些文章，虽然大多是文学批评的尝试，但也为中国现代文学批评做出了贡献，留下了许多有价值的观点，如愈之在《都介涅夫》中提出了"都介涅夫在一方面可说是写实主义的浪漫派，在一方面又可以说是浪漫主义的写实派……都介涅夫最大的特色是能用小说记载时代思潮的变迁"① 这一与其他批评家不同的看法；泽民在《阿采巴希甫与〈沙宁〉》中指出"阿采巴希甫在他的小说《沙宁》中间，道德上的无政府主义革命可算是被他宣扬到最高点了……俄国的文学，前半期是被动的文学，这派文学到了乞呵夫（Chekhov）而至极点；自此以后，渐入后半期，自动的反抗的文学，也就是俄国最近的文学。……这一派作家之中最有力的作

---

① 愈之：《都介涅夫》，《东方杂志》第17卷第4号。

者，也就是惟一可的作者便是阿采巴希甫"①。这些文章的发表不仅拓宽了中国读者的眼界，而且为当时尚显幼稚的中国批评家提供了批评的范本。

二是在翻译外国文学作品时，译者在文章前面加的"附识"。"以译书为引渡新风之始"②，是晚清思想文学界的共识，译书成为救治传统文化危机和民族政治危机的重要手段之一。这一思想在20世纪20年代也依然为学术思想界所推崇，因此《东方杂志》在进行文学批评实践时自然而然地选择了翻译外国文学作品作为突破口。

自1920年起，《东方杂志》以胡愈之、仲持、沈雁冰、沈泽民为首的一批人开始广泛而全面地翻译外国文学作品，涉及25个国家和地区，这其中既包括英、法、美、德、日、俄等大国，也包括爱尔兰、丹麦、挪威、比利时等小国。所涉及的著名作家有托尔斯泰（《三死》《牧羊人亚列》）、高尔基（《哲学教授》《诗人》）、契科夫（《他是谁》《阴雨》）、莫泊桑（《鬼》《铃儿草》）、王尔德（《学生》《莺和蔷薇》）等。《东方杂志》不仅以翻译文学为读者及中国作家开阔了眼界，传播了世界文学的新风，而且能够以翻译外国文学作品介入文学批评。《东方杂志》在介绍外国文学作品时，会在翻译前加上一段"识语"，对作家或作品进行简短的品评。

如胡愈之在翻译俄国作家迦尔洵的作品《一桩小事》（第17卷第2号）时就说："迦尔洵做的小说都含着忧郁性，而且都带些狂气；可是越有狂气越显出他的天才。在他的作品中，那种深刻真实的心理描写，在旁的作家也是少有的。"③沈雁冰在翻译瑞典女作家罗格洛孚的作品时说："罗格洛孚是回复到理想主义的一派，他的著作，大半是写实其形式，而理想其精神……我们要晓得写实主义

---

① 泽民：《阿采巴希甫与〈沙宁〉》，《东方杂志》第17卷第21号。
② 世：《小说风尚之进步以翻译说部为风气之先》，《中外小说林》第2年第4期（1908年）。
③ 愈之：《一桩小事·识语》，《东方杂志》第17卷第2号。

盛行三十年以来，近一二十年中已经有点衰歇的气象。表象主义和神秘主义复振以来，合而成了新浪漫派。像女士这种理想派，也可以算到新派里去。"① 冠生在翻译法国高贝的诗时说："其诗美妙冲和，不设色绚烂，而丘壑自具，尤喜道下民疾苦，里巷闲琐语细故……间为小说戏曲，亦寄托遥深，不失风人之致。"② 胡愈之在翻译普希金的作品时说："他把俄国的散文诗韵文诗，大加改革，独创一种新的体裁，使诗歌和社会生活互相接触。俄国文学得从模仿进于创造，全是他的力量。他虽是俄国最大的浪漫诗人，但对于现实的社会制度，很能够下痛切的批评，所以说他是写实作家，亦不为过。"③

总之，无论是大量的欧美文学批评理论的传播还是文学批评的实践，都是《东方杂志》为推动中国现代文学批评学的建立所作出的努力。《东方杂志》不仅使国人认识到文学批评可以作为一个独立的学科而存在，而且使中国现代批评界对文学批评的根本观念、基本方法及具体实践有一个通透的了解。因此，可以说《东方杂志》对中国现代文学批评学的建立提供了可资借鉴的理论，对中国现代文学批评格局的奠定与范式的建立产生了深远影响。

（三）"兼收并蓄"的特点及其对文学创作的推动

1. "兼收并蓄"的风格

《东方杂志》在推动中国现代文学批评学建立的过程中，最显著的特点就是能够客观、全面地对这些观点进行介绍，真正做到了"博采众长、兼收并蓄"，并且在传播文学批评相关知识的过程中，能够不为一己私见所影响，广泛而全面地传播各类文学思潮及文学批评理论，体现出了刊物自身包容与调和的理念。

如在上文提到的，胡愈之在《文学批评——其意义及方法》中

---

① 雁冰：《圣诞节的客人·识语》，《东方杂志》第17卷第3号。
② 冠生：《皇家的圣诞节·识语》，《东方杂志》第17卷第13号。
③ 愈之：《丧事承办人·识语》，《东方杂志》第17卷第23号。

提到了"归纳的批评法"和"判断的批评法"两种文学批评方法。值得注意的是，他在介绍时是以一个客观的角度去介绍的，没有掺杂个人的偏好，也不是为了说明孰优孰劣。他认为"归纳的批评法，虽然占着重要的地位，也不过是批评法式的一种，单用了这一种法式，究竟不能使我们心满意足，此外判断的方法，还是省不了的"①，可见，他只是为了能够向国人传递更多的知识，而不是为了推崇某一方法。甚至在介绍互相对立的批评方法时，《东方杂志》往往也只是列出各自的优缺点，并不会作一个定论，如华林一翻译的理论著作，"表现主义的文学批评论，乃印象主义的文学批评论之反动也"，②"表现主义之兴，为近年之事，印象主义有较古之历史，盛行亦在十九世纪，文学批评史上发生最古维持权威最久者，当推判断主义的文学批评论"③。除此之外，华林一和朱孟实二人在介绍西方文学批评家时，也尽量采取旁观者的态度，客观地分析各个批评家的特点和不足之处。

此外，在介绍小说、诗歌、戏剧等领域的文学思潮时，也努力做到"兼收并蓄"，既有当时国内所推崇的写实主义，也有关于浪漫主义、新浪漫主义、表现主义、唯美主义、表象主义文学思潮的文章。而细读这些文章的内容就会发现，即使当时国内文学是以写实主义为主流，但在介绍其他文学流派时，作者大都只是从发生、发展、流变、特色等角度去传播，不是以推崇某一思潮为目的，而是寻求一种"调和"与共存，如《东方杂志》虽认为目前国内应以写实主义为主，"翻译西洋重要的文艺作品，是现在的一件要事……今后最要紧的是翻译近代写实主义的代表著作……所以像曹拉、莫泊三、斯特林堡，哈提等的小说，易卜生，霍德曼，皮龙生等的剧本，以及俄国名家的作品，都应该拣要紧的翻译"④，但仍能够客观地指

---

① 愈之：《文学批评——其意义及方法》，《东方杂志》第 18 卷第 1 号。
② 华林一：《印象主义的文学批评论》，《东方杂志》第 25 卷第 2 号。
③ 华林一：《判断主义的文学批评论》，《东方杂志》第 25 卷第 7 号。
④ 愈之：《近代文学上的写实主义》，《东方杂志》第 17 卷第 1 号。

出写实主义的缺点：第一，写实文学，太偏于客观方面，缺乏慰藉的作用；第二，写实主义的——机械的，物质的，定命的——人生观，和可怕的丑恶描写，很容易使人陷于悲观，因此减少奋斗的精神；第三，唯物主义的写实文学和新唯心论思潮不能调和①。还有胡愈之在介绍唯美主义的代表作家王尔德时，虽不满于他的个人作风，但仍公正地指出其优点，"他的小说剧本多是富于近代颓废的倾向，但他那种奇美的想像，怪异的天才，不可思议的魔力，唯有诗和Fairy Tales 中，最来得明显"②。

总之，无论是西方文学批评理论还是文艺思潮，《东方杂志》在向读者介绍时都以"兼收并蓄"为主旨，以期启迪民众、传播新知。这对于当时尚不了解现代文学批评方法的国人来说，更有启发和引导的作用。

2."匡助文学"

文学批评具有"匡助作者"的功能，能够使作者"知非而改，勉力达于完美之境"③，《东方杂志》是在现代文学创作亟须理论指导的时代语境下进行文学批评理论宣传的，相应地，它的这一举动也有力地促进了中国现代文学创作的发展。这一点，《东方杂志》在介绍批评家安诺德的时候就强调过，"文学批评，是开文学创作的先路的功人；有文学批评先造成最好的意思，先开辟清了路径，先预备了材料，然后创作的能力，才能动手施行"④。通过对《东方杂志》1920 至 1930 年所发表的文学作品进行梳理，能够发现在《东方杂志》1920 至 1922 年集中发表文学批评理论文章之后，刊物上开始逐渐减少了外国文学翻译作品，而逐渐增加了中国作家创作的小说和剧本，详见表 6-2。

---

① 愈之：《近代文学上的写实主义》，《东方杂志》第 17 卷第 1 号。
② 雁冰：《莺和蔷薇·译序》，《东方杂志》第 17 卷第 8 号。
③ 胡梦华：《文艺批评概论》，《东方杂志》第 21 卷第 4 号。
④ 华林一：《安诺德文学批评原理》，《东方杂志》第 19 卷第 23 号。

表6-2　　　　1920—1930年《东方杂志》发表的文学作品

年份	外国译作数量	中国创作数量
1920	37	2
1921	44	2
1922	34	14
1923	25	15
1924	13	24
1925	16	23
1926	17	20
1927	15	15

《东方杂志》通过对现代文学批评知识的传播，有效地带动了中国现代文学创作的发展，从一开始的大大落后，到后来的大体持平，正显示了中国作家创作数量和水平的提高。1920—1921年，《东方杂志》上一共发表了四篇创作小说，分别是雪邨的《风》（第17卷第5号）、《私逃的女儿》（第17卷第23号）和梦雷的《哑叭的一个梦》（第18卷第11号）、《在六岁中发生的一件事——影》（第18卷第24号），而且这两篇作品还有题材狭小单一、观念化的倾向，但在《东方杂志》发表了一系列的关于文学批评和文学思潮的理论之后，创作小说的数量明显增加，甚至超过了翻译文学的数量，其中还有许多产生深远影响的作品：如鲁迅的《白光》（第19卷第13号）、《祝福》（第21卷第6号），王统照的《星光》（第21卷第13号）、《酒馆的掌柜》（第22卷第13号），郭沫若的《行路难》（第22卷第7号），郁达夫的《一封信》（第21卷第2号）、《离散之前》（第23卷第1号），李劼人的《好人家》（第22卷第9号）、《对门》（第23卷第15号），蹇先艾的《初秋之夜》（第23卷第21号）、《在贵州道上》（第26卷第9号），胡也频的《猫》（第24卷第19号），茅盾的《创造》（第25卷第8号），叶绍钧的《外国旗》（第22卷第1号），沈从文的《刽子手》（第24卷第9号）、《元宵》（第26卷第11号），巴金的《亡命》（第27卷第15号）、《父女俩》（第27卷第

24号）等小说；洪深的《赵阎王》（第20卷第1号）、《申屠氏》（第22卷第1号），欧阳予倩的《回家以后》（第21卷第20号），熊佛西的《一片爱国心》（第23卷第10号）、《醉了》（第25卷第9号）、《兰芝与仲卿》（第26卷第1号）等剧本以及朱自清、俞平伯的散文《桨声灯影里的秦淮河》（第21卷第2号）。以上列举的仅是较为知名的作家作品，还有一些不太知名的作者作品这里不再一一列举。而值得我们注意的是，无论这些作者后来知名与否，但在19世纪20年代他们中的大多数还是相对稚嫩的，而《东方杂志》能够给他们以施展才华的舞台和机会，在当时来说是十分难得的。这一点也从侧面体现了《东方杂志》助力于新文学建设的决心。这种文学创作与文学批评的互动，既促进了新文学的蓬勃发展，也促进了现代文学批评学的建立与成熟。

总之，在"五四"这个特殊的历史时期，面对古典文学批评式微和现代文学创作的呼唤，《东方杂志》以敏锐的眼光、独具特色的形式，从理论传播和实践两个方面具体而有效地推动了中国现代文学批评学的建立。不仅在刊物上发表了一系列文学批评文章，而且积极地进行着文学批评的实践，引进西方文学理论，译介国外经典文学作品并加以简短的点评。在这一过程中，《东方杂志》能够保持其温和、包容的理念，以客观的态度对待文学批评的相关理论，以期给当时的文坛带来全面、系统的文学批评的知识，不仅使文学批评开始获得了独立的姿态，而且在推动当时中国文学创作的发展上具有不可忽视的作用。《东方杂志》不仅推动了中国现代文学批评学的建立，而且进一步促进了中国现代文学的创作，为中国现代文学的均衡长足发展作出了卓越的贡献。

结　语

　　以上我们分六章从不同的侧面对《东方杂志》与20世纪初中国文化的现代转型问题进行了讨论，通过考察我们可以对《东方杂志》与中国文化转型的关系作出如下判断。

　　第一，《东方杂志》在晚清新民文化思潮中创刊，又经历了五四新文化思潮，它是中国文化和文学由传统向现代转型的见证者、参与者。从经济角度来看，中国经济的近代转型始于洋务运动时期，经过三十年的发展，到19世纪末20世纪初已经有了较大的进步，在此过程中西方的一些科学技术方面的知识传入中国，这也是广义文化上的转型开始。但从狭义文化的角度来看，中国文化的转型应该发生在甲午战争之后，中国开始大量输入西方的人权民主思想、国家思想、民族主义思想、立宪思想以及进化论思想，这是一条如梁启超在《新民说》中所言的"采补其所本无而新之"的西化革新之路。《东方杂志》创刊于1904年，正是戊戌变法之后日俄战争期间，正是中国广泛向外学习，进行转型变革的重要发动阶段。无论是梁启超和清政府的立宪改革，还是孙中山等人的武装暴动辛亥革命；无论是梁启超的文化新民，还是陈独秀的新文化运动，这些都是中国文化转型的动力和路径。而《东方杂志》都深度参与了中国文化转型的过程。

　　日俄战争期间，《东方杂志》站在"联络东亚"的立场上，积极地全方位地比较并报道这场战争，把这场战争看作东方文明与西方文明之战、黄白人种之战，更是帝制与立宪之战；同时也更期望通过这场战争，借日本的胜利而实现中国的新生，"日俄之战为欧亚竞争之权兴，亦即黄种存亡之枢纽，而于我中国关系尤重。盖日本而胜，我国或有鼎新之机，不幸而败，我国必无更生之望宜。我国人士两月以来，万目睽睽咸注意于兹役也"。① 又有人说："鉴于日本之胜，而知黄种之可以兴，数十年已死之心，庶几复活。鉴于俄国之败，而知专制之不可恃，数千年相沿之习，庶几可捐。"②《东方杂志》正是把日俄战争看作中国转型的一个重要机遇，战争的胜负至少证明了立宪是强于帝制的，因此帝制被取代或灭亡将是历史的必然，这就为后来清政府的立宪改革和辛亥革命提供了合理性依据；战争还证明了白种人和西方文明并非不可战胜，这就为黄种人的民族自信和文化自信提供了依据，在一定程度上为民粹主义乃至后来中西文化调和论的形成提供了依据。

在清政府的立宪运动中《东方杂志》表现得尤为积极，杂志通过革新，几乎成了宪政改革的宣传阵地，把一个原本商业化的杂志几乎变成了清政府宪政运动的机关报。尽管这场运动最后归于失败，但却在宣传现代法治思想方面作出了不小的贡献，它为民国宪法及法律体系的确立做了先期的准备工作，这一点也不容忽视。

民国成立后，《东方杂志》立即转变态度，针对民初乱象发表了很多有益的见解和主张，致力于从政治上拥护共和，维护国家的延续性、合理性，促进并带动了民国初年社会关注重心的转移。汪晖认为"《东方杂志》将民国以来政治问题的重心从'政治'（立宪、议会、政党）转向了'国家'（主权、统一、独立）"，他非常看重杜亚泉的《接续主义》一文，认为：

---

① 《东方杂志》创刊号上关于《新编日俄战纪》的广告词。
② 《论中国前途有可望之机》，《东方杂志》第1年第3期。

"接续主义"需要在两个语境中加以理解：一方面，辛亥革命以后，临时政府不得不寻求各国承认——革命既然包含了断裂，重新获得承认就是必然的。但是，革命之后的中国难道不是延续着中国的正统吗？寻求承认不就等同于承认国家自身的断裂吗？在上述语境中，接续主义对国家延续性的重申隐含着对将皇权与共和截然对立的革命观念的批判和修正，其真正的动机是维护中国主权。另一方面，伴随清王朝的覆灭，中国周边形势日趋严峻。在俄国的策动之下，外蒙首先寻求独立。围绕册封等问题，库伦政府与袁世凯政府之间的分歧直接关涉中国主权；甚至并不属于外蒙范围的海拉尔也出现了独立问题，后者与俄国缔结了协约并拒绝承认中国的宗主权。……"接续主义"所要处理的国家连续性问题，事实上是一个深刻的问题：清朝皇权具备着多面而模糊的代表性，如中国皇帝、蒙古大汗、满洲族长、儒教政体的代表、喇嘛教的信徒等等，从而将"中国"这一复合社会凝聚在一个以各种线索勾连起来的庞大王朝体系之中。中华民国承清而起，但其政治文化发生了巨变，蒙古、西藏等边疆区域发生的离心倾向成为长久缠绕这一新国家的危机。"五四"时代的文化论战逐渐地将政体问题解释为专制政体与共和政体的对立，晚清革命浪潮爆发以来始终挥之难去的皇权的多重代表性问题却被掩盖了。因此，两个政体之间是否存在接续的问题的确是一个问题。[①]

对《接续主义》一文作出了新的分析之后，汪晖指出："杜亚泉在文中强调国家的延续依存于国民个人对于国家目的的自觉服从，将政治的传承问题与公民的道德状态关联起来，从而为《东方杂志》将对政治的关注转向文明或文化问题埋下了伏笔。"[②]

[①] 汪晖：《文化与政治的变奏——战争、革命与1910年代的"思想战"》，《中国社会科学》2009年第4期。

[②] 汪晖：《文化与政治的变奏——战争、革命与1910年代的"思想战"》，《中国社会科学》2009年第4期。

《东方杂志》对于第一次世界大战的报道更是国内当时其他刊物所无法替代的,胡愈之在《追悼杜亚泉先生》一文中说:"对于当时两次巴尔干战争和一九一四年的世界大战,在先生所主编的《东方杂志》,都有最确实迅速的评述,为当时任何定期刊物所不及。《东方杂志》后来对于国际问题的介绍分析,有相当的贡献,大半出于先生创建之功。"① 因共和危机和欧战而引发的五四新文化运动和五四运动更是中国社会和文化转型的标志,毛泽东在《新民主主义论》中说:"中国资产阶级民主革命,自从一九一四年爆发第一次帝国主义世界大战和一九一七年俄国十月革命在地球六分之一的土地上建立了社会主义国家以来,起了一个变化",这个变化就是"在'五四'以前,中国的新文化,是旧民主主义性质的文化,属于世界资产阶级的资本主义的文化革命的一部分。在'五四'以后,中国的新文化,却是新民主主义性质的文化,属于世界无产阶级的社会主义的文化革命的一部分"。② 《东方杂志》在共和危机、欧战和五四新文化运动中都表达了重要的意见,虽然后来成为《新青年》批评的对象,但它也正是以这种特殊的方式参与到中国文化的转型中来,成为中国文化转型的真正见证者、参与者,五四文化圈中的一支重要力量。

第二,《东方杂志》在民国初年对思想文化的关注,在一定程度上为五四新文化运动和文学的变革提供了条件,甚至可以称为五四新文化运动的思想先导。汪晖谈到民国后《东方杂志》的变化时说:

> 民国建立后,《东方杂志》始终关注共和时代的政治危机;在战争期间,对共和危机的讨论逐渐地与对由战争引发的文明危机的思考关联在一起。在1914—1919年间,杂志每期刊载中

---

① 胡愈之:《追悼杜亚泉先生》,《东方杂志》第31卷第1号。
② 陈洪主编:《"中国近现代史纲要"阅读文献汇编与导读》,重庆大学出版社2014年版,第155、169页。

结　语

外大事记，发表大量国际政治和军事分析；它对东西文明的差异、冲突及调和的分析与对欧洲战争的分析紧密相关。如果没有第一次世界大战，《东方杂志》将延续晚清启蒙的基本观点；如果没有共和危机，《东方杂志》也将延续民初对于民主政治的乐观看法。但战争深刻地改变了杂志的面貌和议题。①

这种改变就是在杜亚泉主编时期《东方杂志》"将对政治的关注转向文明或文化问题"。他对杂志进行了大胆改革，发表了大量有关科学知识、国际动态、欧战风云、现代学术思想方面的文章，从而在国际化的视野中，以科学的方法、敏锐的思考探讨中国社会政治和文化发展中存在的问题。在民国初年，杜亚泉发表《精神救国论》，最早提出了"精神救国"的口号，标志着国人开始从20世纪末的"物质救国"思想转移到精神救国的路径上来。同时《东方杂志》也最早在民国期间提出"个人改革"的主张，宣扬个人主义思想，探讨个人与国家的界限；最早在中国介绍欧洲新兴的"新唯心论"，如布格逊和倭根的哲学、弗洛伊德的学说；也是最早较系统地介绍社会主义思想的主要阵地，最早将对政治的关注转到文化方面来，这些都为"后来五四新文化运动的开展奠定了前提和基础，为五四新文化运动推陈出新、超越前人做好了准备"②，为新文化运动起到了思想先导的作用。

有学者通过对《东方杂志》上黄远生的文章分析后做出大胆的推测："《青年杂志》大胆专断的论述方式很可能直接因袭于当时有名的《东方杂志》"③，这正是看到了《东方杂志》对《新青年》的

---

① 汪晖：《文化与政治的变奏——战争、革命与1910年代的"思想战"》，《中国社会科学》2009年第4期。
② 王勇：《〈东方杂志〉："五四"新文化的思想先导》，《海南师范大学学报》2016年第8期，人大复印资料《中国现代、当代文学研究》2017年第1期全文转载。
③ 胡志德：《余波：1910年间的中国文化论战》，见郝斌、欧阳哲生主编《五四运动与二十世纪的中国》，社会科学文献出版社2001年版，第482页。

影响关系。汪晖则从另一个角度看到两个杂志之间的联系与区别：

《东方杂志》以文明为单位考察东西差异由来已久，但将这一文明差异作为摆脱膜拜西方的心态、形成"文明自觉"的途径，却是新的动向。对于《东方杂志》而言，"自觉"在这里首先是对盲从西方（或现代）倾向的修正，其次是对盲目否定中国（或传统）倾向的修正，这一点与《新青年》的立场尖锐对立。①

联系在于二者都把"自觉"当作新政治与新文化的基础，是再造新文明的"觉悟"，区别在于双方的立场不同。也有学者这样来概括两者的区别：

可以把新文化运动指导者与杜亚泉的不同反思，分别演绎为以下的轨迹：
共和无成——对传统道德的最后觉悟——主张以西方文化批判传统文化；
共和无成——确认道德失范——体认中国现代文明的弱点，主张重新审视中西文化关系。②

尽管学者们谈二者区别的角度不同，但最后都指向一个事实，即二者有着不可分的密切关系，就像一个硬币的两面，不可分割。郑师渠先生看到了二者"冲突、交叉与互补"的关系，李怡则用"五四文化圈"的概念来弥合各文化派别之间的共性，即"都一同站在了五四历史的起跑线上"③。笔者通过对两个杂志的比较发现，多数情况下是《东方杂志》提出议题，提供基本的言论资料，然后

---

① 汪晖：《文化与政治的变奏——战争、革命与1910年代的"思想战"》，《中国社会科学》2009年第4期。
② 郑师渠：《论杜亚泉与新文化运动》，《北京师范大学学报》1994年第2期。
③ 李怡：《谁的五四？——论"五四文化圈"》，《中国现代文学研究丛刊》2009年第3期。

《新青年》在《东方杂志》的基础上跟进，或提出更激进的方案，或提出截然相反的批评意见，总之，《东方杂志》是个稳重的老大哥，《新青年》就是任性的小弟，小弟离不开大哥，是在大哥的启发下快速成长的，所以笔者更强调《东方杂志》在思想文化方面的超前性与先觉者形象，以及它对于五四新文化运动的先导作用。

第三，《东方杂志》虽然在与以陈独秀为代表的激进文化阵营的论争中以失败告终，但论争为中国文化和文学的转型发展确立了正确的方向，《东方杂志》最终转向新文化阵营，成为中国现代文化和文学发展的一支重要力量。《东方杂志》和《新青年》是以论争的方式走进五四文化圈的，论争不可谓不激烈，所争的问题主要是关于如何认识共和危机和东西方文明危机，更主要的是如何解决共和危机和文明危机，在这里《东方杂志》和《新青年》出现了严重的分歧，出现不同的立场，提出了不同的解决方案。汪晖是这样来说的：

> 《东方杂志》与《新青年》共同面对着战争与共和的双重危机，但两者建立历史叙述的方式截然不同：前者紧密追踪战争发展与共和危机的轨迹，反思战争与现代文明的关系，而后者以革命（先是法国革命，后是俄国革命）为线索，试图从革命所带动的历史变动和价值指向中探索摆脱战争与共和危机的道路；前者在危机之中重新思考中国"文明"的意义，注重传统的现代能量，构思中国的未来，而后者立足于"青年"、"青春"，以"新文化"、"新思想"召唤"新主体"，为新时代的创造奠定地基。因此，建立自身与历史事件的关系的不同方式直接地产生了两种不同的文化政治。[1]

---

[1] 汪晖：《文化与政治的变奏——战争、革命与1910年代的"思想战"》，《中国社会科学》2009年第4期。

这种看似不同的历史叙述、价值指向、文化政治最终却统一于五四运动后的中国文化转型的实践中，统一于中国救亡事业的爱国主义情怀之中，统一于以青年为主体的新文化建设中。在这个不得不变的五四时代，《新青年》变了，由最初陈独秀一人独办的刊物，变成了北大新派教授共同编辑的同人刊物，由一个名不见经传、时时面临停刊困境的小杂志变成影响中国新文化发展、在全国一呼百应的明星刊物。当然它后来又从一个文化刊物变成了中国共产党的机关刊物，1920年之后，它逐渐从人们的视野中淡出。而《东方杂志》的变化轨迹就像过山车一样，由闻名全国的几乎知识分子人手一册的知名文化刊物，变为被人批判的上下古今无所不包的"杂乱派"杂志的代表以及复辟保守的典型，再变为拥护新文化、成为后五四时代新文化建设的主要推动者、实践者。无论是《东方杂志》还是《新青年》，二者前后差距何其之大，角色换位何其之速，变化之快何可想象！正如汪晖感慨的那样："伴随着杜亚泉的去职，《东方杂志》和《新青年》在思想言论方面的影响发生了易位。"①

是的，就是"易位"，这个概括非常准确！论争逼迫着《东方杂志》进行转型，现实也逼迫着《东方杂志》必须投身到后五四时代新文化的建设中，洗心革面，重新开始，以全新的姿态取代了《新青年》在中国思想文化界的地位，担当起杂志界和思想文化界老大哥的责任。1923年，82种100册的"东方文库"的发行，正是《东方杂志》对中国文化转型的实质性和代表性贡献。

"东方文库"涉及政治、经济、历史、法律、宗教、地理、哲学、科学、实业、文艺等多个门类，集《东方杂志》二十年之精华，内容又经过"严格的审查和修改"，"便说他是一部一九二三年新进的丛书，也未始不可"②。笔者有过这样的论断："'东方文库'的出

---

① 汪晖：《文化与政治的变奏——战争、革命与1910年代的"思想战"》，《中国社会科学》2009年第4期。
② 《东方杂志二十周年纪念刊物东方文库出版预告》，《东方杂志》第20卷第3号。

结　语

版，满足了广大民众对知识的普遍需求，为他们提供了优质而廉价的丛书"，它"一方面宣示了《东方杂志》对于中国社会发展、新文化以及新文学建设所做的贡献，另一方面也通过丛书的形式将《东方杂志》上的文学作品进行了经典化处理，宣传和扩大了《东方杂志》文学的知名度和普及率"。①

　　第四，改革后《东方杂志》是中国现代文学发生期的一个重要阵地，大量的文学作品、文学翻译、文学理论与批评文章在此发表，一批经典作品和作家在这里产生，它以切实的行动参与了中国文化和文学的转型发展。谈文化转型离不开文学的转型，文学是文化中最重要的部分之一。《东方杂志》在文学上的转型是显而易见的：从语言的角度看，由最初的以文言为主、文言白话并存到1921年之后白话全部取代文言，无论是杂志语言还是文学语言都实现了由文言向白话的全面转型。语言是人们交流和思想的工具、载体，但其实也是思想观念本身，从文言到白话的转型意味着语言工具发生了划时代的革命性变化，也意味着在观念上实现了由重群体到尊个人的转变，语言的转型是人的观念的深化和胜利。正如有学者所说："'五四'先驱同时又阐述了文学领域里'白话'的语言价值和伦理学领域里普通人的'人'的价值之间的内在关系，从而赋予白话文运动以深刻的现代意识，这正是白话文运动之所以在'五四'时代而不是梁启超时代取得全胜的根本原因。"②《东方杂志》的语言转型正是向五四新文化和白话新文学靠拢的表现。

　　从翻译的角度来看，《东方杂志》的翻译文学经历了一个由译述向直译的转型。清末民初的翻译文学多以译述为主，重在意译，以林纾的翻译为代表，林纾发表在《东方杂志》上的翻译作品都是采用这种方法。而1920年之后的翻译则转变为直译。五四时期《新青年》杂志对林纾翻译的批评，一般视为新文学向以林纾为代表的古

---

① 王勇：《〈东方杂志〉与现代中国文学》，中国社会科学出版社2014年版，第53、54页。
② 张俊才、李扬：《二十世纪中国文学主潮》，河北教育出版社2002年版，第54页。

文学的宣战,其实也可视为翻译方式转型的标志。1920年之后,《东方杂志》的翻译文学采用直译和白话,从1920到1931年,共发表翻译文学作品326篇,涉及29个国家,180多位外国作家,有130多位译者参与到《东方杂志》的文学翻译中来。《东方杂志》成为现代翻译文学的一块重要阵地,所以我们可以在绪论的文献综述中看到有关《东方杂志》文学翻译的研究文章数量很多,硕博士论文也有好几篇,是《东方杂志》文学研究的重心所在。

从文学创作的角度来看,其早期的数量不多,但都有很强的创新性,1920年之后,《东方杂志》成为文学创作的重要阵地,共发表229位作家的作品500多篇,其中不少人后来成为现代文学史上的著名作家,不少作品成为文学史上有重要影响的作品。《东方杂志》以海纳百川的气度为文学研究会、创造社、新月社、左翼作家以及其他各类各派作家提供发表作品的阵地,为中国文坛培养了许多新生力量,"可以说《东方杂志》目睹、反映、记载了中国20世纪上半叶中国文学现代化进程的全过程,包容了中国近现代文学发展史上各式各样的文学流派、理论思潮、作家作品",因此,"我们毫不夸张地说,一个《东方杂志》构成了一部中国近现代文学发展史"[①]。

从文学批评的角度来说,《东方杂志》在新文学中最早倡导建立中国文学批评学,又以切实的努力译介西方的文学批评理论、文学批评家以及文学批评的潮流,以具体的行动致力于加强和发挥文学批评对文学创作的指导作用。但中国的文学批评仍处于初创期,还有很多不足,正如当时苏俄的一位研究者所说:"《东方杂志》里缺少文学批评一栏,而同时在我们(即苏俄)的杂志里这一栏却占极尊崇的地位;缺少之故因为文学批评,依近代这个名辞的意义说来,在中国尚正在创始的时候。"[②] 看来,《东方杂志》虽然在文学批评

---

① 王勇:《〈东方杂志〉与现代中国文学》,中国社会科学出版社2014年版,第302—303页。
② 齐水:《苏俄的中国研究与东方杂志(赤塔通信)》,《东方杂志》第22卷第7号。

方面已经做了不少的工作，但依然还不够，因为它没有专门的文学批评栏，其地位也还没有达到极尊崇的程度。中国的文学批评依然任重道远。

但这位苏俄友人依然对《东方杂志》给了极高的评价，他说："这本半月刊每期篇幅计在一百五十至二百页左右，形式大小与《克拉司那耶诺费》杂志或《出版界与革命》杂志相同。该杂志并没有严密的，一定的面目，因为商务印书馆持纯商业的目的，所发表的尽是能引起大多数读者阶级（即是中国的知识阶级）兴趣的东西。该杂志这种谨持的态度，缺乏一定的理想，固属极大的缺点，可是同时却能使《东方杂志》成为中国舆论大多数趋向的指示器。"①

"中国舆论大多数趋向的指示器"，这个概括非常准确，这也正是《东方杂志》的意义所在。笔者愿意借用这句话作为文章的结尾——《东方杂志》也是20世纪初中国文化和文学现代转型的指示器。

---

① 齐水：《苏俄的中国研究与东方杂志（赤塔通信）》，《东方杂志》第22卷第7号。

参考文献

一　著作类

阿英：《晚清小说史》，人民文学出版社1980年版。

阿英编：《晚清文学丛钞·小说戏曲研究卷》，中华书局1960年版。

［以色列］艾森斯塔特：《反思现代性》，生活·读书·新知三联书店2006年版。

［日］柄谷行人：《日本现代文学的起源》，赵京华译，中央编译出版社2013年版。

曹聚仁：《文坛五十年》，东方出版中心1997年版。

陈伯海：《近四百年中国文学思潮史》，东方出版中心1991年版。

陈伯海、袁进：《上海近代文学史》，上海人民出版社1993年版。

陈福康：《中国译学理论史稿》，上海外语教育出版社1992年版。

陈平原：《二十世纪中国小说史》（第1卷1897—1916），北京大学出版社1989年版。

陈平原：《中国小说叙事模式的转变》，上海人民出版社1988年版。

陈平原、夏晓虹编：《二十世纪中国小说理论资料》第1卷，北京大学出版社1989年版。

陈思和：《中国新文学整体观》，上海文艺出版社2001年版。

陈崧：《五四前后东西文化论战文选》，中国社会科学出版社1989年版。

陈万雄：《五四新文化的源流》，生活·读书·新知三联书店1997年版。

陈玉刚主编：《中国翻译文学史稿》，中国对外翻译出版公司1989年版。

［法］戴仁：《上海商务印书馆（1897—1949）》，李桐实译，商务印书馆2000年版。

戴文葆编：《胡愈之译文集》，译林出版社1999年版。

［美］丹尼尔·贝尔：《资本主义文化矛盾》，赵一凡等译，生活·读书·新知三联书店1989年版。

丁文：《"选报"时期〈东方杂志〉研究（1904—1908）》，商务印书馆2010年版。

范伯群：《中国近现代通俗文学史》（上、下卷），江苏教育出版社2000年版。

范伯群、朱栋霖：《1898—1949中外文学比较史》，江苏教育出版社1993年版。

方汉奇：《中国近代报刊史》，山西教育出版社1981年版。

方汉奇：《中国新闻传播史》，中国人民大学出版社2009年版。

［美］费正清：《剑桥中华民国史》（第一部、第二部），章建刚等译，上海人民出版社1992年版。

冯光廉：《中国近百年文学体式流变史》（上、下），人民文学出版社1999年版。

高力克：《调适的智慧——杜亚泉思想研究》，浙江人民出版社1998年版。

高瑞泉主编：《中国近代社会思潮》，华东师范大学出版社1996年版。

耿云志：《近代中国文化转型研究导论》，四川人民出版社2008年版。

龚书铎：《中国近代文化探索》，北京师范大学出版社1988年版。

郭富民：《插图中国话剧史》，济南出版社2003年版。

郭延礼：《近代西学与中国文学》，百花洲文艺出版社2000年版。

郭延礼：《中国近代翻译文学概论》，湖北教育出版社2001年版。

郭延礼：《中国近代文学发展史》（第1—3卷），山东教育出版社1993

年版。

郭延礼：《中西文化碰撞与近代文学》，山东教育出版社1999年版。

郭延以：《近代中国史纲》，中国社会科学出版社1999年版。

［德］哈贝马斯：《公共领域的结构转型》，曹卫东等译，学林出版社1999年版。

［美］韩南：《中国近代小说的兴起》，徐侠译，上海教育出版社2004年版。

贺麟：《五十年来的中国哲学》，商务印书馆2002年版。

洪九来：《宽容与理性：〈东方杂志〉的公共舆论研究（1904—1932）》，上海人民出版社2006年版。

胡逢祥：《社会变革与文化传统：中国近代文化保守主义思潮研究》，上海人民出版社2000年版。

胡愈之：《胡愈之文集》，生活·读书·新知三联书店1996年版。

胡愈之：《我的回忆》，江苏人民出版社1990年版。

黄良吉：《〈东方杂志〉之刊物及其影响之研究》，台湾商务印书馆1969年版。

黄曼君主编：《中国近百年文学理论批评史（1895—1990）》，湖北教育出版社1997年版。

［英］霍布鲍姆斯：《极端的年代》，郑明萱译，江苏人民出版社1999年版。

季桂起：《中国小说体式的现代转型与流变》，山东大学出版社2003年版。

李家驹：《商务印书馆与近代知识文化传播》，商务印书馆2005年版。

李欧梵：《上海摩登——一种新都市文化在中国》，北京大学出版社2001年版。

李岫、秦林芳主编：《二十世纪中外文学交流史》（上、下），河北教育出版社2001年版。

李泽厚：《中国近代思想史论》，人民出版社1979年版。

梁淑安：《话剧史话》，社会科学文献出版社 2000 年版。

刘禾：《跨语际实践——文学，民族文化与被译介的现代性》，生活·读书·新知三联书店 2002 年版。

刘纳：《嬗变——辛亥革命时期至五四时期的中国文学》，中国社会科学出版社 1998 年版。

刘淑玲：《大公报与中国现代文学》，河北教育出版社 2004 年版。

柳珊：《在历史缝隙中挣扎——1910—1920 年间的〈小说月报〉研究》，百花洲文艺出版社 2004 年版。

陆扬等：《文化研究导论》，复旦大学出版社 2006 年版。

[法] 罗·埃斯卡皮：《文学社会学》，于沛译，浙江人民出版社 1987 年版。

罗选民主编：《外国文学翻译在中国》，安徽文艺出版社 2003 年版。

罗志田：《裂变中的传承——20 世纪前期的中国文化与学术》，中华书局 2003 年版。

[美] 马泰·卡林内斯库：《现代性的五副面孔》，顾爱彬、李瑞华译，商务印书馆 2002 年版。

马以鑫：《中国现代文学接受史》，华东师范大学出版社 1998 年版。

马勇：《赶潮的人：蒋梦麟传》，东方出版社 2015 年版。

马祖毅主编：《中国翻译通史》，湖北教育出版社 2006 年版。

孟昭毅、李载道主编：《中国翻译文学史》，北京大学出版社 2005 年版。

欧阳健：《晚清小说史》，浙江古籍出版社 1997 年版。

[法] 皮埃尔·布迪厄：《艺术的法则：文学场的生成和结构》，刘晖译，中央编译出版社 2001 年版。

秦绍德：《上海近代报刊史论》，复旦大学出版社 1993 年版。

任访秋：《中国近代文学史》，河南大学出版社 1988 年版。

[美] 萨缪尔·亨廷顿：《文明的冲突与世界秩序的重建》，周琪等译，新华出版社 2010 年版。

商务印书馆编：《商务印书馆九十五周年》，商务印书馆 1994 年版。

商务印书馆编：《商务印书馆九十周年》，商务印书馆1987年版。

商务印书馆编：《商务印书馆一百周年》，商务印书馆1998年版。

史春风：《商务印书馆与近代文化》，北京大学出版社2006年版。

舒芜编：《近代文论选》，人民文学出版社1999年版。

［德］斯宾格勒：《西方的没落》，齐世荣等译，商务印书馆1993年版。

［美］斯蒂文·小约翰：《传播理论》，陈德民等译，中国社会科学出版社1999年版。

唐德刚：《晚清七十年·中国社会文化转型综论》，远流（香港）出版公司2003年版。

田建业等编：《杜亚泉文选》，华东师范大学出版社1993年版。

汪家熔：《大变动时代的建设者——张元济传》，四川人民出版社1985年版。

汪家熔：《商务印书馆史及其他》，中国书籍出版社1998年版。

王德威：《被压抑的现代性——晚清小说新论》，北京大学出版社2005年版。

王德威：《想象中国的方法——历史·想象·叙事》，生活·读书·新知三联书店1998年版。

王尔敏：《近代文化生态及其变迁》，百花洲文艺出版社2002年版。

王宏志编：《翻译与创作：中国近代翻译小说论》，北京大学出版社2000年版。

王绍曾：《近代出版家张元济》（增订本），商务印书馆1995年版。

王一川：《中国现代性体验的发生：清末民初文化转型与文学》，北京师范大学出版社2001年版。

［美］威尔伯·施拉姆：《传播学概论》，何道宽译，中国人民大学出版社2010年版。

［法］维克多·埃尔：《文化概念》，康新文等译，上海人民出版社1988年版。

武润婷：《中国近代小说演变史》，山东人民出版社2000年版。

谢天振、查明建主编：《中国现代翻译文学史（1898—1949）》，上海外语教育出版社 2004 年版。

谢晓霞：《〈小说月报〉1910—1920：商业、文化与未完成的现代性》，上海三联书店 2006 年版。

熊月之：《西学东渐与晚清社会》，上海人民出版社 1994 年版。

徐中玉编：《中国近代文学大系》，上海书店 1993 年版。

许纪霖：《二十世纪中国思想史论》（上、下），东方出版中心 2000 年版。

许纪霖、田建业编：《杜亚泉文存》，上海教育出版社 2003 年版。

许纪霖、田建业编：《一溪集：杜亚泉的生平与思想》，生活·读书·新知三联书店 1999 年版。

严家炎：《二十世纪中国小说理论资料》（第 2 卷），北京大学出版社 1997 年版。

杨联芬：《晚清至五四：中国文学现代性的发生》，北京大学出版社 2003 年版。

杨守森主编：《二十世纪中国作家心态史》，中央编译出版社 1998 年版。

杨扬：《商务印书馆：民间出版业的兴衰》，上海教育出版社 2000 年版。

［英］伊格尔顿：《文化的观念》，方杰译，南京大学出版社 2003 年版。

于友：《胡愈之传》，新华出版社 1993 年版。

喻大华：《晚清文化保守思潮研究》，人民出版社 2001 年版。

袁进：《中国文学的近代变革》，广西师范大学出版社 2006 年版。

张灏：《梁启超与中国思想的过渡（1890—1907）》，江苏人民出版社 1995 年版。

张今：《文学翻译原理》，清华大学出版社 2004 年版。

张静庐：《在出版界二十年》，上海书店 1984 年版。

张静庐辑注：《中国近代出版史料》（初编、二编、补编），中华书局 1957 年版。

张俊才：《林纾评传》，中华书局 2007 年版。

张人凤整理:《张元济日记》,河北教育出版社 2000 年版。
张荣华:《张元济评传》,百花洲文艺出版社 1997 年版。
赵家璧:《中国新文学大系》(1917—1927),上海良友图书印刷公司 1935 年版。
郑大华:《民国思想史论》,社会科学文献出版社 2006 年版。
周葱秀、涂明:《中国近现代文化期刊史》,山西教育出版社 1999 年版。
周作人:《周作人批评文集》,珠海出版社 1998 年版。
朱联保:《近现代上海出版业印象记》,学林出版社 1993 年版。
邹振环:《影响中国近代社会的一百种译作》,中国对外翻译出版公司 1996 年版。

二 学位论文

丁文:《"选报"时期〈东方杂志〉研究(1904—1908)》,博士学位论文,北京大学,2007 年。
李琴:《中国翻译文学与本土文学的互动关系研究》,博士学位论文,兰州大学,2009 年。
刘也良:《从传播学视角看〈新青年〉与〈东方杂志〉之论战》,硕士学位论文,吉林大学,2009 年。
孟晓艳:《〈东方杂志〉中的杂文创作研究》,硕士学位论文,辽宁师范大学,2009 年。
潘晓婷:《1926 年之前〈东方杂志〉的西学传播研究》,硕士学位论文,吉林大学,2008 年。
石雅洁:《〈东方杂志〉办刊特色研究》,硕士学位论文,上海社会科学院,2007 年。
宋菲:《中国现代文学批评观念发生浅论》,硕士学位论文,河北大学,2006 年。
孙振:《对〈东方杂志〉中美学文本的整理与研究》,硕士学位论文,东北师范大学,2007 年。

唐富满：《〈东方杂志〉与清末立宪宣传》，硕士学位论文，湖南师范大学，2003年。

王代莉：《五四前后文化调和论研究——以杜亚泉和〈东方杂志〉为中心的考察》，博士学位论文，中国社会科学院，2009年。

王征：《〈东方杂志〉在清末（1904—1911）的历史文化身份》，硕士学位论文，上海外国语大学，2007年。

闫乃胜：《杜亚泉与中国近代科学教育》，硕士学位论文，华东师范大学，2014年。

杨萌芽：《清末民初宋诗派文人群体研究——以1895—1921年为中心》，博士学位论文，复旦大学，2007年。

叶娟：《〈茶花女〉的译介与中国现代言情小说的生成》，硕士学位论文，上海外国语大学，2013年。

张旭：《〈东方杂志〉的新文化传播研究（1904—1932）》，硕士学位论文，兰州大学，2013年。

张颖：《〈东方杂志〉与中国文学的古今之变》，硕士学位论文，湖北师范大学，2017年。

章琼：《1904—1927：〈东方杂志〉翻译文学研究》，硕士学位论文，四川师范大学，2008年。

三　期刊论文

董恩强：《杜亚泉的文化思想——兼评杜、陈文化之争》，《华中师范大学学报》2000年第2期。

董锦瑞：《胡愈之与百年〈东方〉》，《编辑学刊》2004年第6期。

范岱年：《1933年中国知识分子的新年梦想——〈东方杂志〉第30卷第1号读后》，《中华读书报》2008年7月9日。

方汉奇：《〈东方杂志〉的特色及其历史地位》，《东方》2000年第11期。

侯杰：《〈东方杂志〉（1904—1911）科学翻译话语在文化和政治重

构中的作用》,《中国翻译》2017年第1期。

侯杰:《〈东方杂志〉的两次改版及译介话语的转变》,《出版发行研究》2017年第1期。

乐黛云:《文化转型与文化冲突》,《民族艺术》1998年第2期。

李承亮:《浅析五四前期东西文化的论战——以〈东方杂志〉为中心考察》,《天府新论》2007年第S1期。

李静:《杜亚泉与〈东方杂志〉》,《青海社会科学》2007年第4期。

刘长林:《论五四时期文化保守主义者的道德观——以〈东方杂志〉为中心的考察》,《中原文化研究》2013年第3期。

刘润忠:《〈东方杂志〉与"五四"前后东西文化论争》,《社会科学战线》1994年第3期。

刘增杰:《文化期刊中的文学世界——从现代文学史料学的视点解读〈东方杂志〉》,《汉语言文学研究》2010年第1卷第1期。

田中阳:《百年中国报刊科学话语与现代化历史进程》,《新闻与传播研究》2005年第4期。

王奇生:《新文化是如何"运动"起来的——以〈新青年〉为视点》,《近代史研究》2007年第1期。

王先俊:《五四时期的"东方文化救世论"思潮》,《中国哲学史》1999年第2期。

王一心:《论〈东方杂志〉对图书馆事业的关注与传播》,《山东图书馆学刊》2016年第5期。

张宝明:《解构与突围:启蒙的历史与历史的启蒙》,《郑州大学学报》2003年第4期。

赵黎明:《反抗现代性,还是"另类"现代性——五四前后〈东方杂志〉"文化调和"论战再省思》,《粤海风》2013年第6期。

郑大华:《论"东方文化派"》,《社会科学战线》1993年第4期。

郑大华、郭辉:《第一次世界大战与中国知识界的思考——以〈东方杂志〉为中心的考察》,《浙江学刊》2011年第4期。

郑师渠：《论杜亚泉与新文化运动》，《北京师范大学学报》1994 年第 2 期。

钟华：《杜亚泉文化思想初探——兼论五四新文化运动的论争》，《史学月刊》1994 年第 5 期。

周积明：《晚清西化（欧化）思潮析论》，《天津社会科学》2002 年第 1 期。

周武：《商务印书馆与五四新文化运动》，《社会科学》1999 年第 5 期。

朱诠、周宝华：《中国文库编辑出版概况》，《出版发行研究》1991 年第 1 期。

朱寿桐：《中国新文化的基本品质与历史进程》，《广东社会科学》2017 年第 1 期。

四　期刊类

《东方杂志》第 1—44 卷。

《小说月报》第 1—22 卷。

《新青年》第 1—8 卷。

后　　记

　　从 2014 年申请下课题，到 2019 年结项，用了 5 年的时间，从结项到书稿出版又过去了两年的时间。时间匆匆，但工作推进却非常缓慢，一则是因为自己的懒散，二则是现在高校教师的时间高度碎片化，要想专心、安心、静心地做研究实在是很难的一件事，尤其是文科的老师们，把书打开，还没看几眼，就被其他事务打断，过段时间又需要重新开始，看过的书和资料甚至思路都需要再理一遍。如此循环往复，一件事往往要经过开始、放下、再捡起、再放下几个循环，直至逼到最后，实在没有办法的时候，才会把所有的杂事推掉，甚至采取关手机和闭关的方式，才能把事情推进下去，并最终完成。我的课题差不多就是在这样的状态中完成的。

　　中期检查之后，初稿已经基本形成，但下一步的推进却非常缓慢，正如上文提到的情形，研究工作不断地被其他事情打断。直到 2019 年 9 月份要提交结项材料，这是最终的期限，至此才不得不痛下决心，利用暑假的时间来完成剩下的全部工作。

　　2019 年的暑假是最艰苦繁忙的，一放假，白天就把手机关掉，自己到学院的工作室里去发奋工作，每天完成 8000 到 1 万字的写作或修改任务，完不成就不回家。经过一个多月的辛苦工作，终于在 8 月初完成了初稿，然后经过修改，查重，最终在规定的时间内完成了课题书稿及结项所需各种材料。因此，那一个多月的辛苦是可想而知的，那是精神高度紧张的一个多月，当然也是生活最简单的一个多月，每天除了吃饭睡觉，就是不停地写作，那也是博士毕业后最难忘的一段记忆。课题最后得以结项，鉴定结果是"合格"。

外审专家既肯定了课题及书稿的成绩，也指出了存在的不足，他们的意见对我之后修改书稿提供了很好的方向和有益的借鉴，在此真诚感谢那些匿名评审专家们对本课题及书稿的意见及辛勤付出。书稿的出版也得到了学院领导、教研室同事、家人及编辑同志的大力支持，在此也向他们表示诚挚的谢意。

2021 年 9 月 25 日